COMO PENSAR COMO UM FILÓSOFO

COMO PENSAR COMO UM FILÓSOFO

PETER CAVE

TRADUÇÃO MARCIA BLASQUES

Copyright © Peter Cave 2023
Tradução para Língua Portuguesa © Marcia Blasques 2025
Esta tradução de Como pensar como um filósofo,
foi publicada de acordo com a Bloomsbury Publishing Inc.
Todos os direitos reservados à Astral Cultural e protegidos pela
Lei 9.610, de 19.2.1998. É proibida a reprodução total ou parcial
sem a expressa anuência da editora.

Editora
Natália Ortega

Editora de arte
Tâmizi Ribeiro

Coordenação editorial
Brendha Rodrigues

Produção editorial
Manu Lima e Thais Taldivo

Revisão de texto
Alline Salles, Carlos César da Silva e Mariana C. Dias

Ilustrações da capa
Jasmine Parker

Dados Internacionais de Catalogação na Publicação (CIP)
Angélica Ilacqua CRB-8/7057

C373c

Cave, Peter
  Como pensar como um filósofo / Peter Cave ;
tradução de Marcia Blasques. -- São Paulo, SP :
Astral Cultural, 2025.
  304 p.

  ISBN 978-65-5566-557-4
  Título original: How to think like a philosopher

  1. Filosofia I. Título II. Blasques, Marcia

24-5270   CDD 100

Índice para catálogo sistemático:
1. Filosofia

BAURU	SÃO PAULO
Rua Joaquim Anacleto	Rua Augusta, 101
Bueno 1-42	Sala 1812, 18º andar
Jardim Contorno	Consolação
CEP: 17047-281	CEP: 01305-000
Telefone: (14) 3879-3877	Telefone: (11) 3048-2900

E-mail: contato@astralcultural.com.br

Em memória de Andrew Harvey e Roger Coe.

16. John Stuart Mill: o homem da utilidade, com Harriet,
    sua alma gêmea   141

17. Søren Kierkegaard: quem?   150

18. Karl Marx: hegeliano, lutador pela liberdade   158

19. Lewis Carroll: curioso, cada vez mais curioso   169

20. Nietzsche: bobo da corte matador de Deus, transvalorador   178

21. Bertrand Russell: radical, aristocrata   186

22. G. E. Moore: defensor do senso comum,
    sábio de Bloomsbury   194

23. Heidegger: o hifenizador   202

24. Jean-Paul Sartre: existencialista, romancista, francês   211

25. Simone Weil: aquela que se recusa
    e que aspira a ser A salvadora   220

26. Simone de Beauvoir: situada, protestante, feminista   229

27. Ludwig Wittgenstein: terapeuta   238

28. Hannah Arendt: polêmica, jornalista?   247

29. Iris Murdoch: atenta   255

30. Samuel Beckett: não eu   263

EPÍLOGO   273
DATAS DOS FILÓSOFOS   279
NOTAS, REFERÊNCIAS E LEITURAS   281
AGRADECIMENTOS   291
EM MEMÓRIA   293
ÍNDICE DE NOMES   295
ÍNDICE DE ASSUNTOS   299

SUMÁRIO

PREFÁCIO	9
1. Lao Tzu: o caminho para o Tao	13
2. Safo: a amante	22
3. Zenão de Eleia: defensor de tartarugas e auxiliar de Parmênides	30
4. O moscardo: também conhecido como "Sócrates"	38
5. Platão: cocheiro, magnífico inspirador de notas de rodapé	46
6. Aristóteles: preso à terra, caminhando	54
7. Epicuro: jardineiro, cura da alma, habilmente assistido por Lucrécio	63
8. Avicena: homem voador, aquele que unifica	71
9. Descartes: com a princesa, com a rainha	79
10. Spinoza: o ateu intoxicado de Deus	88
11. Leibniz: o homem mônada	98
12. Bispo Berkeley, "aquele irlandês paradoxal": imaterialista, defensor de água de alcatrão	106
13. David Hume: o grande infiel ou *Le Bon David*	114
14. Kant: o dever chama, categoricamente	123
15. Schopenhauer: pessimismo com flauta	133

PREFÁCIO

A filosofia começa no espanto.
(Platão)

Os filósofos vêm em diferentes formas e tamanhos — assim como suas ideias. Alguns escrevem com exuberância, com frenesi; outros, com cuidado meticuloso. Alguns, com sagacidade e charme; outros, com grande seriedade e solidez. Muitos são grandes, como sábios, pois oferecem ao mundo uma maneira abrangente de ver todas as coisas; outros têm um foco restrito. Alguns têm o objetivo de corrigir o pensamento das pessoas; outros procuram mudar a vida delas. Para alguns, de fato, suas vidas e filosofia se entrelaçam; eles vivem a própria filosofia.

Aqui, nestes capítulos, estão exemplos significativos de todos os tipos, vidas, filosofias — *pensamentos* — e como isso tudo pode nos levar à reavaliação de como experienciar a vida humana.

Os filósofos podem divergir quanto a se considerarem filósofos e quanto a determinado pensamento ser visto como filosófico. Ao longo dos séculos, o teor da filosofia diminuiu muito, tornando-se mais focado. A filosofia, hoje, está separada das disciplinas científicas; antes eram uma só, embora houvesse a divisão em filosofia natural e filosofia moral, ou, de fato, em ciências naturais e ciências morais.

Muitos filósofos veem a filosofia estando em continuidade com as ciências de hoje, lidando com a compreensão mais geral e fundamental da realidade. Descartes descreveu a filosofia como a "Rainha das Ciências". Alguns, porém, entendem as investigações filosóficas como radicalmente diferentes das científicas; esses filósofos se enxergam resolvendo quebra-cabeças na linguagem, dando sentido a como viver ou tratando a filosofia como essencial para a vida, como uma forma de terapia profunda.

As introduções à filosofia, em geral, começam com o anúncio de que o termo se baseia no grego antigo, no qual significa "amante da sabedoria". "Amante da sabedoria", porém, também pode ser aplicado a certos poetas, teólogos, cientistas e até astrólogos da Nova Era. Os cursos de filosofia nas universidades, no mundo de língua inglesa, têm uma lista padrão, um cânone, de grandes filósofos e tópicos. Sempre encontramos Platão e Aristóteles, Descartes e Hume, e o grande Kant — e, mais recentemente, Russell e Wittgenstein. Os tópicos abrangem a metafísica, com o problema mente-corpo, o espaço e o tempo. Há a epistemologia, ou seja, a compreensão da natureza do conhecimento e da verdade; a ética e a filosofia política; e, pelo menos, um toque da filosofia da lógica e outro da filosofia da ciência.

Ao apresentar o pensamento filosófico, este livro fornece uma introdução aos filósofos e aos muitos quebra-cabeças, perturbações e esplendores da filosofia. E vai além — pois inclui, deliberadamente, algumas figuras que, em geral, não são consideradas "filósofos", para mostrar que existem diferentes maneiras de expressar o pensamento filosófico e diferentes contextos nos quais esse pensamento pode surgir. Embora o livro se concentre em trinta filósofos, em muitos casos, o pensamento deles está relacionado ao de outros. O livro também tece algumas abordagens contemporâneas que podem ajudar a esclarecer o pensamento do passado.

O pensamento filosófico pode se dar por meio de argumentos formais, mas também por aforismos, exemplos provocativos ou, ainda, experimentos mentais. Os pensadores podem ser professores de filosofia reconhecidos ou estarem muito distantes de tal *status* formal, mais parecendo sonhadores do que estudiosos. Alguns são considerados altamente obscuros; outros, escritores muito claros. Martin Heidegger exemplifica o primeiro; David Hume, o último.

Alguns são as maiores figuras da filosofia ocidental tradicional; outros são pouco conhecidos como filósofos, mas são figuras literárias importantes. Alguns tiveram vidas difíceis; outros, não: compare, por exemplo, a vida segura de G. E. Moore, professor de filosofia em Cambridge, com a de Simone Weil, praticamente morrendo de fome em Londres.

Se existe alguma coisa em comum entre as ideias dos filósofos apresentados aqui, é que todos buscam alcançar a verdade, mas não diretamente conduzindo experimentos físicos em um laboratório, realizando escavações arqueológicas ou mesmo construindo telescópios ou aceleradores de partículas. Em vez disso, estão exibindo a realidade e como viver sob diferentes luzes — e o quão bem essas luzes iluminam pode mudar de um dia para o outro.

É claro que a seleção dos trinta filósofos é, em certa medida, idiossincrática; os capítulos podem fornecer apenas um sabor dos diferentes estilos de pensamento e teoria — em parte, por meio de alguns trechos abreviados de seus escritos, bem como esboços de suas vidas.

Com qualquer filósofo, o pensamento, as crenças e as abordagens se desenvolverão ao longo do tempo; o que é fornecido aqui, portanto, é apenas uma fotografia, às vezes uma coleção de fotos. Embora a ordem seja em grande parte baseada cronologicamente nas datas de nascimento, e as vidas dos filósofos se sobrepõem, a cronologia reflete mais a ordem de sua influência ou reconhecimento filosófico. Talvez eu deva acrescentar que a maioria desses filósofos usava o termo "homem" para representar os seres humanos; alguns pensamentos e citações soariam estranhos ou desajeitados se "pessoa" ou "ele ou ela" fossem usados no lugar. O contexto deixa claro (assim espero) o que se quis dizer, quando gênero ou sexo se tornam uma característica distintiva relevante.

O pensamento filosófico exige ideias; pensar a fundo nas coisas. Wittgenstein — temo que seu nome aparecerá várias vezes — pergunta, retoricamente: "Qual é a vantagem de se ter uma discussão filosófica? É como fazer aula de piano.".

Espero que esta obra instigue os leitores a pensarem mais, a lerem mais, em vez de vê-la como uma lição única. Espero que, pelo menos, parte do pensamento filosófico seja fascinante, irresistível, e que desperte o desejo de ser explorado mais a fundo e discutido com outras pessoas. E arrisco outra referência a uma reflexão de Wittgenstein: é um desafio ao espírito de nosso tempo, um espírito guiado por sabichões da mídia, redes sociais e impulsos motivados pelo comércio, dizerem que devemos ter gratificação instantânea.

A reflexão é uma recomendação. Wittgenstein escreveu que, quando dois filósofos se encontrassem, deveriam dizer um ao outro: "Vá com calma.". Esse conselho é oportuno — pode ser visto como um desafio merecido pelo *Zeitgeist* (espírito da época).

O poema de Konstantinos Kaváfis, "Ítaca", inclui este conselho:

Quando iniciar a jornada para Ítaca,
Você deve desejar que a jornada seja longa,
Cheia de aventura e conhecimento.

Isso pode soar absurdamente grandioso para este livro, mas seja qual for a visão que você conquistar com sua jornada por esses trinta e tantos filósofos, por favor, prossiga com calma.

1
LAO TZU:
O CAMINHO PARA O TAO

Não sei como se chama.
Eu o chamo de Tao.
(Lao Tzu)

Há uma história de como, na década de 1960, alguns jovens, os *hippies* na Califórnia, por exemplo, ouviram falar de uma sábia anciã que vivia nas mais remotas montanhas do distante Tibete. Ela era tão sábia quanto se podia ser e conhecia o significado da vida. Um jovem, ansioso por compreender o significado da vida, parte em busca dela. Ele cruza continentes, escala montanhas, nada em lagos, salta de desfiladeiros, soa em selvas, congela em terras geladas... e, após meses e meses de jornada devota, encontra a sábia anciã, vivendo na mais remota das aldeias: aquela sábia anciã que conhecia o significado da vida. Ela estava sentada em silêncio, aquecendo-se junto a algumas toras em chamas, o rosto cheio de rugas iluminado pelas chamas bruxuleantes. Após palavras respeitosas e silêncios compreensivos, o jovem, impaciente pela conclusão de sua busca, exclama: "Ó, sábia mulher, sábia mulher, diga-me, por favor, qual é o significado da vida?"

A sábia anciã parece pensativa; seu rosto, então, meio na sombra. Ela ergue os olhos para as estrelas distantes e franze a testa enrugada. O jovem sente um universo inteiro de compreensão naquele olhar. Depois de um tempo, a resposta vem na forma de um sussurro: "A vida é uma fonte".

"A vida é uma fonte?" O jovem não conseguiu conter sua raiva. "Eu caminhei pela terra, cruzei oceanos, abri caminho pelas selvas, arrisquei corpo e alma... só para me dizerem que a vida é uma fonte?"

"Você quer dizer que a vida não é uma fonte? Bem, que seja como você preferir..."

***

Essa não é uma história de Lao Tzu; não é uma história sobre Lao Tzu — mas poderia ser. Poderia ser, porque Lao Tzu é identificado como o autor do texto mais famoso do taoismo, e esse texto trata do significado da vida, oferecendo uma versão do quietismo, de aceitar em silêncio como as coisas são — de, na verdade, não se incomodar se a vida é uma fonte ou não. Segundo o modo quietista, a sábia anciã que conhece o significado da vida poderia muito bem não ter dito nada. Ela poderia ter mostrado o significado da vida olhando em silêncio para as montanhas distantes e o sol poente.

Com Lao Tzu, experimentamos um pensamento filosófico muito envolto em enigmas, mas, para muitos, possuidor de grande profundidade. Antes de falar mais sobre o homem Lao Tzu, aqui está a primeira seção do famoso texto taoista (daoista), *Tao Te Ching* (Daodejing), ou *O livro do caminho e da virtude*, o clássico do *Dao* e do *De*:

> *O Tao que pode ser dito não é o Tao eterno;*
> *O nome que pode ser nomeado*
> *não é o nome eterno.*
> *Sem nome, é a origem do Céu e da Terra;*
> *Nomeado, é a mãe de todas as coisas.*

Ao ler essas primeiras linhas, podemos nos desesperar com seu significado, mas, à medida que lemos toda a obra, encontramos temas objetivos: que a maior desgraça para os seres humanos é não conhecer o contentamento; que a pior calamidade é o desejo de adquirir; que os sábios desejam não ter desejos.

***

Lao Tzu tem todas as características de um sábio — seu nome se traduz como "Velho Mestre" —, embora talvez não passe de uma lenda. Suponho que isso poderia fazer dele ainda mais um sábio. Ele se tornou reverenciado por alguns como um deus. Quem foi ele? Provavelmente, Li Er, arquivista da corte da Dinastia Zhou no século IV a.C.; talvez, porém, tenha sido Lao Dan, astrólogo da corte. Alguns o situam muitos anos antes, como contemporâneo de Confúcio por volta do século VI ou V a.C. Outros duvidam até que tenha existido.

O que, de fato, ele escreveu? Caso tenha sido o autor do mencionado *Tao Te Ching*, deve ter sido um indivíduo do século IV, pois essa é atualmente vista como a época da composição da obra. Às vezes, ela é descrita como "laoísta" e como uma compilação, em oitenta e uma seções, de escritos taoístas anteriores, seja por um Lao Tzu que veio antes ou por muitas mãos.

Lao Tzu é, portanto, um filósofo cuja própria existência, atividades e escritos são cobertos por véus de mistério. Na compreensão de sua obra, há a complexidade adicional da tradução e transliteração da língua chinesa clássica. Para facilitar, vamos aceitar (ou fingir) que o *Tao Te Ching* nos entrega o pensamento fascinante de Lao Tzu.

O *Tao Te Ching* consiste em pensamentos tão antigos, tão enigmáticos, apresentados de forma tão diferente da tradicional filosofia ocidental, que raramente aparece em introduções à filosofia padrão, oferecendo um pensamento que beira a crença religiosa e a promoção de práticas religiosas. O taoísmo certamente influenciou o zen-budismo e o neoconfucionismo. Os escritos taoístas, no entanto, podem ser interpretados como reflexões profundas e fascinantes sobre a natureza da realidade e, portanto, sobre como conduzir nossas vidas. Tais reflexões, embora não apresentadas de forma tão enigmática, são temas filosóficos fundamentais.

***

O que, então, é o Tao, o Caminho? Qual é o caminho para o Caminho? O Tao, em certo sentido, é a realidade definitiva; é o caminho do mundo, porém, inefável, além de qualquer descrição, como vimos nas primeiras linhas:

"O Tao que pode ser dito não é o Tao eterno;/ O nome que pode ser nomeado não é o nome eterno."

Quando falamos do Tao, não compreendemos o "Tao eterno", porque ele não pode ser nomeado, falado ou descrito; ainda assim, não estamos falando de um Tao diferente. A aparente contradição pode levar a uma rejeição compreensível, mas os filósofos, muitas vezes, lutam contra contradições ao tentarem compreender a realidade e, é claro, os filósofos com inclinação religiosa se esforçam para entender Deus, às vezes concluindo que nenhum ser supremo transcendente pode ser conceituado de forma adequada; na melhor das hipóteses, podemos empregar analogias empobrecidas.

Até mesmo o raciocínio filosófico mais obstinado pode levar a falas a respeito do que não pode ser entendido. No século XVII, John Locke, o influente filósofo frequentemente elogiado como sendo um paradigma do bom senso, falou da substância como sendo "não sabemos o quê"; no século XVIII, o grande filósofo iluminista Immanuel Kant fez referência aos "númenos" desconhecidos, ou coisas em si mesmas, por trás dos fenômenos.

Em breve, encontraremos algumas contradições expostas por Zenão de Eleia, em seus paradoxos provocativos. Zenão e filósofos subsequentes, no entanto, foram à caça de erros no raciocínio e nas suposições. Isso se contrasta com o caminho de Lao Tzu, que parece chafurdar em contradições. As aparências, é claro, podem enganar. Vale a pena ter esse mantra em mente, pois grande parte da filosofia se empenha para distinguir o que realmente é do que parece ser.

Por que, no entanto, deveríamos nos preocupar com contradições — com ser *contra* nossa *dicção*? Uma resposta simples é que ela apresenta problemas para a verdade e para o que devemos pensar e fazer. Se nos dizem que nosso voo para Nova York parte esta noite e também que não parte esta noite, ficamos perdidos. É provável que Lao Tzu usasse contradições — e, às vezes, o exagero — para chamar a atenção. Afinal, quando as pessoas dizem, por exemplo, "o que será, será", é improvável que tenham em mente uma declaração com identidade insípida, mas expressam um sentimento de inevitabilidade, de destino.

Em breve, veremos Lao Tzu falar sobre destino, então vale a pena notarmos que, só porque é verdade — obviamente — que o que será, será, não significa que o que será, *deve* ser. Não significa que existe a mão do destino. Se a queda de Samantha no gelo vai acontecer, então, sim, vai acontecer, mas não *precisava* acontecer; ela poderia ter ficado em casa, em vez de patinado no lago coberto de gelo.

Voltando diretamente a Lao Tzu, ele escreveu:

> *Havia algo indiferenciado e,*
> *ainda assim, completo,*
> *Que existia antes do céu e da terra.*
> *Sem som e sem forma, dependente*
> *de nada e imutável.*

Olhando para o mundo ao nosso redor, não há evidências que mostrem que havia algo indiferenciado e, ainda assim, completo, mas talvez isso possa ser demonstrado por algum raciocínio perfeito. Seja como for, qual poderia ser esse raciocínio? É hora de relembrarmos a recomendação de Wittgenstein, no Prefácio: "prossiga com calma."

Talvez as observações misteriosas de Lao Tzu tenham a intenção de instigar uma certa atitude de reverência em relação ao mundo e a como se portar. Os seres humanos não estão separados do ambiente natural; a Natureza é um todo unificado. Isso se encaixa com a preocupação atual com relação ao meio ambiente e a biodiversidade, mas vai além. O pensamento de Lao Tzu pode ser útil ao nos afastar da obsessão pelo "eu". Quando estamos enfeitiçados por essa obsessão, nossas preocupações ecológicas têm a ver apenas com promover o que for necessário para a sobrevivência humana. Sem a obsessão — em algum momento, sem o eu —, reconhecemos o valor intrínseco da Natureza como um todo. O taoismo pode levar a uma visão "profundamente verde": a Natureza teria valor mesmo sem a humanidade.

Em Spinoza (Capítulo 10), a realidade é "olhada" de diferentes maneiras: como Deus, mas também como Natureza. Talvez, para Lao Tzu, a realidade pudesse ser apreciada como o Tao *eterno*, imutável, mas também como o Tao em termos de tudo ao nosso redor — a Natureza, as mudanças. Talvez, ao compreender essa dualidade, Lao Tzu tenha sido capaz de recomendar a melhor forma de conduzir nossas vidas:

> *Veja, todas as coisas,*
> *independentemente de como florescem,*
> *retornam à raiz de onde cresceram.*
> *Este retorno à raiz é chamado de quietude...*

O quietismo não pode ser entendido, de forma sensata, como uma posição de não ação; se quisermos viver (ou morrer), agimos. Mais adiante no *Tao Te Ching*, Lao Tzu recomenda que evitemos o confronto. Por exemplo, talvez devêssemos aceitar em silêncio as críticas, mesmo que injustificadas, e reprimir sentimentos de raiva; melhor ainda, desenvolver uma disposição para que nenhuma raiva surja — de modo que não haja nenhuma para reprimir. Uma interpretação oposta à passividade do quietismo, porém, é a de não interferência no que, de outra forma, aconteceria. Isso poderia significar não reprimir a raiva pelo que foi dito.

A primeira interpretação acima me faz lembrar da mulher que acalma a amiga perturbada por alguma adversidade em sua vida pessoal:

— Seja filosófica — ela aconselhou. — Assim não precisará pensar nisso.

A segunda interpretação vai de encontro à ideia de que se deve dar voz às próprias emoções, "colocando-as para fora".

Lao Tzu continua sua recomendação para a conduta da vida:

> *A quietude é chamada*
> *de submissão ao Destino;*
> *O que se submeteu ao Destino*
> *tornou-se parte do sempre assim.*
> *Conhecer o sempre assim é ser iluminado;*
> *Não conhecê-lo significa ir*
> *cegamente para o desastre.*

Mas o que isso significa? Se somos parte da Natureza e de suas leis, então não podemos fazer nada além de seguir a Natureza, seguir o Tao. Se tudo está predestinado, como podemos não nos submeter ao destino? O que quer que façamos está predestinado, seja ao adotar uma resposta passiva, reprimir nossas emoções, ou dar voz aos nossos sentimentos.

Uma questão filosófica profunda e abrangente é se temos livre-arbítrio e, se o temos, como se relaciona ao agir livremente. O taoismo pode nos libertar desse enigma. Se somos parte do todo unificado da Natureza, de modo que o eu é uma ilusão, então não há espaço para se angustiar se *eu* fiz isso ou aquilo livremente. É claro, com ou sem a ilusão, "nós" ainda temos que decidir o que fazer. Também podemos nos perguntar o que fazer com nossos desejos, já que Lao Tzu nos diz:

A simplicidade, que não tem nome,
está livre de desejos.
Sendo livre de desejos, ela é tranquila.
E o mundo estará em paz por si mesmo.

Essa paz, segundo o taoismo, é prejudicada pelas numerosas regras morais, convenções e ordens da sociedade sobre a conduta da vida. Elas resultam em confusão, reação e conflito:

Quando o grande Tao declinou,
As doutrinas da humanidade
e da retidão surgiram.
Quando o conhecimento
e a sabedoria apareceram,
surgiu a grande hipocrisia.

O que perturba a harmonia com o Tao — por mais estranho que isso nos pareça — são o aprendizado e a moralidade. Devemos usar o *Tao Te Ching* para aprender que não devemos aprender. Devemos nos esforçar para superar o esforço. A criança se esforça para andar, para segurar, para soletrar, para contar e, com o passar do tempo, pode fazer tudo isso sem esforço, sem se esforçar.

"Na busca do Tao, a pessoa faz menos a cada dia; faz cada vez menos até que não faça nada."

> *Sempre elimine os desejos*
> *para observar os mistérios do Tao;*
> *Sempre tenha desejos para*
> *observar suas manifestações.*
> *Estes dois surgem em unidade,*
> *mas divergem em nome.*
> *Sua unidade é conhecida*
> *como um enigma.*

Na sequência do texto acima, está escrito: "Dentro desse enigma, há ainda um enigma mais profundo, / o portal de todos os mistérios."

Lao Tzu, no *Tao Te Ching*, nos ensina de modo ativo, dizendo como nos comportar, mas, de maneira enigmática, também diz às pessoas, incluindo a si mesmo, para não seguir o conselho.

Uma maneira simples de evitar as posturas paradoxais de Lao Tzu é insistir que ele não existiu e, na inexistência, tudo vale. Uma opção ainda melhor é levar a sério as observações dentro do *Tractatus Logico-Philosophicus* de Wittgenstein, tais como:

> *6.521 A solução do problema da vida é vista no desaparecimento deste problema.*

A sábia anciã com quem este capítulo se iniciou mostrou-se indiferente quanto ao que dizer sobre o significado da vida. Lao Tzu não poderia expressar o que buscava expressar sem a contradição. O *Tractatus* continua:

> *Não seria esta a razão pela qual aqueles a quem, após longas dúvidas, o sentido da vida se tornou claro, não poderiam, então, dizer em que consistia esse sentido?*
>
> *6.522 Há de fato o inexprimível. Isso se mostra; é o místico.*

E, assim, os cativantes e enigmáticos aforismos dos escritos taoistas, escritos há mais de dois milênios, tocam o pensamento, consciente ou não, de um grande filósofo analítico ocidental, que redigiu suas ideias há cerca de cem anos. Esse filósofo é, de fato, Ludwig Wittgenstein, que anotou tais pensamentos enquanto servia voluntariamente como soldado no exército austro-húngaro durante a Primeira Guerra Mundial.

***

Como pensar como Lao Tzu? *Melhor, em última análise, não dizer nada, mas, até então, "siga o fluxo", siga o Tao.*

2
SAFO: A AMANTE

> Eros, aquele que faz os membros cederem,
> me sacode, criatura agridoce e dominadora.
> (Safo)

Safo, no imaginário popular de hoje, é conhecida como lésbica, mas dificilmente como filósofa. Vamos examinar um pouco de sua vida antes de avaliar suas credenciais como filósofa de alguma importância. Ela viveu no início do século VI a.C. e, não surpreendentemente, em Lesbos, de onde se originou o termo "lésbico", que se refere a encontros eróticos entre pessoas do sexo feminino. Os turistas veem a ilha sob essa ótica, ainda que ela tenha, nos anos 2010, sido associada à tragédia dos voos de migrantes desesperados vindos dos horrores do Oriente Médio.

Embora haja poucas informações confiáveis sobre a vida dela — talvez tenha sido casada; talvez tenha tido uma filha —, Safo é, sem dúvida, a poetisa mais famosa da antiguidade greco-romana, recebendo reconhecimento como "fazedora de poesia", aparentemente no uso mais antigo do termo. Sua poesia era lírica, feita para ser cantada. Durante os tempos antigos, parece que não foi seu lesbianismo o grande destaque, mas, sim, sua suposta licenciosidade. Por causa disso, alguns se perguntaram se havia duas Safos: uma, a poetisa; outra, a prostituta. Vale a pena observar que as duas profissões não são incompatíveis.

Independentemente de ter sido duas ou uma, Safo, em seus escritos, é muito devotada ao amor; ela não é, no entanto, normalmente apresentada como uma amante da sabedoria, como filósofa. Seu amor se concentrava no erótico e em mulheres jovens, embora não exclusivamente.

Sim, ela teve casos com mulheres, mas se apaixonou por Faon, o Barqueiro — e de forma obsessiva, a ponto de, segundo a lenda, se jogar do rochedo de Leucádia para a morte. Seu reconhecimento como lésbica, argumentam alguns, é um anacronismo. Ao avaliar a moralidade das relações sexuais, o interesse dos antigos gregos pode não ter sido tanto no sexo dos participantes, mas, sim, em quem era o parceiro mais ativo e quem era o mais passivo.

Embora não seja aclamada como tal, teria sido Safo, de fato, uma filósofa? Não no sentido de uma escritora de tratados com argumentos cuidadosos, mas de alguém que apresenta argumentos dedutivos, uma sábia à maneira de Lao Tzu. Os grandes filósofos da história geralmente buscam apresentar compreensões abrangentes da realidade, da humanidade e do universo. Safo certamente não fez isso. Não há, porém, objeção em filosofar sobre apenas um aspecto da vida ou do universo. Na academia de hoje, a maioria dos filósofos se especializa em apenas uma área, seja a filosofia da linguagem, da mente, das emoções... até da dança. O foco principal de Safo — o amor erótico — era adequado como objeto de reflexão filosófica.

E quanto à sua abordagem, a saber, da poesia ou da canção? Isso também é válido. Uma razão para incluir Safo neste livro é mostrar como o pensamento filosófico pode ser reconhecido na poesia, mesmo na poesia não abrangente. Tal pensamento pode ser manifestado por escritores que se identificam principalmente como poetas, e não como filósofos. A poesia de Safo a mostra refletindo sobre o amor sexual, assim como sobre a identidade de uma pessoa ao longo do tempo — reflexões filosóficas, de fato.

Há uma dificuldade prática em lidar com Safo como filósofa. Infelizmente, "sua poesia" nos foi deixada sobretudo na forma de fragmentos, às vezes palavras estranhas em pedaços de papiro rasgado — junto com breves trechos citados por autores que vieram mais tarde. Com tão pouco trabalho disponível, alguns estudiosos questionam se Safo realmente existiu, pensando nela como uma construção poética de séculos posteriores. Uma coleção de escritos de mulheres do século xx deixa uma página em branco para o verbete intitulado "Safo". Outras coleções conseguem expandir Safo e seu trabalho em páginas de discussão detalhada, avaliando seu lesbianismo e como ela desafiou o olhar masculino, um desafio tanto ao estilo masculino de poesia quanto às culturas dominadas por homens. Com esse predomínio em mente, observo que Aristóteles a homenageou por sua bela poesia, acrescentando a observação: "mesmo sendo uma mulher".

Sua vida pode ser vista como de relevância filosófica simplesmente por ter destacado a relatividade cultural do tratamento dispensado a homens e mulheres e das chamadas relações sexuais "normais". São seus escritos, no entanto, que merecem destaque aqui; e certamente tiveram impacto filosófico. É claro que o que podemos achar atraente no pensamento de Safo se baseia em parte na compreensão dos tradutores.

Sócrates e Platão, sem depender de tradutores, a elogiaram como uma sublime poetisa, "a bela Safo, a décima musa". Platão usou a linguagem do amor erótico de Safo, as descrições dela do desejo, para dar voz à crença de que poderíamos aspirar a reconhecer a própria Beleza. Seu elogio a Safo é bastante surpreendente, tendo em vista seu habitual menosprezo aos poetas, que se encontram em posição inferior na hierarquia das almas reencarnadas.

Qual pensamento filosófico em particular pode ser extraído dos fragmentos de Safo? Um termo dela que despertou reflexão é *agridoce* (γλυκύπικρον; *glukupikron*). Em um fragmento (130), encontramos:

> *Mais uma vez o Amor, que faz*
> *os membros cederem, me faz tremer,*
> *a criatura agridoce irresistível.*

A referência ao "agridoce" oferece um rápido resumo dos sentimentos conflitantes que surgem simultaneamente quando somos movidos pelo amor apaixonado. Existe a doçura de ser atraído pela pessoa amada, mas também o desamparo e o desespero, como se invadido por um desejo estranho. "Quando eu te desejo, uma parte de mim se vai", escreve Safo.

Esse conflito agridoce em um momento particular é diferente dos conflitos motivados pelo amor que surgem ao longo do tempo. O amor e o desejo, por mais doces que sejam agora, podem trazer amargura mais tarde, seja pela perda, ciúme ou outros desejos que assumem o controle. Por mais que nos deliciemos com um caso de amor, podemos estar cientes de que, mais tarde, lamentaremos os envolvimentos ou sofreremos com a perda da pessoa amada. O amor nos expõe ao risco. O "agridoce" de Safo, no entanto, ao contrário de qualquer ideia que coloque a racionalidade como o valor maior, revela como sentimentos conflitantes de amor erótico fazem parte do que é ser humano; para muitos, é ser humano em seu melhor.

A linguagem de Safo expõe a loucura do amor; as experiências permeiam todos os nossos sentidos. Em um fragmento (31), Safo se refere a um homem que "parece igual aos deuses" e que é fascinado pela garota à sua frente; ela "fala docemente e ri deliciosamente". O poema é escrito como se Safo estivesse se dirigindo à garota, e articula como a presença e o som da garota

fazem meu coração palpitar no peito;
pois, quando eu olho para você,
mesmo por um curto período de tempo,
não me é mais possível falar

mas é como se minha língua
estivesse quebrada
e imediatamente um fogo sutil
percorre minha pele,
não consigo ver nada com meus olhos,
e meus ouvidos zumbem...

Existem várias especulações dos críticos. Estaria Safo com ciúme do homem? Estaria ela mostrando como seu amor pela garota excedia em muito qualquer interesse por um homem, mesmo um semelhante aos deuses? Deixando essas perguntas de lado, a linguagem de Safo traz à tona os amplos efeitos do amor erótico nos sentidos, no que vemos, em nossa audição, no formigamento da pele, em ficar sem palavras. Ela prossegue:

> *um suor frio me toma, um tremor*
> *me toma por inteiro, estou mais pálida*
> *que a grama, e parece*
> *que quase morri.*

Pode haver a sensação de pânico e desespero — tudo tão humano. Podemos muito bem entender por que Safo se jogou da rocha. Tal frenesi na vida certamente mostra que o julgamento de que "o homem é um animal racional" nem sempre se aplica. Na verdade, se fosse o caso de a racionalidade estar sempre em primeiro plano, sempre triunfando, não se perderia muito do que é valioso na vida?

Ao longo da história, houve inúmeros escândalos, o que mostra como o desejo sexual pode dominar vidas.

Schopenhauer — nós o encontraremos aqui muito mais tarde — chama a atenção para como o desejo erótico "não hesita em interferir nas negociações de estadistas e nas investigações de eruditos. Esse desejo sabe como colocar seus bilhetes de amor e seus cachinhos em pastas ministeriais e manuscritos filosóficos". Safo mostra com vivacidade como somos frequentemente abalados por tais desejos e como não devem ser descartados como indignos, mas, sim, elogiados.

Surge a questão filosófica: qual é o objeto do desejo sexual?

Safo descreve como ela é afetada pela garota. Ela ouve a doce risada, talvez adore o sorriso — e assim por diante —, então, qualquer garota com essas qualidades "serviria" para ela? Se você quer uma taça de Chablis, geralmente não importa se é esta taça ou aquela taça, se tiver vindo da mesma garrafa. O amor erótico por alguém, no entanto, é direcionado àquele indivíduo em particular. O objeto do desejo sexual — um objeto vago, é verdade — envolve um indivíduo em particular. É claro que há perguntas relacionadas sobre o significado de querer "possuir" o outro e ser "possuído", perguntas que serão abordadas quando chegarmos em Jean-Paul Sartre (Capítulo 24).

***

Anteriormente, houve menção a como o amor nos coloca em risco. É um perigo, porque podemos estar à mercê das mudanças no outro e dos desejos do outro. No Fragmento 94, Safo descreve a perda sofrida pela outra mulher nas palavras de tal mulher:

> "Eu não estou fingindo;
> eu gostaria de estar morta."

E então Safo descreve a cena:

> *Ela estava me deixando em lágrimas,*
> *e repetidamente ela me dizia:*
> *"Safo, isso dói; o que aconteceu*
> *conosco é muito ruim;*
> *não é minha escolha, eu juro,*
> *ir embora assim."*

Safo responde: "Vá e seja feliz; lembre-se de mim", lembrando a garota de todas as coisas boas desfrutadas, "pois, ao meu lado, muitas coroas de violetas/ e rosas e muitas guirlandas tecidas de flores/ você lançou em volta de seu pescoço delicado".

Apesar da consciência de possíveis perdas e vulnerabilidades como as anteriores, o amor ainda leva (ao que parece) a compromissos voluntários. No romance de Thomas Hardy de 1895, *Jude, o Obscuro*, temos:

> *E assim os dois juraram que, em todos os*
> *momentos de suas vidas, até que a morte os*
> *levasse, eles certamente acreditariam,*
> *sentiriam e desejariam exatamente como*
> *haviam acreditado, sentido e desejado*
> *durante as semanas anteriores. O que era*
> *tão notável quanto o próprio compromisso*
> *era o fato de que ninguém parecia ter ficado*
> *surpreso com o que eles juraram.*

O compromisso é realmente notável, e, mesmo cientes dos riscos, as pessoas assumem, deliberadamente, o compromisso de continuarem a amar umas às outras "aconteça o que acontecer". Essa é uma projeção de si mesmo — e da outra pessoa — para o futuro, mesmo um futuro sombrio e distante.

É claro que todos nós estamos bem cientes da perda da juventude, da pele macia, do cabelo. O espelho nos expõe às rugas; a memória, ao esquecimento; e os joelhos, ao cansaço. Alguns fragmentos de Safo a mostram contemplando a inevitabilidade do envelhecimento e da mortalidade. Na versão de Anne Carson, Safo fala de como "minha pele outrora macia agora está tomada pela velhice/ meu cabelo deixa de ser negro e fica branco./ E meu coração está pesado, e meus joelhos não se levantam,/ e outrora eram leves para dançar como os dos faunos".

Enquanto lamenta as dificuldades e perdas associadas ao envelhecimento, Safo também reflete sobre o envelhecimento no contexto de ruminações mais gerais na relação entre permanência e mudança na vida humana e em toda a natureza. Logo após Safo, chegam os filósofos "pré-socráticos" intrigados por tais assuntos. Parmênides insistia que, na realidade, nada mudava; Heráclito, ao contrário, sustentava que "tudo está em fluxo" — tudo muda.

Safo também nos faz encarar a morte. Ela escreve sobre como "você vai ficar deitado quando morrer, e jamais haverá lembrança de você, nem desejo por você no futuro: pois você não tem uma parte das rosas da Piéria..." (Fragmento 55) — ou seja, sua arte, mesmo como uma poetisa famosa, pode não transcender a imortalidade. Em outros lugares, no entanto, ela fala de como "alguém se lembrará de nós no futuro" (Fragmento 147). O que, porém, será que constitui meu "eu", de tal forma que possa ser lembrado?

Comentaristas extraíram muito mais de Safo, apesar da fragilidade dos escritos sobreviventes. Alguns enfatizam como ela chama a atenção para a perda de limites. Através do envelhecimento e da morte, por exemplo, Safo sugere que a beleza de uma mulher pode ser redescoberta no ambiente natural dos aromas, flores e canções. Aqui, novamente, como com Lao Tzu, paixões contemporâneas dos seres humanos, estes como parte da Natureza, existem em escritos da antiguidade.

***

Talvez por ter sido mulher, pelo lesbianismo ou pelo erotismo — provavelmente combinado com algum voyeurismo —, Safo gerou um fascínio contínuo ao longo dos séculos. Nas últimas décadas, sua glorificação do erótico recebeu muita atenção, em parte por causa do desenvolvimento dos movimentos feministas e da fluidez de gênero. Seu pensamento é visto como capaz de romper os limites dos estereótipos sexuais. Ela também foi associada à proposição de enigmas; isso, de uma perspectiva filosófica, pode ser visto como algo que mostra mais uma vez os conflitos aos quais nossa racionalidade dá origem ao buscarmos limites nítidos. De fato, alguns argumentam que a associação de Safo com enigmas também leva a questões de gênero, pois tais enigmas, na maior parte das vezes, seriam apresentados por cortesãs aos seus "clientes" do sexo masculino.

No geral, a poesia de Safo pode ser um encantamento aos deuses — a algo além —, e vale a pena notar como, muitas vezes, no prazer orgástico, há gritos de "Ó, Deus", como se a pessoa estivesse sendo transportada para fora deste mundo. Essa ideia de "fora deste mundo" nos leva a Platão.

Platão aplica expressamente as descrições edificantes de Safo sobre a excitação erótica a — curiosamente — pessoas que progridem em sua compreensão filosófica da realidade, da beleza e da verdade. O trabalho de Safo, portanto, além de ser filosófico, tem sido um estímulo para a compreensão adequada da missão filosófica como uma ascensão — pelo menos, de acordo com Platão.

***

Como pensar como Safo? *Acolha as Musas, o erótico e o irracional.*

3
ZENÃO DE ELEIA: DEFENSOR DE TARTARUGAS E AUXILIAR DE PARMÊNIDES

Tudo é um. (Parmênides)

Filósofos conduzem experimentos mentais. Em poltronas, eles imaginam cenários perfeitamente possíveis, aplicam um raciocínio aparentemente bom, mas chegam a conclusões ultrajantes, ofensivas ao senso comum. Zenão de Eleia foi um criador e mestre de certos experimentos mentais, embora talvez sem a poltrona. Seus experimentos foram tão impressionantes que, hoje, são bem conhecidos como "paradoxos de Zenão", e são extensamente examinados. Ele conta, por exemplo, a história de uma corrida entre Aquiles e uma tartaruga.

Aquiles é conhecido como o corredor mais rápido da antiga Atenas. A tartaruga é uma criatura que se move de forma lenta e regular, mas capaz de se dirigir na direção apropriada até a linha de chegada, sem parar. Para facilitar, vamos chamá-la de "Sra. T". Aquiles, sempre um cavalheiro ateniense, dá à Sra. T uma vantagem inicial de, bem, muitos metros; suponha que a Sra. T tenha uma posição inicial trinta metros à frente de Aquiles. Vamos fingir que Aquiles corre dez vezes mais rápido que a Sra. T. Não há contradição em nada disso. Aqui, então, está o raciocínio de Zenão; é simples, mas leva a uma conclusão surpreendente.

Antes que Aquiles possa vencer a corrida, ele deve ultrapassar a Sra. T. Antes de ultrapassar a Sra. T, ele deve alcançar a posição atual da Sra. T. Ele precisa, portanto, primeiro chegar à localização inicial da Sra. T, trinta metros à frente. No momento em que ele fizer isso, a Sra. T terá "corrido" para uma posição três metros à frente; então, agora, Aquiles deve alcançar essa nova posição, momento em que a Sra. T estará mais 0,3 metro à frente; e, quando essa posição for alcançada por Aquiles, a Sra. T estará 0,03 metro à frente... E assim a corrida continuará, aparentemente sem fim. A Sra. T estará sempre à frente; Aquiles sempre terá alguma distância a percorrer.

Costumo brincar que é filosofia para os oprimidos: feliz é a Sra. T, pois, ao que parece, Aquiles nunca poderá alcançá-la, muito menos ultrapassá-la. É verdade que as distâncias à frente estão diminuindo — 0,03; 0,003; 0,0003; e assim por diante —, mas nunca chegarão a zero. Para Zenão, esse experimento mental mostra, no mínimo, que estamos em uma confusão conceitual quanto a nossa crença de senso comum a respeito de como o mundo espacial é divisível. Filósofos, desde então, têm tentado superar essa confusão. Antes de analisarmos mais de perto, o pensamento de Zenão precisa de algum contexto.

Zenão viveu em meados do século v a.C. e passou a maior parte do tempo em Eleia, uma cidade no sul da Itália, que, na época, falava grego. Ele pode até mesmo ter visitado Atenas; Sócrates pode tê-lo ouvido palestrar. Platão e Aristóteles certamente tentaram lidar com seus paradoxos. De fato, devemos agradecer a Aristóteles por ter julgado os paradoxos de Zenão tão importantes que mereceram ser preservados. Não devemos, a propósito, confundir este Zenão com outro eminente Zenão, a saber, Zenão de Cítio, fundador do estoicismo (mencionado no Capítulo 7).

Para entender o papel dos paradoxos de Zenão, voltemos a Parmênides, nascido por volta de 515 a.C., em Eleia. Sua obra teve uma grande influência na filosofia ocidental e, sem surpresa, ele se tornou conhecido como o fundador da filosofia eleática. Zenão é considerado um membro desse grupo, não apenas pelo fato de ter vivido no local.

Tudo o que temos do pensamento de Parmênides são partes de seu grande poema metafísico "O caminho da verdade". Seu enigmático prólogo fala do filósofo, o poeta, em uma jornada mística, para além do reino do dia e da noite, na qual é acolhido por uma deusa. O filósofo deve aprender com ela todas as coisas, "tanto o coração inabalável da verdade bem fundamentada, quanto as opiniões dos mortais, nas quais não há verdadeira confiança". Embora a jornada passe um ar místico, a intenção da deusa é mostrar a verdade, conforme estabelecido pela razão. Essa verdade é radicalmente diferente da opinião cotidiana. Aqui, a deusa o seduz:

> *Venha agora, e eu lhe direi os únicos caminhos de investigação que devem ser considerados:*
>
> *O primeiro, que uma coisa é e que é impossível que ela não seja, é o caminho da Persuasão (pois ela acompanha a Verdade).*
>
> *O outro, que uma coisa não é e que há um requisito para que ela não seja; este eu declaro ser um caminho totalmente indiscernível — pois você não pode saber o que não é (isso é impossível) nem apontá-lo.*

"O caminho da verdade" se baseia em uma suposição simples: em relação a qualquer coisa que estejamos investigando, "ou ela existe ou ela não existe". Essas são as duas opções. A segunda opção é descartada; afinal, não há nada para investigar se "ela" não existe. O caminho da verdade deve, portanto, abordar apenas o que é. Na vida cotidiana, não conseguimos entender esse ponto simples, pois, diz a deusa, vemos com olhos sem rumo e nossa audição está cheia de barulho.

Uma vez que compreendemos que somos capazes de abordar apenas o que existe, a razão nos mostra que o que existe deve ser imperecível, não criado, imutável, perfeito (aparentemente, até mesmo completo), pois, se não fosse, seria necessário haver referência ao que não existe — em momentos e lugares diferentes —, mas isso nos colocaria no "caminho totalmente indiscernível".

Parmênides nos oferece um "monismo": a realidade consiste em apenas uma coisa ou tipo de coisa fundamental. Seu monismo é extremo, pois a única realidade é um todo único, eterno e indiferenciado. Tal monismo pode nos lembrar das afirmações misteriosas de Lao Tzu sobre o Tao eterno; também pode nos remeter aos paradoxos de Zenão, pois eles foram entendidos como apoios para a compreensão parmenidiana da realidade ou, no mínimo, pode nos demonstrar que, se pensarmos na realidade da maneira cotidiana, nos depararemos com contradições.

Paradoxos são muito comuns na filosofia, mas o que exatamente é um paradoxo? A palavra deriva do grego — "para" e "doxa" — "acima, além da crença"; mas isso não consegue capturar completamente a natureza dos paradoxos filosóficos. Afinal, algumas pessoas acham inacreditável que países ricos como o Reino Unido e os Estados Unidos tenham tantos cidadãos desabrigados e famintos. Em 1616, um certo John Bullokar ofereceu, como paradoxo, a afirmação de que "a terra se move e o céu permanece parado".

Como visto com o paradoxo de Aquiles e a Tartaruga, de Zenão, começamos com o que parece ser obviamente verdadeiro, mas, no entanto, após um raciocínio simples, concluímos com algo que parece claramente falso. Aqui está outro famoso paradoxo filosófico, também derivado da antiguidade grega: podemos aceitar razoavelmente que qualquer afirmação seja verdadeira ou falsa, mas isso se chocaria com o paradoxo do mentiroso. "Eu estou mentindo" — se for verdade, então a afirmação é falsa; se falsa, então a afirmação é verdadeira. Esse paradoxo deriva de Epimênides, um cretense, também do século VI a.C. Precisa ser aprimorado — afinal, talvez algumas afirmações não sejam nem verdadeiras nem falsas —, mas, uma vez aprimorado para, por exemplo, "a proposição aqui expressa não é verdadeira", nos deparamos com um paradoxo persistente, que ainda causa problemas. Vamos, no entanto, voltar para Zenão.

No paradoxo de Aquiles e a Tartaruga, Zenão utilizou uma história pitoresca e memorável para nos mostrar a confusão em nosso pensamento, geralmente oculta. Podemos retirar a animação e a diversão da tartaruga e nos concentrar apenas em qualquer movimento físico — como Zenão faz em outros paradoxos. Você pretende pedalar pela Golden Gate Bridge em São Francisco; antes de chegar ao outro lado, você chega à metade do caminho, então, deve atravessar metade da metade restante e, depois, metade do restante, e assim por diante: metade, depois um quarto, depois um oitavo, depois um dezesseis avos — a série é infinita. Por mais que você pedale, nunca poderá chegar ao fim; sempre haverá outra metade da distância a ser percorrida.

Nesses exemplos, distâncias estão sendo corridas ou pedaladas, mas Zenão não acredita que isso aconteça na realidade, pois, por meio de outro paradoxo, ele mostra como nunca podemos iniciar um movimento. Antes de chegar à janela no outro lado da sala, preciso chegar à metade do caminho; mas, antes de chegar à metade, preciso chegar a um quarto do caminho, mas, antes... e assim por diante. Aqui não há distância que possamos dizer que seja a primeira a ser cruzada, pois sempre resta metade da distância anterior. É claro, não há nada essencial a respeito das frações serem "metades".

Bertrand Russell comentou, certa vez, que o objetivo da filosofia é começar com algo tão simples que não pareça valer a pena ser dito e terminar com algo tão paradoxal em que ninguém acreditará. Se esse for de fato o objetivo, é questionável, mas certamente muitos não filósofos podem muito bem acreditar que é, dado o resultado de boa parte da filosofia.

Enigmas semelhantes, acrescento, surgem a respeito da persistência no tempo e no espaço sem qualquer movimento. Para que você exista na próxima hora, você deve existir na primeira meia hora, depois, no quarto adicional, depois, em mais um oitavo, e assim por diante. Mais uma vez, há uma série infinita. Considere qualquer objeto concreto. Este livro tem tantos centímetros de largura; sua largura, então, é constituída por um número infinito de larguras cada vez menores. Ao olharmos da esquerda para a direita, há metade da largura, depois um quarto, depois um oitavo... e assim por diante.

Os paradoxos de Zenão surgem, porque, ao considerarmos qualquer distância, a impressão que temos é de que, "no pensamento", podemos dividi-la repetidamente em intervalos cada vez menores — e essas divisões são infinitas. Confrontamos distâncias cada vez menores, mas, ainda assim, são distâncias, por menores que sejam. Dividir uma distância repetidamente não cria, de repente, a ausência total da distância. Além de apoiar Parmênides em sua insistência de que a realidade devia ser uma unidade indivisível, Zenão também podia estar desafiando Pitágoras (sim, o do famoso teorema de Pitágoras) e sua aplicação de conceitos matemáticos à realidade.

Independentemente do que esteja acontecendo no pensamento de Zenão, podemos ficar perplexos com sua postura ante um problema fundamental. Se estamos sofrendo de ilusão — se estamos no Caminho da Falsidade, por assim dizer — ao enxergar o mundo ao nosso redor como divisível, contendo movimento, o que devemos fazer com nossas experiências, nossos pensamentos e as sequências de sons, de palavras, nas palestras paradoxais de Zenão, que se alteram e mudam, vêm e vão? Essas mudanças também são de alguma forma ilusórias? É uma ilusão termos ilusões mutáveis? Essas ilusões não estão "realmente" mudando? Tais perguntas exemplificam um bom argumento em muitas discussões filosóficas, pois, diversas vezes, é útil perguntarmos como uma posição filosófica se aplica a si mesma. Encontramos essa característica do "autorreferencial" no paradoxo do mentiroso acima, no qual "esta proposição não é verdadeira" se volta contra si mesma, criando o caos conceitual.

Zenão, é claro, propõe seus argumentos e, talvez com alguma arrogância zenônica, conclui que a realidade não é como a maioria das pessoas acredita ser. Movimento, divisibilidade e mudança são ilusões. Porém, mesmo que seduzidos pelos argumentos de Zenão, os filósofos acabariam por concluir, talvez com alguma humildade, que não há algo radicalmente errado em nossa compreensão de senso comum da realidade, mas que deve haver algo errado nos argumentos.

Uma tentação é apontar para a ignorância matemática como a causa do problema paradoxal de Zenão.

Matemáticos e filósofos com inclinação matemática falam alegremente sobre como uma série aritmética infinita ou interminável pode convergir a um limite. Por exemplo, a série metade mais um quarto mais um oitavo — e assim por diante — converge, e a soma resultante é um. Em resposta, ainda podemos perguntar, se for desse modo, como um fim pode ser alcançado seguindo uma série *interminável*. Convergir não é alcançar.

O pensamento filosófico pode ter a determinação de um Zenão para mostrar a realidade como ela é e que estamos entendendo tudo errado. Outros "mantêm as aparências" ao estabelecerem que o conceito de infinito, quando devidamente compreendido, pode ser aplicado ao mundo físico, de forma útil e sem paradoxos. Outra maneira de pensar filosoficamente, no entanto, é desafiar a suposição de que um conceito com aplicação livre de problemas em um lugar também deve ter aplicação livre de problemas em outro lugar.

Pense no jogo de xadrez: não há meios movimentos; não há lugar para metades ou quartos de movimento. Insistir que, como existem movimentos no xadrez, deve haver, portanto, meios movimentos de xadrez, é não entender a natureza dos movimentos do jogo. É tratar os movimentos como se fossem pães, já que podemos ter meio pão. Na verdade, jogos de xadrez, com movimentos, podem ser jogados sem nenhum movimento de peças, mas com listas escritas de sequências de peças em diferentes casas. O que é e o que não é possível em relação aos movimentos de um jogo de xadrez não se aplica ao que é e o que não é possível no mundo dos movimentos de pedaços de pão ou de madeira, estejam eles moldados como peças de xadrez ou não.

Zenão pode responder observando que, em contraste com a inaplicabilidade da divisão matemática aos movimentos de xadrez, tudo leva a crer que a matemática pode ser adequadamente aplicada aos movimentos físicos com resultados úteis — os cronogramas dos trens (em geral) não contêm horários de chegada fantasiosos —, e ainda assim sofremos com os paradoxos. Isso se baseia, no entanto, no "adequadamente" da resposta. Afinal, simulações de computador podem modelar com precisão as mudanças climáticas, incluindo a chuva; mas o fato de a simulação e de o computador permanecerem secos, ao modelarem isso, não mostra que a chuva é seca. A conversa dos matemáticos sobre linhas paralelas que se encontram no infinito não mostra que existe um lugar no universo onde elas se encontram. E, embora a "soma" de uma série infinita de corridas abstratas possa consistir em comprimentos cada vez menores, isso não prova que um Aquiles no mundo real, com botas com pregos na sola, poderia "correr" distâncias menores do que, digamos, alguns metros.

Os desafios dos paradoxos de Zenão e do poema "O caminho da verdade" de Parmênides permanecem como exemplos sérios e maravilhosos do pensamento filosófico. Eles fornecem provocações com as quais os filósofos devem lidar e conviver — e são, aliás, provocações empolgantes.

***

Como pensar como Zenão? *Acolha os paradoxos — esteja sempre pronto para rejeitar as compreensões que o senso comum tem da realidade.*

4
O MOSCARDO: TAMBÉM CONHECIDO COMO "SÓCRATES"

A vida não examinada
não vale a pena ser vivida.
(Sócrates)

O encontro dos estudantes com a filosofia na tradição ocidental ocorre muito rapidamente e, logo de início, deparam-se com Sócrates e a investigação conhecida como "dialética socrática". O pensamento filosófico chega à sua melhor forma quando ocorre em um debate, no ir e vir de questionamentos, sondagens, propostas, rejeições — em diálogo com os outros —, na busca pela verdade sobre a natureza, por exemplo, do conhecimento, da coragem, da justiça, e até mesmo da verdade.

Foi por ter se dado o trabalho de questionar os "grandes e bons" atenienses a respeito de tais assuntos que Sócrates recebeu a alcunha de "moscardo", um tipo de mosca que incomoda o gado. Também recebeu uma sentença de morte. Aqui está ele, perante um júri no tribunal ateniense:

> *Se vocês me matarem, não encontrarão*
> *facilmente outro como eu, que, se me*
> *permitem usar uma figura de linguagem*
> *ridícula, sou uma espécie de moscardo, dado*
> *ao Estado por Deus; e o Estado é como um*
> *grande e nobre corcel que é lento em seus*
> *movimentos, devido ao tamanho,*
> *e precisa ser incitado à vida.*

Ele foi acusado de corromper a juventude e a adorar falsos deuses. Na realidade, o que fez foi incomodar como um moscardo, com seu questionamento socrático.

*Sou aquele moscardo que Deus deu a vocês,
e o dia todo e em todos os lugares estou
sempre me agarrando a vocês, despertando,
persuadindo e repreendendo.*

Embora seja uma figura muito importante e influente na filosofia, Sócrates não é um filósofo tradicional. Ele foi, por assim dizer, o precursor dos filósofos. O termo grego para filosofia foi cunhado, pela primeira vez, por Platão, seguidor de Sócrates. Poderíamos dizer algo semelhante sobre Jesus: Ele não era cristão, mas sua vida e ensinamentos deram origem ao cristianismo.

Sócrates não escreveu nada, mas temos que agradecer a um de seus seguidores, o já mencionado Platão, um dos maiores filósofos, por registrar o pensamento filosófico do mestre em toda sua gloriosa expressão. Em algum momento, a voz de Sócrates, nos primeiros escritos de Platão, se transforma do autêntico Sócrates para o próprio Platão em diálogos intermediários e posteriores. Praticamente todos os escritos de Platão retratam Sócrates em diálogo com atenienses bem-posicionados — os políticos, os ricos, os sabe-tudo, todos aqueles que, de fato, afirmavam "saber".

Nos diálogos, Sócrates, como o moscardo, "pica" os outros, levando-os a refletir mais profundamente sobre seu suposto conhecimento. Os diálogos geralmente recebem o nome de um participante-chave: em breve, ouviremos falar de Mênon, por exemplo, no diálogo *Mênon*. Na verdade, Sócrates não era apenas um moscardo; ele às vezes era retratado como uma arraia-elétrica, que eletrocuta seus oponentes, ou como uma cobra venenosa, atingindo o coração das crenças duvidosas, ou ainda como uma arraia com um efeito entorpecente sobre os outros, por causa da demonstração de suas inconsistências. O resultado típico de um diálogo é revelar a seus oponentes que, afinal, não sabiam o que pensavam saber.

A imagem do moscardo nos fornece um componente central de grande parte do pensamento filosófico — ou seja, desafia, questiona e se engaja na liberdade de expressão. A abertura do debate, talvez porque incomode, pode sempre ser atacada; encontramos isso hoje, mesmo em democracias liberais, nas quais palestrantes, por exemplo, podem ser impedidos de debater, sofrerem "cancelamento" ou optarem pelo silêncio, temendo que seu discurso seja considerado um "discurso de ódio".

Nosso Moscardo, nos diz Platão, também via sua atividade como semelhante à de uma parteira, dando à luz o conhecimento latente; esse nascimento exigia que pensássemos com clareza e honestidade. A parteira é uma metáfora poderosa e adequada: os filósofos, em geral, conduzem sua filosofia por meio do raciocínio, em vez de pesquisa empírica. A pesquisa empírica pode ser realizada por meio de experimentos científicos que envolvem riscos explosivos em laboratórios químicos ou escavações arqueológicas que levam a mãos sujas e ossos quebrados, ou ainda podem exigir aceleradores de partículas extremamente caros, como no CERN. Filosofar, de preferência com uma ou duas taças de vinho, em diálogo com outros, evita esses riscos, embora possa levar à condenação, caso alguém diga em voz alta coisas que outros se opõem a ouvir. Também se corre o risco — bem, a quase certeza — de perturbar nosso chamado conhecimento casual, conveniente e confortável.

O pensamento filosófico, talvez surpreendentemente, pode nos mostrar muito sobre o mundo — e sobre nossas vidas nele — sem nenhum envolvimento direto com a pesquisa empírica. Essa é uma característica fascinante da filosofia, de como nossos conceitos se desenvolveram através da linguagem e de como a linguagem incorpora muita informação empírica (até mesmo desinformação) a respeito do mundo. Lembre-se, alguns têm dúvidas sobre o valor dos filósofos e de seu raciocínio. Aristófanes, o dramaturgo, oferecia uma imagem de Sócrates como alguém que existia com a cabeça nas nuvens, fora de contato com a realidade. Esse retrato, no entanto, é injusto. Por exemplo, ao questionar Mênon, uma figura política e militar, Sócrates o instigou a refletir sobre o conhecimento e a crença verdadeira. Eles diferem? Como eles diferem? Tendo aberto a mente de Mênon para o tópico, Sócrates fala das belas estátuas esculpidas por Dédalo. As estátuas, segundo o mito, eram tão realistas que precisavam ser amarradas.

> *Se você tem uma de suas estátuas soltas,
> ela não vale muito; ela escapa como um
> escravizado fugitivo. Um exemplar amarrado,
> no entanto, é muito valioso, pois as estátuas
> são criações magníficas.*

Ao notar a perplexidade de Mênon, Sócrates explica:

> *Crenças verdadeiras são uma coisa boa
> e fazem todo tipo de bem, desde que
> permaneçam em seu lugar; mas isso não
> acontece por muito tempo. Elas fogem da
> mente de um homem, e portanto não valem
> muito até que você as amarre, elaborando a
> razão.*

O diálogo abre os olhos de Mênon para o fato de que, para se ter conhecimento, normalmente precisamos de algum tipo de justificativa, evidência ou razão para o que acreditamos. Sem a justificativa, mesmo que tenhamos a posse da verdade, estamos expostos a pessoas com lábia, que podem nos desviar, ou a bombardeios da mídia social que podem nos fazer acreditar em algo diferente. É claro, mais precisa ser dito, pois poderíamos, sem querer, estar presos a falsas crenças por meio da doutrinação; a amarração, logo, não deve ser tão forte a ponto de fecharmos os olhos para qualquer contraevidência ao que acreditamos.

Como resultado das inclinações irritantes do Moscardo, os oponentes de Sócrates, como o já citado Mênon, muitas vezes caíam em confusão e inconsistências. Sócrates era considerado o homem mais sábio de Atenas. "Por que eles pensam que sou o mais sábio?", ele se perguntava. Percebeu que era o mais sábio, então, porque sabia que não sabia nada. Sendo pedante, preciso acrescentar que ele deveria ter acrescentado: "tirando esse recorte de conhecimento". Não sendo pedante, acrescento que essa característica da compreensão de Sócrates sobre si mesmo merece séria reflexão; merece aplicação a nós mesmos.

Quem sabe se Sócrates estava sendo irônico em sua alegação de ignorância? Mas, para todos nós, há valor em dar um passo para trás e reconhecer, talvez com tristeza, que muitas vezes podemos estar errados e não saber o que pensamos saber. O pensamento filosófico requer um pouco de humildade, e a humildade é um valor a ser derivado de Sócrates — assim como a ironia. Devo acrescentar o pensamento mais otimista de que, às vezes, podemos pensar erroneamente que não sabemos coisas quando, na verdade, sabemos. Em ambos os casos, há valor em refletir, pensar mais e até mesmo em experimentar coisas. Você pode estar convencido de que se esqueceu de como falar grego e de como nadar, mas, uma vez de volta à terra das tavernas, você se encontrará conversando muito bem e, uma vez na água, você sairá nadando.

***

Este capítulo começou com Sócrates se defendendo em seu julgamento. Se estivesse vivo agora, replicando suas atividades em Atenas, talvez a polícia ameaçasse prendê-lo. Afinal, ele poderia falar sobre assuntos controversos, talvez ofendendo certas minorias ou até mesmo grupos majoritários. Manchetes de jornais poderiam pedir que ele fosse enforcado ou, pelo menos, que fosse preso e "as chaves, jogadas fora", embora isso talvez ocorresse por atividades diferentes das picadas do moscardo. Como não era incomum na Grécia antiga, as atividades de Sócrates incluíam o amor romântico por certos adolescentes, "jovens imberbes", um amor que não se limitava a guiar o desenvolvimento intelectual de um menino até a idade adulta. Sócrates, no entanto, certamente defendia e aspirava à elevação do amor romântico a um amor intelectual pela beleza e pela verdade, hoje em dia vagamente conhecido como "amor platônico".

A propósito, o grande tradutor e estudioso de Platão no século XIX — Benjamin Jowett, do Balliol College, em Oxford — não via com bons olhos os alunos atraídos pelo interesse de Sócrates nos aspectos físicos do amor. Jowett manteve uma agenda de purificação; tentava impedir seus alunos de analisarem os escritos de Platão sobre Sócrates e os jovens imberbes. Hoje, escolas e universidades revisam seus programas para excluir obras que possam ofender ou perturbar alguns alunos ou que possam expressar visões ou usar linguagem que não são mais aceitáveis. *As aventuras de Huckleberry Finn*, de Mark Twain, vem à mente. Essas revisões — censuras — não são um bom presságio; elas se aproximam dos atenienses condenando Sócrates à morte e, como veremos, de Spinoza tendo suas obras proibidas e de Bertrand Russell sendo demitido quando estava em Nova York.

Em seu julgamento, Sócrates não manifestou remorso, não buscou desculpas por suas ações. Em seu discurso ao júri — relatado por Platão na obra *Apologia*, que, paradoxalmente, não contém nenhuma apologia —, Sócrates argumentou que a cidade de Atenas deveria elogiá-lo por seus desafios. É verdade que a humildade mencionada anteriormente, de saber apenas que nada sabia, não era um fardo para Sócrates.

Foi um julgamento de fachada. Era inevitável que ele fosse considerado culpado e condenado à morte — beber cicuta, um veneno —, mas não era inevitável que a sentença fosse executada. Sócrates poderia facilmente ter escapado de Atenas — ele tinha amigos ricos —, e as autoridades provavelmente teriam ficado satisfeitas com o resultado. Mas Sócrates, sendo Sócrates, estava determinado a não fugir; e o diálogo *Críton*, de Platão, tem Sócrates explicando o porquê.

Sócrates argumentava que deveria obedecer à lei, mesmo quando pudesse mostrar, como naquele caso, que o que estava fazendo — sua suposta violação da lei — era benéfico para Atenas. As razões dadas para a obediência foram apresentadas pelas mãos do grande dramaturgo Platão, com Sócrates imaginando um diálogo seu com as Leis.

As Leis destacam que a relação de Sócrates com elas é semelhante à de um filho com os pais, e que se deve obedecer e respeitar os pais. Sócrates havia se beneficiado da educação e da segurança do Estado. Além disso, estava livre para partir, mas permaneceu de maneira voluntária; assim, ele efetivamente aceitou as Leis. Essas considerações, ainda hoje, são relevantes para determinar *se* e *quando* a desobediência civil é justificada. Para Sócrates, as consequências da fuga teriam sido uma ação injusta da parte dele. Sócrates, sendo Sócrates, podia ver isso com clareza — e, para ele, agir injustamente seria prejudicar a si mesmo. Aqui nos deparamos com a crença provocativa e fascinante de que o que é do interesse de alguém coincide com o que a justiça exige.

***

Encontramos o fim da vida de Sócrates no diálogo *Fédon*, de Platão. Alguns argumentam que a morte de Sócrates foi um suicídio, pois, como dito, ele poderia ter escapado, mas optou voluntariamente por tomar a cicuta.

Sócrates se comparava a um cisne; sim, ele gostava de descrições metafóricas. Toda sua vida tinha sido um canto de cisne. Sem qualquer filosofar durante a vida na terra, a alma de alguém poderia passar para o corpo de um burro, um falcão, uma vespa, uma formiga e assim por diante. A ideia de Sócrates parecia ser que, após a morte terrena, a alma poderia continuar, sem as distrações mundanas de comida e bebida — e as dos corpos dos jovens, poderíamos acrescentar. Isso se relaciona com sua compreensão do conhecimento genuíno, das verdades eternas da matemática e da bondade: de que o conhecimento é uma forma de lembrança de nossa existência antes desta vida terrena. De certa forma, sua morte foi uma cura. Ela o libertou das distrações da carne, permitindo-lhe o acesso a uma realidade eterna — bem, supondo que ele tenha escapado de ser colocado no corpo de um burro ou de um falcão... e assim por diante.

Enquanto o entorpecimento da cicuta subia lentamente por seu corpo, dizem que suas últimas palavras, dirigidas a Críton, foram:

> *Críton, somos devedores de um galo a Asclépio; pois bem, pagai minha dívida, não a negligencie.*

Asclépio tem sido geralmente considerado o Deus da cura, embora alguns acreditem que tenha sido uma figura histórica com poderes de cura. As últimas palavras de Sócrates podem ser vistas como uma alusão às suas crenças: que a alma era imortal, e que, com a morte, ele estaria sendo curado, libertado daquela existência terrena. É claro, também podem ser entendidas com ambiguidade, se encaixando na ironia socrática. Este deus da cura merecia ser pago, quando o paciente estava prestes a morrer?

Platão encerra seu relato da morte de Sócrates, do "fim de nosso amigo", dizendo que, de todos os homens que conheceu, "ele foi o mais sábio, justo e melhor".

Para valorizar Sócrates, sua vida e filosofia, não há necessidade de acreditarmos que cada um de nós tem uma alma imortal. Além da importância do questionamento incômodo — e, devo argumentar, além do valor da ironia —, Sócrates nos mostra a importância e o fascínio de não passar pela vida sem reflexão. Seu pensamento mais fundamental é que a vida não examinada não vale a pena ser vivida; ele deriva do oráculo de Delfos: "Conhece-te a ti mesmo.". Permita-me acrescentar que, às vezes, podemos sentir que é melhor não examinarmos nossas vidas muito de perto. Há, como sempre, graus e graus de exame; há momentos e lugares — até mesmo para uma profunda reflexão filosófica sobre a própria vida...

***

Como pensar filosoficamente com Sócrates? *Entre em um diálogo honesto e questionador, acompanhando os argumentos para onde quer que eles o levem.*

5
PLATÃO: COCHEIRO, MAGNÍFICO INSPIRADOR DE NOTAS DE RODAPÉ

"Ninguém faz melhor"

Todos que realmente se dedicam à filosofia de maneira correta não estão praticando nada além de morrer e estar morto.
(Atribuído a Sócrates por Platão)

"Platus", em grego, significa "amplo", e Platão, do século IV a.C., era, de fato, amplo, tanto pelos ombros largos, quanto pelo intelecto amplo, pela sua visão e por buscar o melhor para a sociedade. Platão expandiu nossa apreciação de muitas perplexidades e possíveis respostas e abordagens para a vida e o universo. "Ninguém faz melhor." Bem, alguns preferem Aristóteles à Platão, mas, no quesito do uso da filosofia para elevar nossos olhos às maravilhas além deste mundo, Platão não tem concorrência.

Platão é encontrado, pela primeira vez, como apresentador de Sócrates. A excelência, a provocação e os bons argumentos e metáforas nos trinta e três diálogos de Platão levaram o matemático e filósofo Arthur Whitehead a observar, no século XX, que toda a filosofia ocidental, desde Platão, não passa de uma "nota de rodapé para Platão". Embora Platão tenha sido enormemente estimulado e influenciado por Sócrates, é bastante claro que a maioria dos diálogos socráticos expressam o desenvolvimento e o pensamento distinto e surpreendente de Platão.

Platão valorizava a investigação racional e via nela um meio de compreender como viver bem; seus escritos apresentavam a imagem do nosso pensamento possuído pelo desejo de compreender corretamente o Bem, o Belo e a Verdade. Para Sócrates e Platão, o pensamento está em sua melhor forma no diálogo com os outros. É verdade que se pode tentar dialogar consigo mesmo, mas isso, em geral, não é tão eficaz.

No início do século XXI, um órgão regulador britânico visitava as universidades para verificar normas, níveis de pesquisa, qualidade de ensino, custo-benefício e assim por diante. Existia o rumor de que, em uma reunião, Bernard Williams, professor sênior de filosofia em Oxbridge, refinado, muito respeitado e muito inteligente, foi questionado por alguns investigadores interessados em saber os métodos mais recentes de boas práticas de ensino em filosofia. Podemos imaginar Williams pensativo antes de dizer, com um sorriso irônico: "Bem, trabalhamos principalmente com o método socrático."

"Muito interessante", foi o comentário dos pesquisadores animados. "E há quanto tempo isso foi desenvolvido?"
"Ah, cerca de dois mil anos atrás",
veio a resposta.

Há, em Platão, uma vasta riqueza de material para discussão, mas vamos primeiro nos concentrar em sua apresentação, como forma de entrar em algumas de suas crenças substanciais. Por que Platão apresentou todo o seu pensamento filosófico em diálogos? Como já mencionado, Platão (assim como Sócrates) sustentava que a busca filosófica precisava ser feita por meio de discussão oral, cara a cara. Isso nos leva a uma nova pergunta: por que, então, Platão escreveu?

Talvez Platão visse seu formato de diálogo como um estímulo para os leitores buscarem o diálogo com os outros; talvez os diálogos escritos também fossem considerados lembretes úteis do que tinha sido discutido. Sim, ficam em segundo lugar quando comparados à discussão cara a cara, mas o segundo melhor pode nos motivar a buscar o melhor. E esse melhor era como o ensino em certas universidades tradicionais funcionava: com tutorias ou supervisões individuais, nas quais um ou dois alunos apresentavam e debatiam diretamente com um tutor. Bem antes da pandemia de covid-19, no entanto, grande parte do ensino de filosofia e outras humanidades havia se transformado em palestras para audiências do tamanho de um teatro, com os alunos fazendo anotações, sem sentirem necessidade de pensar por si mesmos.

A filosofia na forma "escrita" não pode se adaptar a determinado leitor e responder aos seus mal-entendidos, compreender suas necessidades, perguntas e preocupações; além disso, os próprios autores não podem aprender com os leitores. A forma oral é melhor porque os palestrantes podem levar em conta o contexto, os olhares de perplexidade ou de surpresa daqueles ao seu redor. A palavra escrita não tem essa flexibilidade; falta o estímulo do engajamento pessoal.

O *Fedro* de Platão aborda explicitamente tais questões de pensamento, apresentação e engajamento filosófico. É um diálogo curioso, que muda abruptamente do tópico do amor para o da retórica. Em breve, veremos como ambos os temas são vitais para as exortações de Platão sobre como pensar filosoficamente e viver bem.

Na discussão a respeito do amor, o diálogo nos oferece dois cavalos alados com um cocheiro; é para ilustrar a divisão tripartite da alma. Os cavalos estão voando para os "ideais" — neste contexto, os "ideais" em relação ao amor por um jovem. O cavalo preto é dominado pela motivação sexual e física: ele pode ser violento em seu desejo de conseguir o que quer com o menino; é compelido como se fosse um escravo de seus desejos — isto é, ele é simplesmente motivado pelo que ele quer. Atrelado ao cavalo preto está um cavalo branco, uma criatura com senso de propriedade, honra e obediência à lei.

Não há necessidade de nos determos particularmente em amores e luxúrias para reconhecermos os conflitos internos, como demonstrado com a metáfora desses dois cavalos. Há muitos exemplos cotidianos facilmente reconhecíveis: sucumbimos a um copo extra de vinho quando sabemos que não deveríamos; podemos não controlar nossa raiva, quando controlá-la, como bem sabemos, seria melhor, dadas as circunstâncias.

Não nos esqueçamos, porém, do cocheiro nesta pitoresca divisão da alma. Ele é apresentado como o governante natural dentro da pessoa, dentro da alma, em busca da sabedoria, da verdade e do conhecimento, motivado por ter conseguido vislumbrar o verdadeiro ideal; ele pode corrigir os caminhos dos dois cavalos. Sim, até mesmo o senso de obediência à lei do cavalo branco precisa ser corrigido.

Assim, temos a divisão tripartite da alma segundo Platão, uma forma de pensar a mente humana que, de fato, influenciou Sigmund Freud. A divisão tripartite, no entanto, não faz uso de uma distinção entre o consciente e o inconsciente. Também não traz à luz três faculdades da mente que podem entrar em conflito: o cavalo preto representando o desejo/apetite; o cavalo branco, o dever; o cocheiro, a razão. Afinal, o cavalo preto tenta persuadir; o cavalo branco raciocina sobre os deveres; o cocheiro deseja a verdade. Platão está argumentando que, para viver bem, precisamos nos identificar com o cocheiro, pois ele é motivado pelo que é melhor para a unidade da alma, da pessoa como um todo. Os dois cavalos distorcem; eles erram quanto ao que é melhor.

Podemos encontrar algum sentido na divisão tripartite? Meus comentários anteriores sugerem que o "eu" forma outro agente, que precisa escolher com quem se identifica: com um dos cavalos ou com o cocheiro. Entretanto, eu devo ser o cocheiro — e, ao que parece, não estou no controle, já que os cavalos determinam o que fazer. Eu não estaria, então, me identificando com um dos cavalos? Não é fácil pensar na divisão tripartite de Platão, em especial porque ela se destina a ajudar nossa compreensão do resultado ideal: a unidade da alma.

A unidade ideal da alma é usada para nos apontar para a unidade ideal, ou bom funcionamento, da cidade-estado, como defendido no diálogo mais famoso e grandioso de Platão, *A República*. Nesse diálogo, encontramos inúmeras metáforas: na República, ou o Estado ideal, precisamos que os governantes sejam como "cães de guarda", os guardiões do Estado, para protegê-lo contra os lobos, a multidão e os sofistas (veja a seguir).

Em *A República*, Platão mostra (atualmente de forma incontestável) que a justiça no Estado exige que mulheres e homens sejam tratados igualmente na maioria dos aspectos; as mulheres devem ocupar os mesmos cargos, ter a mesma educação e assim por diante, ao lado dos homens. Ainda controverso, porém, é o argumento de Platão de que a justiça exige o abandono da unidade familiar. As famílias distorcem e minam a justiça, pois os pais dão preferência aos próprios filhos. A comunidade precisa ter as crianças em comum, tratando-as com imparcialidade. Assim, vemos como o pensamento filosófico de Platão pode dar origem a ideias radicais sobre como viver bem, uma vez que tenhamos uma compreensão, aqui, por exemplo, da justiça. Para expandir a respeito do viver bem, precisamos voltar a *Fedro*.

Sócrates caminha com Fedro ao longo do rio Ilissos; ele presta atenção às coisas ao seu redor: o rio, a vegetação, o céu. O médico ou o retórico, eles podem ter dias de folga; o filósofo, por outro lado, está sempre atento em sua busca pela compreensão. O Sócrates de Platão não manifesta aqui credenciais "verdes", pois ele comenta: "Veja, paisagens e árvores não têm nada a me ensinar; apenas pessoas na cidade." No entanto, essa paisagem é formada também pelos sons das cigarras, desses insetos cantores de asas transparentes; elas têm algo a nos ensinar — embora por meio de um mito curioso, um mito muito curioso.

As cigarras já foram homens, mas, quando as Musas entraram em cena, cantando suas belas canções, os homens ficaram tão fascinados pelos sons que esqueceram a comida e a bebida. Começaram a cantar e cantaram até a morte, aparentemente sendo transformados, em gerações posteriores, nas cigarras que ouvimos cantar hoje.

Embora seja bizarro — e vale a pena levar em consideração como os contos bizarros no pensar dos filósofos podem nos ajudar a compreender as coisas de uma nova forma —, o mito tem uma moral valiosa. A moral é que, na filosofia, assim como na vida, podemos ser preguiçosamente relaxados, tanto no corpo quanto na mente; e isso coloca em risco nosso bem-estar. Os homens foram levados pela música, e terminaram como nada além de insetos cantores.

A preguiça da mente, argumenta Platão, é uma ameaça ao filosofar correto. Essa preguiça leva ao tratamento da filosofia como um uso de truques para vencer argumentos e para aprender a recitar resumos ou detectar falácias lógicas. Essa preguiça vê a sabedoria como uma questão de se exibir com conversa inteligente e respostas espertas. A abordagem preguiçosa promove o superficial. Deve ser condenada. Seja por preguiça ou atenção cuidadosa aos grupos focais, os políticos em seus discursos e entrevistas são tipicamente adeptos de exibir o superficial na forma de banalidades, respostas dissimuladas ou ditos do que quer pensem que será bem recebido.

Voltando à obra *A República*, encontramos sua alegoria mais famosa: a alegoria da caverna. Ela foi criada para mostrar como precisamos resistir à aceitação das aparências como constituintes da realidade. Até que filosofemos com seriedade, estaremos enredados no superficial, nas aparências. Somos semelhantes a prisioneiros em uma caverna, olhando para as sombras de itens físicos que se sucedem. Na vida cotidiana, estamos inconscientemente confinados às aparências. As sombras são menos reais do que os itens físicos, mas os próprios itens físicos são menos reais do que... do que o quê?

Filosofar, para Platão, é um esforço para sair da caverna, para prestar atenção às realidades. Isso se contrasta com as atividades e a retórica dos sofistas, mencionados anteriormente; eles defendem qualquer argumento por uma taxa (independentemente da verdade por trás da questão) ou mesmo duvidam se há alguma verdade objetiva. Protágoras foi o sofista mais proeminente do século v; ele afirmava com vivacidade que sempre poderia fazer um argumento mais fraco parecer mais forte. "O homem é a medida de todas as coisas", insistia ele. Isso é frequentemente tomado como uma posição relativista extrema de que não existem verdades objetivas. Se assim for, então temos a dança filosófica de como ela se volta contra si mesma; lembre-se do mentiroso no Capítulo 3. Se "todas as verdades são relativas" é apresentada como uma verdade objetiva, então ela refuta a si mesma; se é apresentada como apenas uma verdade relativa, relativa ao pensamento de Protágoras, então por que eu deveria me preocupar em prestar atenção nela?

Para Platão, a retórica, quando compreendida e praticada corretamente — e não utilizada para fins sofísticos —, deve ter como objetivo a verdade, o olhar para a alma em busca do que é bom. A atitude de Platão em relação aos sofistas vale a pena ser lembrada quando nos deparamos com o uso atual da palavra "sofisticado". Sigo nos incitando a refletir sobre o papel de advogados e procuradores, com seus modos de falar sofisticados ao representarem certos réus.

Chegamos aos argumentos de Platão de que a realidade consiste em Formas ou Ideias abstratas. Quando, por exemplo, compreendemos que dois gravetos são iguais em comprimento, estamos compreendendo que eles partilham da Forma da Igualdade. Os diálogos de Platão mais tardios mostram que ele estava ciente dos argumentos contra sua teoria das Formas. Ele havia sido motivado a seguir na direção das Formas pelos ideais de beleza, verdade, justiça, amor e igualdade; mas estaria realmente se comprometendo com a Forma ou Ideia de "cama", de "sujeira", de "cabelo"? No diálogo *Parmênides*, ele argumentou contra sua teoria. Essa é outra razão pela qual Platão é um grande filósofo; ele não se mantinha atrelado a uma teoria independentemente de qualquer coisa.

Em *O banquete*, Platão descreve a ascensão à Forma ou Ideia da Beleza — o ideal, podemos assim dizer —, usando algumas descrições de Safo (como observado no Capítulo 2). Os passos têm valor: por exemplo, há a atração por um jovem (lembre-se de Sócrates e dos jovens com barba), o reconhecimento de sua beleza, o ser atraído por ele, o prestar atenção nele, o se apaixonar por ele e assim por diante. A imaginação, a curiosidade e o poder intelectual de Platão levam a uma contemplação do ideal, de uma Beleza que é eterna, que não apruma nem decai, não aumenta nem diminui. É uma Beleza que é bonita de um ponto de vista, embora feia de outro, bonita em um momento, mas feia em outro. Assim, com frequência, Platão é visto como o filósofo preeminente que enxerga além deste mundo terreno miserável.

Há um toque de insanidade nos amantes, como se seu amor fosse "destinado" a ser, superando tudo mais, e há esse toque nos filósofos, sugere Platão. Os amantes podem jogar tudo ao vento — podem desistir de família e amigos —, e isso também é o que faz do filósofo ser comprometido. Ainda assim, não é tão simples. Os Guardiões de Platão, os filósofos, veem a luz, os ideais, a realidade e as Formas fora da caverna, mas Platão os faz retornar a ela, ao mundo cotidiano para governar a cidade, ou seja, a República, garantindo a justiça.

Platão lança nossos olhos para os céus, para os ideais, para as eternidades, para as Formas. Ele quer que apreciemos que há mais na vida e na realidade do que o sugerido pelo cotidiano. Por mais atraente e apelativa que seja a imagem que ele pinta, precisamos, na prática, descer à terra; essa direção descendente está em consonância com certos pensadores filosóficos — e, assim, a seguir virá Aristóteles.

***

Como pensar filosoficamente com Platão? *Erga os olhos às eternidades, às Formas da Beleza, da Verdade, do Bem.*

6
ARISTÓTELES: PRESO À TERRA, CAMINHANDO

Todos os homens, por natureza,
desejam saber. (Aristóteles)

No início do século XVI, Rafael pintou *A Escola de Atenas*, um afresco que cobre uma das paredes da Stanza della Segnatura no Palácio Apostólico do Vaticano, em Roma. Nela, é representado um emaranhado temporal de filósofos ligados à antiga Atenas. As duas figuras centrais que descem os degraus são Platão e Aristóteles, Platão aponta com um braço para cima, enquanto Aristóteles estende o braço em direção a nós e aos arredores.

A pintura resume bem o contraste existente entre Platão e seu aluno Aristóteles. Platão aspira a uma realidade superior por trás das aparências, sempre mutáveis, da vida cotidiana, enquanto a filosofia de Aristóteles está fundamentada no mundo e nas crenças circundantes do senso comum.

Aristóteles nasceu em 384 a.C., em uma família rica de Estagira, parte da atual Macedônia Central. Quando jovem, viajou para Atenas para se juntar aos poucos selecionados que entravam na Academia de Platão. Ele permaneceu ligado à Academia por quase vinte anos, deixando Atenas em 347 a.C. para viajar, participar de pesquisas científicas e coletar dados, embora de certa forma como amador.

Foi Aristóteles quem estabeleceu as diferentes disciplinas científicas: astronomia, química, biologia, zoologia, botânica... e a lista poderia continuar. Por alguns anos, ele até foi tutor do jovem Alexandre na Macedônia, que se tornaria Alexandre, o Grande. Eles mantiveram uma amizade próxima.

De volta a Atenas em meados de 330 a.C., Aristóteles fundou o Liceu, conhecido como a Escola Peripatética,[1] pois ele caminhava enquanto dava aulas. Seu Liceu era muito diferente da Academia de Platão: estava aberto ao público para palestras. Essa distinção está em harmonia com a diferença em sua abordagem filosófica. Aristóteles, ao contrário de Platão, primeiro estabelecia tanto crenças respeitáveis do senso comum quanto a um tópico quanto evidências relevantes, e só depois trabalhava com elas, organizando-as e livrando-as de quaisquer inconsistências, com o objetivo de garantir a verdade e as explicações corretas. Sua abordagem é a de um empirista: olhar para os dados "que há".

Aristóteles era dedicado a Platão, respeitava-o como pessoa, filósofo e professor. O fato de ter desenvolvido uma filosofia fundamentalmente oposta à de Platão não diminui essa devoção e respeito. Ao investigar a natureza da bondade, Aristóteles sabia que isso poderia ser mal recebido, pois desafiava "nossos amigos que introduziram as Formas; mas a piedade nos obriga a honrar a verdade antes de nossos amigos, ainda mais por sermos filósofos".

Os escritos sobreviventes de Aristóteles são vastos — e formam apenas uma pequena parte de toda sua produção. Nenhum deles tem a elegância literária de Platão. São uma mistura de tratados com anotações de aula, tópicos que mudam repentinamente, repetições e adições. Ainda que, em pesquisas científicas, suas especulações resultantes fossem frequentemente equivocadas — ele estava apenas começando —, em metafísica, epistemologia e ética, seu pensamento teve e continua a ter imensa influência. São Tomás de Aquino, o grande frade dominicano, filósofo e teólogo do século XIII, considerava Aristóteles "O Filósofo", dando ao cristianismo uma compreensão aristotélica.

O próprio termo "metafísica" ganhou popularidade através do trabalho de Aristóteles — bem, através de um catalogador da grande Biblioteca de Alexandria no

---

[1] Do grego peripatētikós (περιπατητικός), aquele que gosta de passear, perambular. (N. E.)

século III a.c. O catalogador encontrou a obra *Física*, de Aristóteles; depois, encontrou outro conjunto de escritos, sem título, e então o intitulou, por assim dizer, *Meta da Física*, ou seja, "depois da física". Felizmente, esse conjunto da *Metafísica* foi dedicado à natureza do "ser", do "ser enquanto ser" e daquilo que vai além da física.

Em *Metafísica* e em uma obra relacionada, *Categorias*, Aristóteles investiga diferentes categorias de ser. Para além de ambiguidades óbvias (como "banco" e "banco"), se é o caso de a mesma palavra estar sendo usada, então poderíamos casualmente supor que o mesmo significado também está sendo usado. Aristóteles chamava atenção para a palavra "saudável". Falamos de pessoas saudáveis, ambiente saudável, alimentos saudáveis, cabelo saudável. Esses usos estão relacionados, mas o ambiente saudável não é saudável da mesma forma que uma pessoa; em vez disso, o ambiente saudável pode contribuir para a saúde das pessoas.

Aristóteles investiga como o ser de um ser humano é radicalmente diferente do ser de um cavalo, ou de um anel de ouro, ou de uma cor pálida. Itens como seres humanos, cavalos e anéis de ouro são considerados "substâncias primárias", que têm qualidades, características e propriedades. Uma cor pálida não funciona da mesma maneira.

Embora Sócrates *esteja* pálido, ele pode ficar corado, e, ainda assim, continuará sendo Sócrates. Por outro lado, Sócrates *é* um homem; e (deixando de lado as recentes discussões sobre transgêneros) qualquer coisa que não seja um homem não seria Sócrates. Sócrates não poderia se transformar em um porco-espinho ou um pêssego e, ainda, permanecer Sócrates. Aristóteles teria considerado absurdo o ocorrido em *A metamorfose* de Franz Kafka, em que Gregor Samsa se encontra habitando o corpo de um inseto. Aristóteles nos coloca cuidadosamente no caminho investigativo da identidade e da mudança — com um certo grau de bom senso.

A fábula de Gregor Samsa combina com a crença de muitas pessoas religiosas; ou seja, que eu sou uma mente, alma ou substância que pode existir com um corpo mudado ou mesmo nenhum corpo. Tanto Sócrates quanto Platão aceitavam pelo menos a possibilidade dessa existência. Teremos problemas suficientes com essa crença quando encontrarmos Descartes. A compreensão de Aristóteles é bem diferente. Ele sustenta que a mente, ou alma, de Sócrates é a forma de um tipo de matéria biológica — o corpo de Sócrates, podemos pensar —, assim como uma esfera pode ser a forma deste bloco de madeira ou daquele pedaço de ouro. A matéria biológica de Sócrates pode mudar até certo ponto (o cabelo cai; a pele enruga), mas sua identidade permanece intacta por causa da forma; ele ainda é Sócrates. Suponho que Aristóteles rejeitaria a ideia de que a matéria biológica de um inseto poderia ser "apresentada" como um homem e como Sócrates, em particular. Embora argumentasse contra a existência da mente separada da matéria, ele também rejeitava um materialismo simples, por exemplo, o dos atomistas — que encontraremos a seguir, através de Epicuro.

O problema da identidade foi ilustrado por um conto, um "experimento mental", sobre o Navio de Teseu, sendo Teseu o mítico fundador de Atenas. O conto foi relatado por Plutarco no século I d.C. O Navio é gradualmente reparado ao longo dos anos, com novas madeiras, novas cordas, velas e assim por diante... até que, em algum ponto, nenhum material original está presente. É o mesmo navio de antes? Do ponto de vista material, é totalmente diferente, mas a função é a mesma. "É apenas uma questão de palavras; temos diferentes critérios de identidade em jogo" pode ser a resposta. Essa resposta, no entanto, não é tão convincente quando temos mudanças em um corpo humano, transferências de cérebro e coisas do tipo: "Ainda serei *eu*?" parece ser uma questão substancial e mais premente de "identidade", ainda mais se o indivíduo resultante estiver para ser torturado.

As investigações metafísicas aristotélicas incluíam a complicada relação entre particulares e universais. Amantes das Formas — em dado momento, Platão, o criador — argumentariam que existe uma Forma abstrata e universal chamada Palidez, da qual Sócrates participa, assim como muitas outras pessoas. Aristóteles não aceita isso. Mais precisamente, ele traz a Forma de volta ao chão: a palidez é "dita por" e "presente em" Sócrates, acidentalmente. Ainda temos o mistério de como "ela" (?) está presente também em outros. Falar de universalidades nos leva a questões de indivíduos que se assemelham e a questões do que constitui a semelhança.

Com os seres humanos agora em destaque, vamos fugir da metafísica e nos voltar para a *Ética a Nicômaco* de Aristóteles. A "Ética" do título pode nos enganar, pois o termo grego "*êthika*" se concentra no caráter de uma pessoa; a ocorrência frequente do termo "virtude" em traduções para o inglês vem do termo "*aretê*" de Aristóteles, que significa "bondade", no sentido de "excelência". Seria estranho descrever um machado como virtuoso, mas Aristóteles o consideraria possuidor de "*aretê*" se tivesse uma lâmina afiada e fosse excelente para cortar.

Começando pelo senso comum, Aristóteles pergunta o que todos nós, seres humanos, buscamos, em última instância, para nossas vidas. A resposta traduzida é "felicidade", mas a tradução pode nos enganar novamente. O termo grego é *eudaimonia*, e tem mais a ideia de florescimento, enquanto "felicidade" pode nos direcionar a sensações de prazer.

Florescer como ser humano, segundo Aristóteles, é ter excelência em relação a certos traços de caráter. Podemos, é claro, perguntar: todos os seres humanos buscam esse florescimento? Alguns podem optar pelo *status* de "porco satisfeito", sobre o qual falaremos mais no Capítulo 16. Além disso, alguns — notavelmente Immanuel Kant (Capítulo 14) — argumentam que os deveres morais têm prioridade acima da felicidade; e eles não devem ser reduzidos a uma questão de felicidade. A abordagem aristotélica, no entanto, tem o apelo imediato de perguntar o que *me* fará feliz; isso contrasta com as exigências morais de cumprirmos nossos deveres ou de levarmos todos em consideração. Surpreendente, porém, é que, ao buscarmos o que nos fará felizes no modo aristotélico, percebemos um resultado não muito diferente das típicas posturas morais.

Aristóteles buscava transformar nossas almas para o bem — e esse objetivo é encontrado em toda a filosofia antiga, embora com conclusões diferentes. Muitos filósofos do século XX não tiveram a coragem ou a presunção de nos dizer como deveríamos nos comportar; em vez disso, só ousaram analisar o uso da linguagem moral (ver Capítulo 29). Muitos filósofos hoje, porém, adotam um aristotelismo atualizado — o neoaristotelismo. Esse "neo" nos afasta da pronta aceitação da escravização por Aristóteles e da exclusão das mulheres em suas preocupações. O neoaristotelismo — talvez por ser um palavrão — logo se tornou teoria da virtude, agora transformada em ética da virtude. Esta última se afasta da ética como adesão à teoria ou a um conjunto de princípios.

O que nos fará felizes? O que nos fará florescer? A ênfase de Aristóteles está nas virtudes, nos traços de caráter, mas isso não significa uma recomendação da fé, da esperança e da caridade cristã; não é entender a virtude como oposta aos vícios perseguidos pelas brigadas policiais. Aristóteles trabalha diferentes traços de caráter e nossas visões de senso comum sobre eles, para trazer à tona os melhores, para gerar prosperidade. Seu pensamento é um naturalismo: o que naturalmente consideramos valioso.

Com algumas exceções notáveis — certos políticos recentes vêm à mente —, em geral as pessoas valorizam a honestidade. A honestidade não garante uma vida próspera, mas provavelmente ajuda a alcançá-la. Às vezes, pode ser necessário moderá-la com bondade; às vezes, é melhor para alguém não saber a verdade. Para prosperar, também precisamos de amizade; amigos podem nos ajudar nas dificuldades, mas essa utilidade não deve ser o motivo. Se as pessoas soubessem que você só se tornou amigo pelo que poderia obter delas, as coisas não ficariam bem. Precisamos nos dispor, ocasionalmente, a fazer coisas pelo bem dos outros — e não por interesse próprio.

Uma vida próspera requer o desenvolvimento de uma variedade de traços de caráter; também requer inteligência e sabedoria. "O homem que teme tudo e não se mantém firme é um covarde"; ele dificilmente prospera. O homem que vai ao encontro de todos os perigos é precipitado ou tolo; e aqui, também, essa dificilmente é uma maneira de prosperar. As virtudes, como coragem, generosidade e temperança, são destruídas pelo excesso e pela insuficiência. Além disso, um ato de coragem, como algo único, não estabelece o indivíduo como corajoso. De fato, as virtudes, voltando a Sócrates, formam uma unidade: a honestidade pode exigir a coragem de se levantar e dizer a verdade; e a coragem pode exigir a sabedoria para saber quando fazer o que se deve... e assim por diante.

Aqui, o pensamento de Aristóteles é orientado em torno da "função". Para os flautistas, o bem reside na função de tocar bem a flauta, portanto, argumenta Aristóteles, precisamos descobrir qual é a função distintiva do homem. Ele diz que é a atividade intelectual; como resultado, desempenhar bem essa função seria o bem supremo — o fim em vista.

Há várias suposições e movimentos no argumento de Aristóteles que merecem desafio; por exemplo, a suposição fundamental de que o homem tem uma função. No Capítulo 24, veremos Sartre desafiar essa ideia vigorosamente.

Aristóteles investiga diferentes tipos de causas e suas explicações preferidas dão a entender que as mudanças naturais estão trabalhando para um fim, ou *"telos"*; é como se algo no futuro atraísse as ações de humanos, animais e até mesmo árvores e planetas. Torna-se evidente que a explicação científica bem-sucedida, até agora, não é teleológica. Em vez disso, a ciência aplica as abstrações da matemática para entender como a natureza funciona — e isso está mais de acordo com o pensamento de Platão.

Embora a forma como Aristóteles explica a ciência natural não tenha se saído bem, ele foi aplaudido por seu trabalho sobre lógica, a ciência do argumento válido. Ele foi o primeiro a formalizar um grupo de argumentos, e nos deu o "silogismo". Em sua forma básica, há duas premissas, usando "todos", "alguns", "nenhum" e uma conclusão. Somente a partir da forma pode-se dizer se um argumento é válido, ou seja, se a conclusão decorre das premissas. Aqui está uma forma simples, em que as letras A, B e C podem ser substituídas por termos gerais apropriados:

> Todo A é B;
> Todo B é C;
> Portanto, todo A é C.

Há inúmeros exemplos: todos os gatos são mamíferos; todos os mamíferos são animais; portanto, todos os gatos são animais. Uma forma válida não é suficiente para mostrar que a conclusão é verdadeira. Todos os porcos são criaturas aladas; todas as criaturas aladas podem voar; portanto, todos os porcos podem voar.

Aqui está um exemplo de uma forma inválida: alguns A são B; alguns B são C; portanto, alguns A são C. Essa conclusão não procede. Alguns gatos são criaturas amigáveis; algumas criaturas amigáveis são lhamas; portanto, alguns gatos são lhamas. Claramente, um argumento inválido.

É preciso ter cuidado. Embora não seja um silogismo, podemos aceitar que o seguinte é válido: gatos são mamíferos; Jemima é um gato; portanto, Jemima é um mamífero. Porém, não devemos concluir que essa forma de argumento garante sua validade. Se o fizéssemos, precisaríamos aceitar: os gatos são numerosos, Jemima é um gato, portanto Jemima é numerosa.

Foram necessários os lógicos Gottlob Frege e Bertrand Russell, mais de dois mil anos depois, para mostrar as limitações da abordagem de Aristóteles. Um exemplo para ilustrar essa complexidade, apropriado para encerrarmos (usando a letra de uma música do filme *Barulho a bordo*, da década de 1940), é:

> *Todas as garotas legais*
> *amam um marinheiro.*

Isso pode significar que existe um marinheiro sortudo ou mesmo que cada garota legal ama todos e quaisquer marinheiros. É mais provável que signifique, em relação a qualquer garota legal, que existe algum marinheiro em particular amado por ela.

Levando o tipo de complexidade anterior de volta à ética de Aristóteles, ele parece passar de "todo mundo quer um estado de felicidade" para "há um estado de felicidade que todos querem". É claro, isso pode ser contestado; talvez as pessoas tenham ideias radicalmente diferentes sobre o que constitui a felicidade. Aparentemente, alguns pensamentos tradicionais chineses, passados ao longo dos séculos, entendem a felicidade (*lè*) como satisfações encontradas em compromissos de longo prazo com, por exemplo, tradições familiares, ouvir música, apreciar o universo — até mesmo induzir bons homens a servirem em cargos políticos. Aristóteles, sempre o filósofo empírico, examinaria tais ideias, vendo quão bem se encaixavam nas evidências, e avaliaria se sua compreensão da felicidade não precisava de mais investigação ou revisão.

***

Como pensar como Aristóteles? *Com os pés bem firmes no chão, investigue tudo ao redor com curiosidade e admiração.*

7
EPICURO: JARDINEIRO, CURA DA ALMA, HABILMENTE ASSISTIDO POR LUCRÉCIO

Quando a morte está presente, nós não estamos; quando nós estamos presentes, a morte não está.
(Epicuro)

Conta a história que, quando o então monarca viu pela primeira vez a recém-concluída Catedral de São Paulo, na cidade de Londres, seus lábios de rei proferiram a exclamação de que ela era "*amusing, awful and artificial*" (divertida, terrível e artificial). Hoje, isso soaria bastante depreciativo, mas as palavras, naquela época, no início do século XVIII, significavam que a catedral era agradável de se contemplar, inspiradora de admiração e cheia de habilidosa arte. As palavras mudam de significado. Assim como o tema das histórias; a observação real anterior foi atribuída a vários monarcas: Jaime, Guilherme e Ana.

Hoje, descrever certas pessoas como "epicuristas" é notar seu prazer especial por comidas e bebidas finas. De maneira mais geral, o entendimento popular da filosofia de Epicuro — o epicurismo —, se é que há algum entendimento popular, é que se trata de uma filosofia que valoriza o prazer. Epicuro é casualmente associado ao *slogan:* "Coma, beba e se alegre, pois amanhã morreremos."

Os hedonistas sustentam que o valor máximo é o prazer, e certamente é correto dizer que Epicuro era um hedonista. No entanto, sempre que nos engajamos no pensamento filosófico, precisamos aprender o que o filósofo quer dizer com os termos centrais — neste caso, "prazer" —, assim como precisamos estar cientes do contexto linguístico histórico para entender o significado da observação da realeza mencionada anteriormente. As pessoas, hoje, podem muito bem entender os prazeres epicuristas como delícias sensoriais gustativas e, o hedonismo, mais generalizado em mente, como aprimoramentos dos prazeres eróticos, diversões e jogos, tendo ou não limites. Mas as coisas não são tão simples.

Vamos contextualizar Epicuro. Ele era ateniense, nascido em 341 a.C., e, embora tenha se estabelecido em Atenas apenas aos seus trinta e poucos anos, permaneceu lá até sua morte, em 270 a.C. Antes disso, estudou filosofia em Cólofon (agora, na Turquia), lecionou, mudou-se para Lesbos, ganhou seguidores e, depois, seguiu para Atenas, onde fundou uma escola, que ficou conhecida como o Jardim — nome indicativo do terreno que Epicuro havia comprado. Nosso conhecimento de suas teorias depende de três cartas de sua autoria e de algumas coleções de ditos e observações, preservadas por outro escritor, Diógenes Laércio.

Em sua compreensão do mundo ao redor, Epicuro era atomista, baseando-se em teorias de dois séculos antes, de Leucipo e Demócrito. Vamos evitar a confusão dos átomos e a natureza de suas interligações e desvios, exceto para notar o compromisso total de Epicuro com o materialismo dos atomistas. A alma, a mente, é constituída por átomos, embora mais refinados, distribuídos entre os átomos mais grosseiros do corpo humano. A morte ocorre quando esses átomos se dispersam, seguindo caminhos separados, e o conjunto é desfeito. A morte do corpo humano é também a morte da alma, da mente. Isso recebe ênfase central no pensamento de Epicuro, pois oferece uma terapia, uma forma de ter uma vida prazerosa — e isso requer liberdade da superstição e do medo das possibilidades em uma vida após a morte.

O objetivo epicurista é curar a alma. Para efetuar a cura, o necessário, diz Epicuro, não é "a pretensão, mas a busca real da filosofia", assim como "não precisamos de um semblante de saúde, mas, sim, da verdadeira saúde". Essa ênfase médica explícita no valor do pensamento filosófico está em consonância com outros filósofos gregos e romanos antigos, como os estoicos e até mesmo os céticos, embora as curas em si, é claro, sejam diferentes.

Epicuro procura nos mostrar a verdade sobre a vida humana, a morte e os deuses; e, se ele tem sucesso, percebemos que há "nada a temer". A terapia deve funcionar uma vez que compreendermos seus argumentos, embora talvez funcione ainda mais se pudermos memorizar e repetir as conclusões. O projeto filosófico de Epicuro, de ajudar as pessoas a garantirem a saúde psíquica, como podemos ver, é compatível com sua reputação de humanista e de prestativo de outras maneiras.

"O prazer é o começo e o fim da vida abençoada", escreve Epicuro. Bebês que se lançam em busca do prazer, podemos argumentar, não são uma base segura para o que nós, como adultos, devemos valorizar. Deixando a infância de lado, Epicuro considera que o certo e o errado devem ser entendidos tendo como base nossos sentimentos — e pressupõe que todos reconhecemos que os prazeres são os únicos sentimentos que são valorizados como bons. É claro, ainda precisamos da razão, do bom raciocínio, para descobrir a melhor maneira de viver e maximizar os prazeres. Podemos, ainda, refletir que Epicuro claramente valoriza a obtenção da verdade acima do valor do prazer.

Se aceitarmos a frase epicurista anterior, ainda poderemos ser críticos de Epicuro quando compreendermos o que ele entende por prazer. O prazer, para ele, parece ser nada além da ausência de dor. Pode muito bem haver qualificações para isso; talvez ele reconheça prazeres positivos, mas argumentaria que persegui-los acarretaria risco de sofrimento — e eles não valem o risco. Evitar o risco coincide com sua ênfase no prazer como imperturbabilidade (*ataraxia*). Assim, o epicurismo dele difere da noção popular de hoje.

> *Portanto, quando afirmamos que o prazer*
> *é o fim, não nos referimos aos prazeres dos*
> *devassos e aos que consistem na sensualidade,*
> *como supõem alguns que são ignorantes,*
> *discordam de nós ou não entendem,*
> *mas à liberdade da dor no corpo e da*
> *perturbação na mente.*

O pensamento filosófico de Epicuro visa nos conduzir a uma mente livre de problemas, mas, se estamos preocupados com a verdade, certamente devemos estar abertos a outras filosofias terapêuticas; por exemplo, Crisipo do século III a.C., conhecido como o segundo fundador do estoicismo (depois de Zenão de Cítio), nos instaria a usar nosso raciocínio para ver que devemos seguir a Natureza. Ou os céticos, seguindo a linha de Pirro, explicariam como a melhor maneira de viver imperturbável é suspender todas as crenças. Quer estejam certos ou errados, encontrar tais argumentos seria perturbador; deveríamos, então, nos abrigar no Jardim, longe de todos os argumentos opostos?

Retornando diretamente à Epicuro, ele discrimina os desejos, incitando que alguns sejam superados. Muitos desejos, por exemplo, não são naturais nem necessários; derivam de más opiniões. O desejo de fama é um exemplo disso. Outros desejos podem muito bem ser naturais ou se desenvolver naturalmente, mas não são de todo necessários. O desejo de comida e bebida luxuosa é um exemplo disso.

> *Não são as bebidas e festas contínuas, nem a satisfação das luxúrias, nem o prazer de comer peixe e outros luxos da mesa rica, que produzem uma vida agradável, mas o raciocínio sóbrio, a busca dos motivos para toda escolha e esquiva, e o banimento de meras opiniões, às quais se deve a maior perturbação do espírito.*

O raciocínio sóbrio, porém, só tem valor por nos levar a ver que a vida de prazeres, ou seja, aquela sem dor, com o mínimo de perturbações, é uma vida que se contenta com muito pouco. Epicuro era, de fato, contente com muito pouco. A ideia parece ser de que, se você está em uma dieta simples e escassa, uma pequena iguaria é tão boa quanto um banquete. Além disso, não é preciso sofrer as dores do trabalho, da esperança e da decepção na busca por luxos. Epicuro, ao que parece, não teria tido nenhum problema com os luxos, se eles não causassem risco de sofrimento. Na verdade, Epicuro escreve:

> *Se as coisas que produzem os prazeres das pessoas devassas também dissolvessem os medos relacionados às coisas celestiais, a morte e às dores, e se, além disso, ensinassem o limite dos apetites, não teríamos nada a reprovar nelas.*

Epicuro especula que, provavelmente, por sermos inseguros em nossas vidas, buscamos riqueza, poder e fama para nos proteger dos riscos, sem perceber que aqueles aumentam as dores.

Uma fonte específica de dor é o medo da morte. Religiões e superstições podem nos fazer sentir desolados e ansiosos quanto a uma possível vida após a morte; podem nos levar a um comportamento obsessivo. Assim, temos o mantra no início deste capítulo, que resume a posição de Epicuro. Essa posição e os argumentos para ela são encontrados detalhados em um grande poema filosófico, "Sobre a natureza do universo", escrito por Lucrécio, um romano do século I a.C. e seguidor de Epicuro:

> *Olhe para trás, para a eternidade que passou antes de nascermos, e observe como ela não significa nada para nós. Este é um espelho que a Natureza nos mostra, no qual podemos ver o tempo que virá depois que morrermos. Há sequer algo de aterrorizante na visão — qualquer ponto deprimente —, algo que não seja mais repousante do que o sono mais profundo?*

A semelhança entre a não existência antes do nascimento e a não existência após a morte precisa ser desafiada. Uma diferença fundamental é que não temos nenhuma dificuldade em entender como poderíamos continuar vivendo por mais tempo do que de fato viveremos: "Ainda serei eu, com minhas memórias, continuando no futuro"; em contraste, há dificuldade em entender o "ainda seria eu, se eu tivesse nascido dois séculos antes".

Aqui está outro argumento de Lucrécio, expandindo diretamente o mantra do capítulo:

> *Se o futuro reserva dificuldades e angústia,
> o eu deve existir, quando chegar a hora,
> para experimentá-lo. Mas, desse destino,
> somos redimidos pela morte, que nega
> a existência ao eu que poderia ter sofrido
> aquelas tribulações. Fique tranquilo,
> portanto, que não temos nada a temer na
> morte. Aquele que não existe mais não pode
> sofrer ou diferir de qualquer forma daquele
> que nunca nasceu, visto que esta vida mortal
> foi usurpada pela morte imortal.*

Lembremos o compromisso epicurista com o materialismo e, portanto, com a crença de que a morte é aniquilação. É claro, algumas pessoas podem sofrer justamente porque não foram convencidas pelos argumentos a favor da verdade contida nessa crença, ou porque não conseguiram persuadir-se dessa verdade.

Ao aceitar a morte como aniquilação, ainda podemos nos perguntar se o argumento funciona: é verdade que um evento pode ser bom ou ruim para os indivíduos pelo simples fato de eles existirem, estando sujeitos às experiências, no momento do evento? Se assim for, então, sim, nada de ruim depois da minha morte pode ser ruim "para mim"; e, portanto, talvez seja irracional temer estar morto. Mesmo que seja esse o caso, ainda podemos temer a morte por causa das dores geralmente envolvidas em morrer e do possível sofrimento para os outros. Além disso, mesmo que o morrer seja fácil, ainda podemos temer a morte por ela nos privar de futuros anos de vida. Essa privação é uma perda de mais prazeres da vida, mesmo que esses prazeres não sejam mais do que os da tranquilidade e talvez de pequenas iguarias.

Assim, as questões aqui têm a ver com a relevância da duração da vida humana. O importante filósofo e também ateísta de Cambridge, Frank Plumpton Ramsey, morreu aos vinte e seis anos; John Keats morreu aos vinte e cinco. Eles não teriam perdido algo que, digamos, Jean Sibelius e Thomas Hobbes não perderam, já que Sibelius morreu aos noventa e um anos e Hobbes, aos oitenta e seis? Poderíamos comparar a vida real de uma pessoa —

como uma que termina aos trinta anos por causa de um acidente — com sua vida em potencial, uma que poderia ter continuado até os noventa anos. Poderia haver maior prazer na vida mais longa.

Se pensamos na expectativa de vida humana, a máxima possível, como sendo de duzentos anos, então Ramsey, por ter morrido aos vinte e seis anos, perdeu mais do que Hobbes, que morreu aos oitenta e seis. O curioso, entretanto — e que parece até mesmo contradizer seus próprios argumentos —, é que, embora nos diga para não temer a morte, Lucrécio parece reconhecer que ela pode ocorrer muito cedo, e que, por isso, podemos sofrer perdas de prazer.

> *Por que você chora e lamenta a morte? Se a vida que você viveu até agora foi uma coisa agradável — se todas as suas bênçãos não vazaram como água vertida em um vaso rachado e se perderam sem serem apreciadas —, por que então, criatura tola, você não se retira do banquete da vida como um convidado que dela se fartou?*

Podemos notar como Lucrécio, com seus banquetes romanos, pode não estar tão apaixonado pelas refeições simples de Epicuro. Os banquetes daquele não combinam com a simplicidade de Epicuro.

***

Vamos terminar com alguns pensamentos humanos de Epicuro. Ele coloca um alto valor na amizade. "A amizade dança ao redor do mundo, anunciando a todos nós que acordemos para a felicidade." Chega a insistir que um homem sábio sentiria a tortura de um amigo não menos que a sua própria, e que morreria por um amigo em vez de traí-lo, pois, do contrário, a própria vida seria arruinada. Esses pensamentos dignos não se dão muito bem com a exigência epicurista de libertar-se da ansiedade; ter amigos poderia muito bem aumentar nossas preocupações.

Em seu último dia, Epicuro o descreveu como abençoado. Ele estava, sem dúvida, ciente de suas crenças básicas sobre a vida, seu Remédio Quádruplo (*tetrapharmakos*): Deus não apresenta medos, a morte não apresenta preocupações; o que é bom é facilmente obtido, o que é ruim é facilmente tolerado.

***

Como pensar como Epicuro? *Proporcione terapia para almas perturbadas, de preferência em um jardim.*

8
AVICENA: HOMEM VOADOR, AQUELE QUE UNIFICA

> Sem dúvida,
> há existência.
> (Avicena)

Aqui está um filósofo que descreve como trabalha. Nascido por volta de 970, Avicena é considerado o maior metafísico do primeiro milênio:

> À noite eu voltava para casa, colocava uma lamparina diante de mim e me dedicava à leitura e à escrita. Sempre que o sono me dominava ou que eu me tornava consciente do enfraquecimento, eu parava para beber uma taça de vinho, para que minhas forças voltassem [...]. Assim, dominei as ciências lógicas, naturais e matemáticas [...].

Este é, de fato, um filósofo em ação. Embora, para muitos, a taça de vinho seja uma necessidade, ela não é, claro, o suficiente para um bom pensamento filosófico. Abū 'Alī al-Husayn ibn Sīnā é o filósofo em questão, normalmente conhecido no mundo ocidental pelo nome latino "Avicena". Ele foi extremamente influente na filosofia islâmica e nas tradições cristãs judaica e latina.

Nascido perto de Bucara, na Ásia Central, Avicena não cresceu em um lugar isolado. Por estar na Rota da Seda, Bucara era uma cidade importante, com muitos viajantes indo e vindo. A família de Avicena fazia parte da elite política e, quando jovem, ele teve acesso à biblioteca do palácio do governante. Esta bem abastecida com traduções árabes dos filósofos gregos, bem como com obras islâmicas.

Avicena foi precoce. Dizem que, aos dez anos de idade, já sabia o Alcorão de cor. Na idade adulta, foi cortesão de vários governantes persas, viajando com eles como médico e conselheiro. Durante esse tempo, reelaborou a filosofia de Aristóteles, harmonizando-a com a fé islâmica. Foram as reelaborações de Avicena das obras de Aristóteles com que os filósofos árabes subsequentes lidaram.

Além de filósofo e teólogo, Avicena era conhecido como médico. Sua principal obra, o *Cânone*, foi por muitos séculos o livro definitivo da medicina, cobrindo todos os tipos de acidentes, doenças e transtornos psicológicos. Há a história de um príncipe persa que se recusava a comer, convencido de ser uma vaca. Como vaca, ele mugia, exigindo ser morto para que a carne pudesse ser a base de um bom ensopado para a corte. Avicena, fingindo ser o açougueiro, pronto com a faca para o abate, parou, de repente, declarando que a vaca era magra demais e que precisaria ser engordada primeiro. O príncipe entendeu, mugiu mais um pouco e começou a comer. À medida que ganhava força, sua ilusão bovina foi desaparecendo.

Questões médicas à parte, a filosofia de Avicena... bem, esse "à parte" implica uma separação, mas a separação não se faz presente no espírito do pensamento de Avicena. Ele buscava uma compreensão unificada de tudo, e sua grande obra, *O livro da cura*, com vinte e dois grandes volumes, abrange lógica (com retórica e poética), física (incluindo natureza, céus, mineralogia, meteorologia, botânica, zoologia), matemática (incluindo música e astronomia), metafísica, bem como filosofia prática, com política, gestão doméstica, medicina e ética.

Avicena foi um polímata, ávido por investigar todos os temas, assim como Aristóteles, mas, ao contrário do filósofo grego, seu pensamento visava, como já sugerido, a unificação de todo o conhecimento. Em um nível geral, ele combinou o pensamento dos desenvolvimentos árabes do aristotelismo e do neoplatonismo (*falsafa*) com a doutrina islâmica (*kalām*). Hoje, os cientistas falam de uma teoria de tudo, uma teoria unificada que explicaria todos os aspectos do mundo físico. Podemos questionar que sentido pode ser dado a tal "explicação", mas Avicena foi muito além da ideia dos cientistas atuais. Sua teoria de tudo buscava realmente incluir tudo, abrangendo Deus, a alma, o mundo ao nosso redor — e até casos e curas de doenças corporais.

Na filosofia universitária dominante da Grã-Bretanha e dos Estados Unidos, exceto quando em caráter opcional, Avicena e outros filósofos árabes influentes raramente são mencionados. Quando o assunto é teologia, o lugar de destaque vai para São Tomás de Aquino, o frade dominicano que, como mencionado no Capítulo 6, sobre Aristóteles, concedeu ao cristianismo uma leitura aristotélica, assim como Avicena fez dois séculos antes com sua abordagem aristotélica do islã.

Como Deus é central para a filosofia de Avicena e, é claro, para o islã, vamos explorar seu pensamento com relação a isso. Aqui está o ponto de partida: Avicena se sente perplexo diante da existência. Para dar sentido a ela, o filósofo argumenta, precisamos entender como ela se faz necessária — caso contrário, por que deveria haver existência? É claro, poderíamos nos perguntar como ela ser "necessária" nos livra do mistério; podemos solicitar a supressão de uma nova perplexidade: por que é necessário, se realmente o for, que haja algum ser necessário? Ainda assim, vamos nos aprofundar no pensamento de Avicena por meio de seu argumento que ficou conhecido como *burhān al-ṣiddiqīn*, a "demonstração dos verdadeiros".

A conclusão do argumento é que um ser necessário existe e que, além disso, o ser tem as qualidades centrais tipicamente atribuídas a Deus pelas religiões monoteístas abraâmicas do judaísmo, cristianismo e islamismo. O argumento de Avicena, na verdade, tem características encontradas posteriormente no raciocínio de São Tomás de Aquino e no raciocínio dos principais filósofos europeus do século XVII; por exemplo, é semelhante ao argumento da contingência, de Leibniz, a respeito da existência divina.

Avicena aceita, desde o início, que as coisas realmente existem. Alguns céticos talvez perguntem: podemos realmente ter certeza de que algo existe? A resposta mais breve diz que, mesmo que a existência das coisas seja uma ilusão, a ilusão existe. Há também o experimento mental do homem voador, de Avicena, que estabelece uma existência individual elementar; alguns veem Avicena como antecipando Descartes, com seu dizer: "Penso, logo existo".

O homem voador — às vezes chamado de homem suspenso ou homem flutuante — é supostamente um homem adulto

> *pairando no vazio, de modo que não enxerga e não sente nada. Seus membros estão separados para que não se toquem. Não há som nem cheiro. Este indivíduo está em um estado de privação sensorial total. Ele acabou de ser criado, então não tem memórias de experiências sensoriais anteriores.*

Avicena se perguntava o que uma pessoa nessa situação poderia saber. Se você acha que todo conhecimento deriva da sensação, a resposta seria "nada". Avicena insistia que, em tal condição, o indivíduo ainda estaria ciente de sua existência. O exemplo pretende demonstrar que a posse do corpo não tem nada a ver com o que é essencial para um ser humano. Se tivesse, seria impossível para o homem voador compreender a si mesmo, compreender sua existência.

O experimento mental tem sido muito discutido, inclusive com relação às condições exatas estabelecidas. Certamente, devemos perguntar se tal estado de privação sensorial é possível e se, em tal estado, uma autoconsciência remanescente existe. Objeções à parte, a ilustração é útil para entendermos a filosofia de Avicena, pois chama a atenção para uma de suas principais distinções entre o que é essencial, ou necessário, e o que é contingente. Uma pessoa pode ser solteira, arrogante e sensual, mas esses não são atributos essenciais para que alguém seja uma pessoa, ao passo que, talvez, algum grau de autoconsciência seja. Essa distinção necessário/contingente percorre todo o pensamento filosófico. Vejamos como Avicena a usa em sua suposta prova de Deus como ser que existe necessaria ou essencialmente.

Itens que têm causa não podem ser seres necessários, só por causa de suas naturezas, pois a existência deles dependeria da existência de outras coisas, ou seja, de suas causas. Existir "contingentemente" significa ser capaz de existir ou não existir — e a existência ou não existência depende de ter havido ou não uma causa para essa existência. Olhe ao redor: tudo que vemos é contingente. Sim, os itens existem, mas poderiam não existir; e não teriam existido se as causas relevantes estivessem ausentes ou fossem diferentes. Em contraste com a existência contingente, existir "necessariamente" é existir de uma forma que exclui a não existência; a própria natureza do item garante sua existência. É claro, algumas coisas são garantidas, pela natureza que apresentam, a não existirem; um quadrado redondo, por exemplo.

Avicena fala de como os itens contingentes precisam ser "preponderados" para existirem ou não existirem, ou seja, por assim dizer, a balança estar pendendo para um lado ou para o outro, inclinando os itens para a existência ou não. As coisas com existência contingente, *em si mesmas*, não precisam existir nem deixar de existir, mas se tornam "necessárias por meio do outra", por meio de uma causa externa, pela balança inclinando a seu favor.

Temos alguma boa razão para acreditar que há existentes necessários? Notamos como Avicena acredita que há um existente necessário e, como pode ser adivinhado, ele insiste ter uma boa razão para essa crença. Considere o agregado de todas as coisas contingentes. Por definição, não há nada contingente fora do conjunto de *todas* essas coisas. Qual, então, seria a causa desse agregado total? O que inclinou a balança de tal forma que fez o agregado existir, em vez de não existir? Esse agregado não poderia ter vindo do nada. Deve, portanto, haver um ser necessário, um ser que exista em si mesmo, do qual dependa a existência do agregado.

Podemos e devemos desafiar o raciocínio de Avicena aqui. Mesmo que cada item individual do agregado seja contingente, não é preciso que todo o agregado seja contingente. Talvez um conjunto suficientemente numeroso dê origem à necessidade. Afinal, falando de maneira figurada, uma andorinha não faz verão, mas talvez um vasto número faça; e, falando a partir de um ponto de vista financeiro, minha venda de ações da empresa X não leva ao colapso da empresa X, mas muitas vendas talvez levem. Há pontos de virada.

Mesmo que não haja como um agregado suficientemente grande de itens contingentes se tornar necessário, não é preciso que haja um ser necessário para fundamentar o agregado de todos os itens contingentes — a menos que uma suposição seja feita. A suposição é de que deve haver uma causa para que todo ser contingente exista. Leibniz, como veremos no Capítulo 11, mantém uma suposição semelhante: o princípio de razão suficiente. E por que manter essa suposição? Talvez seja apenas um "fato bruto" uma sequência ou sequências de itens contingentes existirem. É claro, certas pessoas podem preferir a suposição porque já acreditam que Deus deva existir como um ser necessário; mas isso coloca a dita carroça na frente do dito cavalo.

Para avançarmos no pensamento de Avicena, vamos supor que seu argumento para a existência de um ser necessário funcione. Avicena, então, precisa de argumentos adicionais para mostrar que o ser necessário que ele provou existir é idêntico a Deus como entendido pelo islã e, de fato, por todas as religiões abraâmicas.

De acordo com essas religiões, há apenas um deus — Deus. Não seria possível, no entanto, haver distintos agregados de itens contingentes apontando para distintos seres necessários? Avicena justifica a resposta "não" com base em que não haveria nada para distinguir os seres necessários em si mesmos. Para que houvesse uma distinção, algo "externo" teria que ter causado essa distinção, mas um existente necessário não depende, de forma alguma, de nada externo.

Permanecem outros enigmas: por exemplo, que sentido pode ser dado a Deus como o ser necessário que "criou" o agregado de itens contingentes, o universo? Se os atos de criação ocorrem no tempo, então o tempo existe separadamente de Deus? Se, no entanto, o tempo for, de alguma forma, um atributo de Deus, então temos o enigma de como uma criação ocorreu no tempo ou, se esse enigma for superado, por que Deus criou o universo em um determinado momento e não em outro?

Avicena entende Deus como imutável e eternamente sustentando o universo, portanto, não devemos pensar em Deus como dando início às coisas. No entanto, se Deus é imutável, como Ele pode saber das mudanças temporais que ocorrem entre os itens contingentes? Talvez Ele possa compreender leis universais imutáveis da natureza, talvez sejam atributos de Seu ser, mas é difícil compreender como Ele tem conhecimento detalhados. Ele poderia saber, por meio de essências ou definições, que todos os homens são mortais, mas não dos feitos de um homem em particular, como Sócrates, neste dia e não naquele.

Este último enigma nos leva ao conflito mais significativo de Avicena com a crença tradicional no islã e, de fato, com a crença típica de outras religiões. Ele está comprometido com o necessitarismo: bem compreendido, tudo o que acontece, acontece necessariamente. Essa necessidade não combina com muitas crenças religiosas, se aplicada a Deus e aos seres humanos.

O argumento para a existência de Deus se baseava na existência de coisas contingentes, essas coisas contingentes não tinham necessidade "em si mesmas". Uma vez que compreendermos que foram causadas por um ser necessário, perceberemos que sua existência, e tudo sobre elas, parte disso. Bem, devemos ver dessa forma, a menos que possamos entender Deus, o ser necessário, como tendo atributos causais contingentes. Essa última ideia, porém, exigiria causas externas a Deus que inclinassem a balança a favor de Deus criar este item em vez daquele, e agora em vez de antes.

Na visão necessitarista, segue-se que nós, as criaturas criadas, não temos livre-arbítrio, caso o livre-arbítrio seja entendido como incompatível com tal necessidade. Além disso, parece que Deus não tem liberdade para escolher ou querer; nessa medida, Ele carece de um arbítrio genuíno. Manter essa posição é uma apostasia da perspectiva islâmica tradicional.

***

É claro que ainda existem muitas outras áreas da crença islâmica que precisam ser conciliadas com o ser necessário de Avicena como detentor dos atributos de Deus: Sua bondade, inteligência e cuidado com a criação — ou, mais precisamente, cuidado com, ao que parece, apenas certas criaturas.

Kalām, no islã, é a teologia racional derivada do Alcorão. Há uma tendência a ver o *kalām* apenas como uma questão de trazer a razão para o que foi "revelado", em vez do raciocínio filosófico que pode desafiar aparentes revelações, mas, ao longo do pensamento de Avicena e de alguns outros, não se vê tal oposição aguda. A abordagem de Avicena, no entanto, o leva a aceitar que, em certa medida, Deus está além da compreensão humana, mas não tão "além" que não saibamos nada sobre Ele.

O pensamento de Avicena certamente é bem-sucedido quando o sucesso é entendido apenas como a quanto seu trabalho foi, e é, influente — e não apenas no islã. No entanto, é difícil saber como seu pensamento deve ser avaliado, se levarmos a sério o, também seu, tão citado aforismo:

> *Quanto mais brilhante o relâmpago, mais rápido ele desaparece.*

Não há desaparecimento da busca por respostas para a questão fundamental de Avicena, de por que a existência existe, de por que algo existe, seja a busca ao longo de linhas científicas, filosóficas ou teológicas. Curiosamente, esta pergunta não é feita: se nada existisse, não deveria haver a questão de por que existe nada em vez de algo?

***

Como pensar como Avicena? *Esteja determinado a explicar a existência — e todas as coisas — por meio de uma teoria unificada.*

9

DESCARTES: COM A PRINCESA, COM A RAINHA

Penso, logo existo.
(Descartes)

No que diz respeito à filosofia, qualquer pessoa com um ligeiro conhecimento — até mesmo muitos sem conhecimento — pode, vez ou outra, se encontrar anunciando sabiamente: "Penso, logo existo"; pode até mesmo oferecer o original em latim "*cogito, ergo sum*", ou então "*je pense, j'existe*", murmurando algo sobre um filósofo francês, Monsieur Descartes, e seu famoso "*cogito*".

Com o uso apenas da razão, Descartes tirou conclusões fascinantes, abrangentes e influentes dessa simples certeza do *cogito*, sendo a mais surpreendente: quando usamos a palavra "eu", nos referimos à alma; e a alma é a mente, é o eu, é uma substância totalmente distinta do corpo e de todas as coisas materiais. Embora estejamos conectados cada um ao nosso corpo humano em particular, com cabelo exuberante, físico elegante e sorriso sedutor, ou — tudo bem, no meu caso — com visão em declínio, barba grisalha e suspiros de cansaço, poderíamos existir sem corpo.

Descartes não para por aí.

Por incrível que pareça, a partir do *cogito*, ele também conclui que Deus, como entendido geralmente, de fato, existe; além disso, cada um de nós continuará a existir após a morte corporal — embora haja uma ressalva. Eu sou uma alma, uma substância simples, sem partes; portanto, não posso ser destruído, quebrado como uma taça de vinho pode ser quebrada. A ressalva é que Deus, todo-poderoso, me aniquilará, se Ele assim o desejar. Prossiga, com cuidado, no que diz respeito a Deus; isso significa: prossiga com cuidado em todos os lugares e sempre.

Embora muitos filósofos analíticos achem a conclusão de Descartes bizarra — eles insistem que o filósofo deve ter errado em seu raciocínio —, lembremos que milhões, talvez bilhões de pessoas, muitos provavelmente leitores, a abraçam, com vários graus de certeza, seja por fé, compromisso com as escrituras ou raciocínio.

A filosofia de Descartes visa criar uma mente bem ordenada, uma tranquilidade, superando as doenças da mente. Deus não é enganador, mas nós, meros seres humanos, estamos sujeitos a cometer erros, a nos perturbar, a menos que raciocinemos com cuidado e prestemos atenção ao que é possível. Há prazer em contemplar a verdade; pode haver contentamento quando percebemos ter uma liberdade psicológica para superar quaisquer angústias.

***

Descartes ficou conhecido como o "pai da filosofia moderna". Embora seus escritos sejam do século XVII, o termo "moderno" indica como sua abordagem é diferente se comparada a de filósofos europeus anteriores a ele. Descartes via a si mesmo começando do zero na compreensão da humanidade e do mundo; e isso significava não se curvar à Igreja ou, na verdade, aos ensinamentos de seus mestres sobre filósofos pré-cristãos, notadamente Aristóteles. Em sua "Meditação I", ele fala de como agora tem maturidade, lazer e liberdade de preocupações o suficiente para pensar com clareza.

> *Há alguns anos, fiquei impressionado com o grande número de falsidades que aceitei como verdadeiras na minha infância, assim como com a natureza altamente duvidosa de todo o edifício que, posteriormente, construí sobre elas. Percebi que era necessário, uma vez na minha vida, demolir tudo completamente e recomeçar a partir dos alicerces, se eu quisesse estabelecer algo nas ciências que fosse estável e duradouro.*

A obra de meditações de Descartes foi distintiva não apenas pelo aparente novo começo, mas como orientação enquanto uma pretensa autobiografia. Os leitores foram incitados a seguir seu próprio caminho em "primeira pessoa" e a pensar a respeito de assuntos com seus próprios "novos começos", ao longo de meses, em vez de em uma leitura rápida. Para garantir acessibilidade mais ampla, indo além daquela proporcionada aos estudiosos clássicos, o texto, originalmente em latim, foi logo traduzido para o francês. Descartes comentou: "O senso comum é a mercadoria mais bem distribuída no mundo, pois todo homem está convencido de que se encontra bem abastecido dele.". Descartes demonstrava ter senso de humor.

Descartes determinou que duvidaria de tudo o máximo que pudesse. Afinal, cometia erros com frequência, às vezes, por causa da visão deficiente, outras, por sonhar ou estar cansado. Era até possível — logicamente possível; sem contradição na suposição — que um demônio maligno, um gênio do mal, existisse, levando-o erroneamente a pensar que havia um mundo ao seu redor — um mundo de oceanos e ostras, cérebros e biscoitos — quando, na verdade, era tudo ilusão. Talvez o universo, incluindo seu corpo, seu cérebro, fosse apenas melaço experimentando uma ladainha de falsas impressões, cortesia do gênio do mal.

A metáfora que ele usou foi a de uma cesta que continha algumas maçãs boas, mas também algumas podres. Para evitar que o apodrecimento se espalhasse, seria sábio jogar fora todas as maçãs e colocar de volta apenas as boas. Da mesma forma, ao adotar seu método da dúvida, temos que descartar todas as crenças, mesmo as com a menor das incertezas, e manter apenas as que são, indubitavelmente, verdadeiras. Há problemas com a analogia da maçã; afinal, precisamos de algumas crenças — talvez elas formem a cesta? — para avaliar outras crenças. Uma analogia melhor, apresentada por Otto Neurath, do Círculo de Viena (Capítulo 13), é: "Somos como marinheiros que precisam reconstruir seu navio em mar aberto, nunca podendo desmontá-lo em dique seco e lá reconstruí-lo com os melhores materiais." Temos que confiar em algumas de nossas crenças para avaliar outras, descartando algumas, mantendo outras — e depois, talvez, reavaliar aquelas que a princípio mantivemos firmes.

Voltando à abordagem de Descartes, independentemente dos erros ou enganos encontrados, o filósofo percebeu que apenas se existisse poderia passar por eles. "Penso — estou tendo experiências; talvez esteja sendo enganado —, logo existo." Na verdade, não é que Descartes não poderia duvidar de tudo isso. Afinal, dê a ele conhaque suficiente e talvez ele possa duvidar da própria existência. Quando pensamos em possibilidades e impossibilidades, temos que ser cuidadosos, e o cuidado precisa se estender à distinção entre o psicológico e o lógico. Podemos cometer erros ao acreditar que algo é impossível; também podemos cometer erros ao pensar que algo é possível, quando logicamente não é.

A famosa dúvida de Descartes com a conclusão do "*cogito*" não era original. Santo Agostinho, entre os séculos III e IV, havia feito observações semelhantes — o que, como alguns apontaram, irritou Descartes. Descartes, no entanto, usou o "*cogito*" para fundamentar sua insistência de que a mente era, de fato, distinta do corpo. A mente não tem tamanho ou lugar no espaço, mas tem pensamento em sua essência. As coisas são o contrário para o corpo.

O raciocínio para estabelecer que ele, Descartes, era essencialmente uma substância imaterial tem sido com frequência desafiado, assim como o pensamento semelhante de Avicena, com seu homem voador. Certamente, é possível que Descartes não tenha percebido que seu pensamento era idêntico a certas mudanças neurológicas; afinal, as pessoas podem não perceber que Clark Kent realmente é o Super-Homem. Kent e Super-Homem, no entanto, estão vestidos de forma diferente; podemos, desse modo, realmente entender as mudanças neurológicas como se estivessem, de alguma forma, vestidas como nossas experiências mentais? De acordo com Descartes, a natureza da mente é transparente para nós — sem nenhum sinal de neurologia.

Em *Meditações*, Descartes utiliza o método da dúvida, ou dúvida sistemática, para superar a dúvida. Para sua satisfação, uma vez que estabelecesse a própria existência, ele poderia examinar suas ideias e — *voilà* — essas ideias o levariam a concluir que Deus devia existir, e, ao contrário de qualquer suposto gênio do mal, não era um enganador.

Um argumento para a existência de Deus que Descartes propõe (ele tem três) baseia-se na ideia de Deus como um ser com todas as perfeições, entendido como com realidade máxima, independente de tudo o mais. Agora, a existência, afirma ele, é uma perfeição; portanto Deus tem existência, portanto Ele deve existir.

Esse argumento, que aparece em alguns parágrafos de "Meditação V", baseia-se unicamente no raciocínio. Está sujeito a muitas objeções, sobretudo dada a falta de clareza em relação ao que se entende por "perfeições". Um ponto-chave a reconhecer, ao filosofarmos, é que, quaisquer que sejam as características de algo de que temos uma ideia, não podemos concluir que exista algo com essas características. Posso ter a ideia de um superunicórnio, um animal igual a um unicórnio comum, exceto por sua propriedade de existência necessária. Ter essa ideia, no entanto, não demonstra que exista de fato um superunicórnio. Permita-me acrescentar rapidamente: essa objeção imediata não exclui a possibilidade de nos aprofundarmos na argumentação de Descartes, uma versão do argumento ontológico para a existência de Deus, um argumento conhecidamente associado a Santo Anselmo de Cantuária, do século XI — e um argumento que, revisado e renovado, ainda conta com alguns adeptos.

***

A posição metafísica de Descartes sobre a mente e o corpo é conhecida como dualismo cartesiano. Cada mente, cada "eu", é uma substância imaterial que pode existir independentemente do mundo material, entendido como uma substância expandida no espaço. Acontece de eu estar diretamente ligado a uma parte ou modificação dessa substância material, este corpo humano, esta bolha biológica, de tal forma que posso sentir sede, cruzar as pernas, correr para pegar o trem e assim por diante. O dualismo cartesiano é, também, interacionismo cartesiano. O que pensamos como uma pessoa neste "tumulto mundano" é, grosso modo, uma mente e um corpo interagindo com outro. Eu sou, no entanto, essencialmente minha mente.

Um ser humano é de fato essa dualidade? Descartes se correspondia com Elisabeth, princesa da Boêmia — tais interações entre filósofos e a realeza não eram incomuns naqueles dias —, e ela era uma interlocutora que o fazia trabalhar duro para defender suas posições. Ela enfatizou, com razão, que eu e meu corpo formamos uma unidade; uma pessoa certamente não é composta por uma mente que, por obra do acaso, está ligada a um corpo da mesma forma que as pessoas podem se sentir ligadas a suas luvas de boxe, telefones celulares ou taças de vinho.

Descartes reconhecia essa unidade; ele aceitava que ele não era apenas como um "piloto em um navio", mas que estava muito mais intimamente ligado ao seu corpo. Ele se contorcia, porém, com explicações insatisfatórias da unidade, às vezes dizendo que a mente operava apenas através da glândula pineal, "a sede da alma", no centro do cérebro; às vezes dizendo que estava unida a todo o corpo. Sabiamente, a princesa não o deixava escapar; ela continuava a insistir na exigência de unidade. Finalmente, em um acesso de exasperação, Descartes anunciou que, na verdade, a mente e o corpo de uma pessoa formam uma terceira coisa real, uma outra "unidade substancial". "Mas como?", continuou a princesa.

O enigma da interação mente/corpo levou um cartesiano influente, Nicolas Malebranche, a oferecer o "ocasionalismo" como solução. Uma mente humana, imaterial, que não ocupa espaço, é incapaz de mover corpos, braços e pernas, mas Deus, onipotente, mesmo sendo imaterial, pode fazer qualquer coisa. Portanto, nas ocasiões em que quero andar, normalmente é Deus quem intervém e move minhas pernas para mim. Infelizmente, Deus é, assim, responsabilizado por todas as nossas ações perversas.

***

Com o compromisso de Descartes com as almas para os seres humanos, como ficam os animais não humanos? A resposta é: "não em um bom lugar". Descartes teve má reputação em relação aos animais não humanos. Foi dito que ele, deliberadamente, amarrou a cadela de estimação de Helena, uma empregada e mãe de sua filha, para abri-la e explorar seus órgãos. Não há boas evidências para essa história, mas Descartes, juntamente com muitos outros cientistas, realizou vivissecção, ou seja, experimentos em animais vivos. Teria isso acontecido porque ele não tinha compaixão pelo sofrimento animal?

Descartes certamente escreveu que os animais não humanos têm movimentos físicos semelhantes aos nossos quando estamos com dor, mas que "não estão com dor, no sentido estrito". Se as experiências exigem, sobretudo, uma mente, uma alma — e se os animais carecem disso —, então eles são incapazes de sofrer. Podem soltar guinchos e ganidos, mas brinquedos que guincham também o fazem. Para Descartes, parece haver uma descontinuidade radical entre seres humanos e animais não humanos.

Se devemos tratar o comportamento físico como um guia não razoável para as experiências internas, nos deparamos com o problema das "outras mentes"; como posso saber se os seres humanos ao meu redor têm experiências e pensamentos? Certamente, não devo generalizar de forma irresponsável, a partir de um único exemplo: "Consciência, raciocínio, está ligado a este (meu) corpo humano vivo" — esse é o meu único exemplo —, "portanto, deve haver consciências semelhantes ligadas a todos aqueles outros corpos humanos vivos".

Se a abordagem de Descartes estiver correta, então estamos errados em ter sentimentos de empatia por outros animais; mas por que colocar o raciocínio dessa maneira? Vemos uma cabra berrando, lutando, presa em um arame farpado que corta sua carne; não nos perguntamos se a cabra está realmente com dor — não mais do que ao ver um ser humano (não no palco) lutando e gritando. A partir dessa evidência, talvez devamos concluir que o raciocínio de Descartes deve estar errado. É claro, podemos perder o controle sobre onde parar em nossa empatia. Duvido que muitas pessoas pensem no mosquito, portador ou não de malária, como um ser que sofre dores — ou prazeres.

A aparente compreensão de Descartes sobre corpos humanos e de animais não humanos como máquinas levou alguns oponentes a argumentarem que, secretamente, ele era um materialista completo e não acreditava em almas. Alguns argumentaram, ainda, que Descartes era um espião. O filósofo certamente tinha uma reputação por aquilo que ele admitia. Sua "busca pela verdade" nem sempre se estendia a colocar tal verdade diante do público. Em 1633, estava prestes a publicar *O mundo ou tratado da luz*, uma obra que incluía argumentos que buscavam mostrar que a Terra orbitava o Sol, mas recuou ao saber da condenação de Galileu por defender a tese heliocêntrica de Copérnico. Aqueles que acusavam Descartes de ser materialista até espalharam rumores, com insinuações sexuais, de que ele havia construído um belo autômato loiro chamado "Francine", em homenagem à filha ilegítima, e que o levava consigo, até mesmo para cama.

Descartes, porém, não era materialista. No entanto, não há necessidade de nos deixarmos levar por sua defesa do "dualismo de substâncias" como a única maneira de escapar da tese de que a consciência é "nada mais" do que mudanças físicas, sejam elas mecânicas, elétricas, químicas ou até subatômicas. Será que podemos mesmo entender meu pensamento sobre o vinho esta noite, enquanto relembro os bons tempos nas ilhas gregas durante minha juventude, ouvindo Schubert ou imaginando o que farei no próximo ano, como "nada mais" do que alguns impulsos elétricos? Sou tentado a dizer: acho que não — e, ainda assim, eu existo.

Será que me esqueci da rainha no título deste capítulo? De maneira alguma. Estamos prestes a conhecer a rainha Cristina da Suécia.

Descartes, como filósofo e matemático, tornou-se famoso, até mesmo infame, e a rainha Cristina solicitou seus serviços como tutor. Ela era instruída e queria transformar Estocolmo na "Atenas do Norte". Descartes ficou relutante em aceitar, mas, sabendo que não deveria recusar um pedido real, obedeceu e foi para Estocolmo.

Para seu horror, a rainha esperava que ele desse aulas às cinco da manhã. Descartes, porém, estava acostumado a ficar na cama pelo menos até o meio-dia. As aulas matinais, em um inverno particularmente rigoroso em Estocolmo, lhe causaram pneumonia. Ele morreu em poucos meses. Suas teorias — e rumores — sobreviveram e continuam vivos.

***

Como pensar como Descartes? *Busque a verdade e, assim, descubra a alma e sua imortalidade — e encontre prazer suficiente nisso.*

10
SPINOZA: O ATEU INTOXICADO DE DEUS

Pense o mínimo possível na morte.
(Spinoza)

É uma grande conquista para um filósofo ser elogiado por alguns como um pensador virtuoso e intoxicado de Deus e, ao mesmo tempo, ser elogiado por outros como um excelente ateu. Também havia, é claro, quem o condenasse por ser um ateu abominável e quem o condenasse por ser tão obcecado e intoxicado de Deus.

Aqui encontramos Spinoza, cujo pensamento o levou a ser tratado de duas maneiras radicalmente diferentes. Spinoza alcançou essas respostas mistas e extremamente distintas não porque era dissimulado, radicalmente obscuro ou porque mudou de ideia, mas porque, não compreendido por muitos de seus leitores, chamou atenção para como nossa compreensão do universo pode ser legitimamente mantida a partir de, pelo menos, duas perspectivas distintas.

De fato, o universo, para ele, tem um número infinito de maneiras de ser, embora nós, meros humanos, possamos lidar apenas com duas. O vidro curvo de um lado é convexo; do outro lado, é côncavo. Spinoza descrevia essas diferentes maneiras de abordar tudo o que existia — de *Deus sive Natura*, de Deus ou Natureza, como ele denominou. Outros nos deram diferentes maneiras de ver Spinoza.

Baruch — Bento, Benedito, Benedictus — Spinoza (de Espinosa) é encontrado com uma variedade de nomes, mas "Pessoa Abençoada" era o significado comum. Ele nasceu em Amsterdã, filho de imigrantes judeus de Portugal. O português era sua língua materna. Nosso

Spinoza recebeu o nome judaico, "Baruch"; mas era chamado em casa pelo português "Bento".

Spinoza nasceu, ao que parece, para ser um nato filósofo judeu, que pensava sobre a natureza de Deus. Ele concluiu, porém, ao contrário do judaísmo, que Deus não poderia ser concebido como separado do mundo natural ao nosso redor, ou, na verdade, de todo o universo. O resultado foi...? Bem, nos séculos posteriores, a compreensão de Spinoza quanto a Deus e a Natureza ("Natureza" significando o universo) foi muito admirada por Goethe, Novalis, Einstein e outros. Por exemplo, quando perguntado se acreditava em Deus, Einstein disse: "Eu acredito no Deus de Spinoza." Entretanto, durante a vida de Spinoza... bem... Estamos prestes a ver como o pensamento filosófico, às vezes, pode nos causar problemas — se dissermos o que pensamos. Lembre-se de Sócrates.

Em 27 de julho de 1656, aos 23 anos, Spinoza sofreu uma verdadeira maldição — cortesia de sua sinagoga em Amsterdã, a congregação Talmud Torah. Ele foi excomungado.

Maldito seja ele de dia e maldito seja ele de noite; maldito seja ele quando se deitar e maldito seja ele quando se levantar. Maldito seja ele quando sair e maldito seja ele quando entrar. O Senhor não o poupará, mas, então, a ira do Senhor e seu ciúme fumegarão contra aquele homem, e todas as maldições escritas neste livro cairão sobre ele, e o Senhor apagará seu nome de debaixo do céu. E o Senhor o separará para o mal de todas as tribos de Israel, de acordo com todas as maldições da aliança escritas neste livro da lei.

Isso efetivamente fez com que outros judeus se mantivessem afastados dele. Na época, Spinoza tentava continuar o comércio de seu pai, mas, sem surpresa, o negócio estagnou. O jovem acabou ganhando a vida polindo lentes com alta especificação e muito admiradas por cientistas da época — cientistas com quem ele frequentemente se correspondia; por exemplo, aqueles da Royal Society de Londres.

As coisas não melhoraram na maneira como ele era tratado — pois permaneceu fiel às suas crenças e, portanto, foi classificado por muitos como herege. Leibniz — nós o encontraremos em breve — correspondeu-se com ele e o visitou em novembro de 1676, em Haia, mas, depois, quando soube de mais condenações de Spinoza, ele, sempre um diplomata, minimizou os encontros: "Ah, eu o encontrei por acaso", foi o sentimento que ele procurou passar.

A honestidade, sinceridade e inteligência da tentativa de Spinoza de dar sentido ao mundo — a Deus —, fica clara em sua obra principal, *Ética*, escrita em latim. Ela abrange toda a compreensão da realidade (não apenas questões éticas), e foi publicada após sua morte. Como era de se esperar, foi banida, embora amigos fizessem e circulassem cópias, edições e traduções clandestinas. A obra foi adicionada ao *Index* católico de livros proibidos, e uma cópia foi guardada no Vaticano. Ironicamente, os censores católicos, sem querer, ajudaram na compreensão acadêmica de Spinoza, embora não até 2010, quando essa cópia foi redescoberta.

Ética, de Spinoza, foi, na verdade, intitulada *Ética, demonstrada em ordem geométrica* [*Ethica, ordine geometrico demonstrata*]; a obra era distinta como tratado filosófico, sendo organizada à maneira de *Os elementos de Euclides*, com definições numeradas, proposições, referências cruzadas, provas e "qed".[2] Aqui está um gostinho do início da Parte Um, "Sobre Deus"; que consiste, no total, em oito definições, sete axiomas e trinta e seis proposições:

DEFINIÇÕES

I. Por aquilo que é *autocausado*, quero dizer aquilo cuja essência envolve a existência, ou aquilo cuja natureza só é concebível como existente.

---

2 Abreviação da frase em latim *quod erat demonstrandum*, que significa "o que era para ser demonstrado". É usada no final de uma prova matemática ou texto filosófico para indicar que o argumento foi concluído, e a proposição inicial, demonstrada. (N.T.)

II. Uma coisa é chamada *finita conforme sua espécie* quando pode ser limitada por outra coisa da mesma natureza [...]

III. Por *substância*, quero dizer aquilo que está em si mesmo e é concebido por si mesmo: em outras palavras, aquilo de que um conceito pode ser formado independentemente de qualquer outro conceito [...]

AXIOMAS

I. Tudo o que existe, existe em si mesmo ou em algo mais.

II. Aquilo que não pode ser concebido por meio de outra coisa deve ser concebido por si mesmo [...]

PROPOSIÇÕES

Prop. I: *A substância é por natureza anterior às suas modificações.*

Prova: Isso é claro a partir das Def. III e V.

Prop. II: *Duas substâncias, cujos atributos são diferentes, não têm nada em comum.*

Prova: Também evidente a partir da Def. III. Porque cada uma deve existir em si mesma e ser concebida por si mesma; em outras palavras, a concepção de uma não implica a concepção da outra [...]

A estrutura do livro não é tão severa quanto este extrato faz parecer, pois, na verdade, Spinoza é frequentemente levado a fornecer longas explicações sobre o que ele quer dizer, com notas e apêndices.

O Deus de Spinoza não é o Deus judeu de Abraão, nem o Deus cristão, de alguma forma misteriosa, identificado como Cristo, nem é, aliás, Alá — como normalmente entendido. O Deus de Spinoza não tem ciúmes, recompensas ou preocupações. A realidade, a única substância, é Deus ou Natureza.

Spinoza é tipicamente visto como defensor de uma versão do panteísmo; uma reflexão mais acadêmica aponta para a posição do panenteísmo em que a Natureza — nós — estamos "em" Deus, mas que Deus continua sendo maior. Assim, Spinoza pode ser lido como operando dentro da tradição religiosa, em que "todas as coisas estão em Deus e se movem em Deus" (Atos 17:28), e elaborando rigorosamente o que se segue de maneira lógica, através do conceito de substância. Com ênfase em "Deus", identificamos o aspecto ativo e gerador da Natureza; e, com ênfase na "Natureza", as coisas, então, geradas. Levar a sério conversas sobre os propósitos, intenções e decisões de Deus é estar com a cabeça nas nuvens. Para entender o mundo, precisamos prestar atenção às cadeias de causas e efeitos. Acabar falando da vontade de Deus ou do desígnio de Deus é, escreveu Spinoza, com desprezo, o "santuário da ignorância".

Notemos como um conceito pode dominar nosso pensamento filosófico sobre o mundo. Aqui, é o conceito de substância; encontramos Aristóteles trabalhando com ele séculos antes. Uma substância independe de outras coisas para sua existência. Uma vez que essa independência é fortalecida, transformada em algo completamente independente de qualquer outra coisa, dependente de nada mais, nos vemos concluindo que só pode haver uma substância. Se algo mais existisse, independentemente dessa substância, limitaria tal substância, portanto, todas as coisas devem, de alguma forma, depender da única substância, de Deus. Descartes havia aceitado isso; quando falava de mentes e de matéria como substâncias, ele havia *criado* substâncias em mente, totalmente independentes de tudo mais, exceto Deus.

Podemos nos perguntar por que até mesmo considerar a ideia de que uma compreensão correta do mundo requer a aplicação do conceito de "substância". Talvez derive da aceitação de um conceito coerente de Deus e, em seguida, no caso de Spinoza, de trabalhar as consequências com rigor intelectual honesto. Como resultado, o que pensamos como sendo objetos separados, como ervilhas, porcos-espinhos e pessoas, são, na verdade, modificações dessa única substância; semelhantes a ondas no oceano. As modificações existem, misteriosamente, sob o atributo da extensão e o atributo do pensamento. Spinoza, assim, "resolveu" o problema da interação mente/corpo de Descartes: minha mente e meu corpo são um e são o mesmo modo, mas sob diferentes atributos. Permanece controverso como isso deve ser entendido.

Analogias são frequentemente dadas: um exemplo é como o mesmo pensamento pode ser expresso tanto em alemão quanto em francês.

Como todos os itens aparentemente distintos são modos de uma única substância, para Spinoza não há separação fundamental entre seres humanos e outros animais — cavalos, insetos, peixes —, pois ele fala de todos agindo, na medida do possível, de acordo com sua natureza. As emoções e sentimentos dos animais diferem das emoções e sentimentos dos seres humanos apenas na medida em que suas naturezas diferem. "Cavalo e homem são igualmente levados pelo desejo de procriação; mas o desejo do primeiro é equino, e o desejo do segundo é humano."

O verdadeiro entendimento, argumenta Spinoza, não pode se limitar à nossa pequena esfera de preocupações, ele precisa ser um entendimento do todo, Deus ou Natureza, com seu número infinito de infinitos atributos ou modos de ser. Mesmo que aceitemos a aplicabilidade da "substância" e como os itens são apenas modos dessa única substância, ainda temos as questões de como entender a relação entre os modos e, em particular, entre os estados de consciência e o físico, o mistério mencionado anteriormente.

Dado que a substância possui os atributos do físico e do psicológico, parece que devemos pensar nos eventos psicológicos como paralelos a todos os eventos físicos. O mundo físico de causas e efeitos não poderia se manifestar como o mundo psicológico de razões e conclusões?

Em um nível mais fácil, encontramos Spinoza recomendando como o Estado deveria se organizar. Esse é um tópico importante em seu *Tractatus Theologico-Politicus* de 1670. Ele o publicou de forma anônima, aparentemente em Hamburgo, na esperança de que fosse lido sem condenação imediata por ter vindo do terrível Spinoza. O estratagema falhou — e ele recebeu mais uma condenação, não apenas da comunidade judaica, mas das autoridades políticas.

Na obra, Spinoza defendeu uma sociedade secular, a liberdade de expressão e a liberdade em si. Também fez uma análise textual e crítica da Bíblia, sustentando que precisava ser avaliada apenas como literatura e história; precisava ser interpretada por suas percepções morais e de forma alguma tratada como "a palavra de Deus". O *Tractatus* de Spinoza, como consequência, foi considerado "blasfemo"; um certo Willem van Blijenburgh escreveu sobre a obra como sendo "cheia de abominações estudiosas e um acúmulo de opiniões que foram forjadas no inferno".

Apesar de ser considerada "forjada no inferno", a abordagem de Spinoza, como pensador filosófico, dos estudos bíblicos deve nos ser útil ao encontrarmos qualquer coisa verbal, sejam comentários de jornais, discursos de políticos, resultados de pesquisas médicas — ou mesmo livros sobre filosofia, filósofos e seus pensamentos. Para saber o que está sendo dito, precisamos saber algo sobre os autores, suas motivações, contexto e público-alvo. Essa é uma erudição saudável; e Spinoza a incentiva ao avaliar a Torá e as escrituras relacionadas — de fato, toda a Bíblia.

Voltando à metafísica e a como conduzir nossas vidas, Spinoza fala de um verme no sangue. O verme consideraria o sangue como seu mundo inteiro, não como mera parte de uma realidade muito maior. A ênfase de Spinoza está em como um entendimento adequado requer uma apreciação da realidade sob o aspecto da eternidade, *sub specie aeternitatis* — independentemente das posições particulares no mundo em que nos encontramos. As pessoas se opõem umas às outras na medida em que são afligidas por paixões, mas os ditames da razão, de ver as coisas objetivamente, unem as pessoas. O raciocínio traz uma convergência entre as mentes — a vontade dos outros e a minha se tornam uma só e a mesma. Esse é o pensamento otimista de Spinoza.

Os lógicos podem discutir sobre quem faz o café ou quem provou um teorema primeiro, mas, em algum momento, suas razões se harmonizam ao reconhecer que certas proposições decorrem de certas premissas. No mundo empírico e sujo, geralmente falta a pureza do simples raciocínio, pois também temos divergências sobre o que é melhor para cada um, a partir de nossas diferentes perspectivas. Precisamos nos desapegar de nossa posição particular no mundo — como o verme deveria se desapegar do sangue. O desapego se dá pelo raciocínio, por meio do qual podemos entender as ações dos indivíduos como resultado de suas naturezas e ambientes.

Com esse desapego, seremos capazes de lidar melhor com o mundo; e Spinoza certamente procurou lidar com isso. Ele escreveu que tentou "não rir das ações humanas, nem chorar por elas, nem detestá-las, mas compreendê-las".

***

Spinoza trabalhou em si mesmo: ele era humano; ele era gentil. Vamos ignorar o relato de que um de seus prazeres era lançar moscas em teias de aranhas concorrentes, rindo das batalhas que se seguiam. Talvez visse as batalhas entre elas como uma demonstração, na grande cadeia do existir, de como todas as criaturas são determinadas à autoafirmação. Talvez fosse algum tipo de liberação psicológica para ele, dada a perseverança que manteve ao sofrer todos os erros e ataques da sociedade. Certa vez, comentou: "Nada humano me é estranho."

De fato, Spinoza suportou injustiças, pobreza e condenações consideráveis, sem amargura. Com isso em mente, quando nos sentimos indignados com o comportamento de alguém, será que não podemos buscar entender como esse comportamento surgiu? E acrescento: não poderíamos nos perguntar se gostaríamos de ser essa pessoa, agindo dessa forma errada ou desagradável? Quando a resposta é que *não* gostaríamos de ser essa pessoa, recomendo que sintamos pena dela. Até o momento, minha recomendação nunca recebeu apoio.

Com foco no universo como uma substância, como Deus, como Natureza, Spinoza, conforme dito, via os seres humanos como meras modificações dessa única substância, Deus ou Natureza. Essa compreensão influenciou muitos pensadores: George Eliot, famosa por *Middlemarch*, fez uma tradução de sua *Ética*; poetas românticos, como Wordsworth e Coleridge, recorreram a Spinoza; e Shelley, em seu *Adonais*, escreve:

> *O Um permanece,*
> *os muitos mudam e passam;*
> *a luz do céu brilha para sempre,*
> *as sombras da Terra voam;*
> *a vida, como uma cúpula*
> *de vidro multicolorido,*
> *mancha o branco brilho da Eternidade...*

É obtendo uma apreciação de Deus ou da Natureza sob o aspecto da eternidade, não da minha própria perspectiva, que devemos compreender como pensar menos na morte. Normalmente, vemos a morte do nosso próprio ponto de vista temporal: penso no mundo continuando no tempo, em todas essas coisas familiares ao meu redor, mas não há um "eu"; eu estou ausente — e isso pode me parecer aterrorizante. Vá, porém, para fora do tempo, e há o mundo sob o aspecto da eternidade, onde todo ego se perde.

Embora fosse religioso, sempre ansioso por viver a vida da razão, isso não significa que Spinoza não tivesse tempo para uma taça de vinho e um pouco de tabaco — e talvez para o espetáculo de aranhas lutando —, mas ele via a verdadeira felicidade como o reconhecimento de nossa eternidade através da compreensão de Deus ou da Natureza. Isso pode, a propósito, ser tanto por meio de estudos empíricos científicos quanto por raciocínio abstrato.

***

A visão de Spinoza de uma eternidade levou o primeiro primeiro-ministro de Israel, David Ben-Gurion, na década de 1950, a fazer *lobby* pela remoção das maldições contra o filósofo — inutilmente, pois, com a morte, a exclusão final de Spinoza, de acordo com os ortodoxos, tornou-se determinada e irrevogável. Isso não teria incomodado Spinoza e não o teria surpreendido. Como ele disse: "Todas as coisas excelentes são tão difíceis quanto raras."

***

Como pensar como Spinoza? *Procure entender o mundo e os outros através da investigação livre e racional, sem a mancha da superstição religiosa antropomórfica — isto é, encontre a felicidade mais profunda em "Deus ou Natureza" sob o aspecto da eternidade.*

11
LEIBNIZ: O HOMEM MÔNADA

Este é o melhor de todos
os mundos possíveis.
(Leibniz)

"Mônada" não é um termo que costuma sair da boca das pessoas. A obra filosófica Monadologia é praticamente desconhecida fora dos círculos filosóficos. O autor, muito negligenciado em sua época, desde então, passou a ser considerado uma das maiores figuras da filosofia, da lógica e da matemática. E ele é. Sim, aqui está Gottfried Wilhelm (von) Leibniz, nascido em 1646, em Leipzig. Em grande parte do mundo, seu nome é, para muitas pessoas, encontrado apenas nos biscoitos Choco Leibniz, lançados em 1891 pela empresa Bahlsen, em Hanover. Nenhum Choco Leibniz jamais passou pelos lábios de Leibniz, é claro, mas ele morou em Hanover, e não era incomum nomear produtos em homenagem ao "filho famoso" de uma cidade.

Biscoitos à parte, alguns não filósofos conheceriam Leibniz através de seu mantra, "este é o melhor de todos os mundos possíveis", embora provavelmente apenas através da história *Cândido*, de Voltaire. A história zomba da crença de Leibniz, que nos leva por uma ladainha de sofrimentos, aflições e desespero, resultantes de uma catástrofe baseada em fatos: o terremoto de Lisboa em 1755. Este mundo é realmente o melhor que uma divindade poderia ter criado? E "melhor" por quais critérios? Riqueza de fins e economia de meios — e riqueza em termos de máxima diversidade compatível com a ordem necessária para a vida humana? Afinal, sem diversidade suficiente, podemos sofrer tédio, mas o excesso de diversidade pode levar ao caos.

Leibniz introduziu a estrutura de mundos possíveis para examinar o que é possível e o que é impossível. Parece haver um número infinito de mundos possíveis, muito semelhantes a este em que vivemos, com as únicas diferenças sendo aquelas resultantes de, digamos, você escolher não ler este livro ou, ainda, este livro não ter sido escrito. Parece haver um número infinito de mundos possíveis, radicalmente diferentes deste — por exemplo, onde as leis da natureza são diferentes, onde talvez nenhuma vida tenha evoluído. No entanto, não há mundos possíveis onde, por exemplo, o número dezenove não seja um número primo ou, neste exato momento, eu esteja em Londres e também não esteja em Londres.

Leibniz e a maioria dos filósofos pensam nos mundos possíveis como apenas isso — *possíveis*. Alguns, no entanto, argumentam que sua existência é semelhante à existência do nosso mundo, e que temos contrapartes em muitos desses outros mundos "reais", embora não comprovados. Assim, vemos como o pensamento filosófico pode se expandir — e, aqui, até mesmo em direções nas quais alguns cosmologistas proclamam a realidade, a factualidade, do multiverso; este contém nosso universo junto com muitos universos radicalmente diferentes, com diferentes constantes e leis da natureza.

Leibniz se apegou ao — como chamado por ele — Princípio de Razão Suficiente, o "ápice da racionalidade". O Princípio estava em ação no pensamento de Avicena, como visto no Capítulo 8. Leibniz não conseguia entender como o mundo poderia existir sem estar fundamentado no Deus todo-benevolente, todo-poderoso — e, portanto, segue-se que o nosso deve ser o melhor mundo possível. É claro, isso deve nos lembrar de que, mesmo quando confrontados com os imensos poderes intelectuais de um Leibniz, não devemos desmoronar e ceder — devemos ser um moscardo socrático, picando Leibniz para que ele nos explique por que devemos aceitar, por exemplo, o Princípio da Razão Suficiente. Talvez algumas coisas aconteçam ou existam sem razão; é o que os crentes em Deus parecem achar convincente, ou seja, a existência de Deus. Vamos falar um pouco mais sobre nosso filósofo antes de voltarmos para mais de seu pensamento.

Leibniz nasceu em uma família acadêmica de Leipzig. Na juventude, recusando um cargo de professor de direito, escolheu o mundo prático da diplomacia, trabalhando para barões e duques, na esperança de viajar, ter contato com outros pensadores e se tornar alguém respeitado em seu campo. Ele era revigorado pelas novas ideias e pesquisas mais recentes, fossem sobre misticismos orientais ou descobertas microscópicas de Leeuwenhoek de itens repletos de insetos — testemunhe o título maravilhoso de um dos artigos de Leibniz: "Uma amostra de descobertas sobre maravilhosos segredos de natureza geral".

Rejeitando a erudição monástica que carecia dos fundamentos da experiência e da atividade, ele projetou máquinas de calcular (que funcionavam), construiu um moinho de vento para as minas de prata de Harz (que não funcionou) e inventou o cálculo diferencial (independentemente de Newton, apesar do que os ingleses tenham dito na época). Com interesses caleidoscópicos, fundou a Academia de Berlim, procurou reconciliar o catolicismo e o protestantismo — os franceses e os alemães — e encorajou Pedro, o Grande, da Rússia, a negociar com a China. Leibniz não deve, então, ser caricaturado como um filósofo, ao estilo socrático, com a cabeça nas nuvens.

Leibniz implantou o mantra *calculemus* — "vamos calcular" —, por acreditar que, uma vez que se conquista clareza sobre nossos conceitos, o raciocínio, então, seja em filosofia, matemática ou até mesmo em disputas entre nações, pode ser compreendido como uma forma de cálculo, levando a conclusões definitivas. Encontraremos, mais tarde, essa ideia no pensamento filosófico, ao conhecermos John Stuart Mill e seu utilitarismo e crítica ao "cálculo da felicidade" de Jeremy Bentham, que calculava os melhores meios para a felicidade geral.

***

Aqui está uma joia elusiva de Leibniz: "Aquilo que não é verdadeiramente uma entidade, não é verdadeiramente uma entidade." Embora soe banal, ela está no coração metafísico de Leibniz; e esse coração é a mônada.

Leibniz concebeu a realidade como consistindo apenas em unidades distintas, que são as mônadas. A joia elusiva que acabamos de mencionar precisa de ênfases adequadas: o que não é verdadeiramente *uma* entidade não é verdadeiramente uma *entidade* — e, assim, como ele maravilhosamente acrescenta, uma diferenciação é marcada apenas pela entonação.

Uma entidade real, uma substância, precisa de unidade. Reconhecemos um rebanho de ovelhas como um coletivo, mas o rebanho não é uma substância genuína; não é uma unidade. Por mais que as ovelhas vagueiem juntas ou sejam mantidas no lugar por um cão pastor, podemos dizer que não são verdadeiramente uma entidade. No entanto, um rebanho de ovelhas tem mais unidade do que uma seleção de itens que, agora, destacarei em meu quarto — digamos, uma garrafa de vinho vazia, um pouco de café, livros, um rato, poeira — e a nomearei como "tranqueira". Minha tranqueira tem uma unidade mínima. A garrafa será jogada fora e reciclada; o rato, espero, buscará climas mais quentes; e o café será consumido. Livros e poeira se acumularão.

O que motivou Leibniz foi o princípio de que qualquer coisa "realmente" real precisa ser determinada; qualquer coisa com tamanho físico, porém, pode ser dividida repetida e infinitamente — lembre-se de Zenão de Eleia e seus paradoxos. O compromisso com o Princípio de Leibniz garante que aquilo que normalmente consideramos instâncias da realidade — braços e pernas, mesas e cadeiras, pedras e plantas — não o são. São, na verdade, como o rebanho de ovelhas.

Como qualquer coisa expandida no espaço é teoricamente divisível infinitamente, elas não podem ser reais, são mera aparência. As verdadeiras realidades, as mônadas, não podem ser expandidas. O que são, então, as mônadas? Leibniz voltou-se para a mente, para o eu. Experimentamos uma unidade "por dentro"; não consigo entender a divisão do meu *eu*. Eu sou uma realidade verdadeira, uma mônada — assim como você. Meu eu, como uma mônada, é, para Leibniz, o paradigma da realidade. A mônada leibniziana de uma pessoa é a alma ou o ego indivisível de Descartes.

E os itens ao nosso redor? Seriam apenas conjuntos de ideias, como sustentado por um certo bispo Berkeley, aquele "irlandês paradoxal", como Leibniz o chamou? Não. Embora não possam ser compostos de mônadas no sentido de terem mônadas como suas partes — afinal, as mônadas não têm tamanho nem extensão —, os itens materiais têm um toque de realidade, pois estão "fundamentados em" mônadas desprotegidas, unidades que são como almas, mas que não têm a autoconsciência das almas racionais que somos. O que pensamos como sendo objetos "materiais" são, na verdade, "fenômenos bem fundamentados", que existem independentemente de nossas percepções, mas sendo resultado, de alguma forma, das mônadas desprotegidas.

Assim como com Descartes e Spinoza, temos aqui a obsessão de compreender o mundo em termos do conceito de "substância". Todos os três acreditavam que somente Deus era a verdadeira substância, somente Deus era completamente independente de tudo o mais. Nesse sentido, todos os três eram monistas. Algum deles era dualista? Bem, Descartes, como vimos, argumentava que existiam apenas dois tipos radicalmente diferentes de substância criada, dois atributos distintos — imaterial e material —, enquanto Spinoza sustentava que a única substância existente tinha um número infinito de atributos. E, embora Leibniz insistisse que havia uma pluralidade de substâncias criadas, todas eram do mesmo tipo, ou seja, semelhantes à alma. Os rótulos de "monista", "dualista" e "pluralista" precisam, portanto, ser tratados com muito cuidado.

De acordo com Leibniz, como indicado, devemos imaginar a realidade como sendo consistida por um vasto número de mônadas, de unidades, cada uma tendo algum parentesco fraco conosco. Misteriosamente, cada uma delas representa o universo inteiro, passado, presente e futuro. Estão "carregadas com o passado e grávidas do futuro". Leibniz chegou a essa conclusão a partir de algumas considerações lógicas; na verdade, ele dizia que um mundo totalmente novo se abriu diante dele quando analisou, de forma adequada e lógica, o conceito de substância. Isso deve nos lembrar novamente de como o pensamento filosófico, ou melhor, qualquer pensamento, pressupõe certos conceitos básicos, e como, às vezes, podemos nos perguntar, com razão, se esses conceitos são os mais apropriados.

Leibniz escreve que as mônadas não têm "janelas". Elas não interagem; então, agora temos a obscuridade de como podem ser responsáveis pelo que parece ser causa e efeito no mundo físico e de como meu ser é capaz de decidir levantar meu braço. Neste último caso, voltamos ao problema da interação mente/corpo.

A "solução" popular de Leibniz era em termos de "harmonia pré-estabelecida"; era semelhante a Deus ter ajustado as mônadas para que suas percepções, seus estados mentais ou suas representações do mundo ocorressem em harmonia. É claro que somos devolvidos aos mistérios; e até se torna difícil entender o que as percepções das mônadas expressavam, se só expressavam umas às outras. Há tentativas acadêmicas de resolver tudo isso — além de uma generosidade em compreender os problemas com os quais Leibniz lutou.

Um deles era a natureza da causalidade, da relação entre causa e efeito. Descartes estava devidamente perplexo com a causalidade mente/corpo, e, no Capítulo 9, vimos Malebranche recorrer a Deus para sua explicação — na verdade, para sua explicação da relação causal de forma mais geral. A questão de como analisar essa relação ainda mantém muitos filósofos ocupados.

Para demonstrar outro aspecto de Leibniz, aqui está uma pergunta bem conhecida, embora um tanto curiosa, na filosofia contemporânea: "Como é ser um morcego?". Por mais que aprendamos sobre os morcegos — seu comportamento, sua neurologia, seus sistemas sensoriais —, há algo que permanece elusivo: como seria "por dentro", da perspectiva do morcego, experimentar o mundo, sofrer ou ficar satisfeito, voar para lá e para cá? Essa reflexão talvez nos leve a ficarmos horrorizados com a história do suposto tratamento de Descartes ao cão. Leibniz, ao contrário de Descartes, via a vida como um *continuum*; ou seja, reconhecia a existência de graus de semelhanças entre humanos e outros animais; na realidade, isso seria uma questão de semelhança entre mônadas. É relatado que, depois de investigar um verme com uma lupa, ele o devolveu cuidadosamente à sua folha. No Capítulo 30, encontraremos uma preocupação semelhante em relação a uma lagosta, em um conto de Beckett.

Leibniz foi prolífico — "uma academia em si mesmo", disse Frederico, o Grande —, mas não produziu nenhuma obra magna. Suas ideias, e o desenvolvimento delas, são encontradas em volumosas correspondências e ensaios, incluindo contemporâneos, como Spinoza (conforme já visto), Antoine Arnauld na França e John Locke na Grã-Bretanha. Muitos de seus artigos permanecem inéditos e precisam de avaliação. Lembro-me de uma nota de rodapé em um dos artigos, no qual o editor chama a atenção para um comentário adicional de Leibniz, descoberto em um pedaço de papel. Eu me pergunto se Leibniz o teria jogado fora, sem a menor ideia de que, séculos depois, pesquisadores estariam vasculhando sua lixeira. Uma moral aqui é: destrua o que você não quer que seja visto.

O que mais devemos colher do pensamento de Leibniz, ao refletirmos sobre nossas vidas? Bem, devemos reconhecer nosso senso de continuidade, de unidade em nossas experiências através do tempo. Somos mônadas. Leibniz também nos lembra de que a realidade pode ser muito diferente do que parece ser. Sob o microscópio, vemos vida à qual nossos olhos são cegos. Sob o poder do raciocínio de Leibniz, devemos perceber que, por trás das demonstrações de maldade, dos sofrimentos e dos desastres, existe um deus todo-poderoso e todo-bom. Opa, talvez Leibniz também nos mostre, sem querer, que até mesmo seu raciocínio merece um bocado de ceticismo.

Embora possamos estar relutantes em aceitar nosso mundo como o melhor de todos os mundos possíveis, na verdade, a introdução de "mundos possíveis" por Leibniz, ao avaliar como as coisas poderiam ter sido, tem sido excepcionalmente valiosa nos avanços recentes em lógica e metafísica, como, por exemplo, no trabalho do lógico americano Saul Kripke.

Ainda está aberto para debate se há justificativa em pensar que pelo menos algumas coisas são contingentes

— algumas coisas poderiam ter acontecido de outra forma; algumas escolhas eu poderia ter feito de forma diferente. Já vimos como Spinoza, também operando com o conceito de substância e se apoiando em um raciocínio rigoroso, chega a conclusões muito diferentes das de Leibniz. Isso deve nos alertar.

Por mais convincente que seja o raciocínio de um grande filósofo, podemos, logo em seguida, encontrar outro grande filósofo com um raciocínio muito diferente. Muitas vezes não é fácil avaliar o que acontece entre filósofos que pintam diferentes quadros da realidade. Precisamos de humildade; precisamos de mentes abertas. Precisamos de tempo em nossas reflexões e avaliações.

***

Leibniz passou seus últimos anos em Hanover, naquela época, um remanso intelectual e cultural. Trabalhava com relutância em uma história da Casa de Brunswick, depois de não ter conseguido persuadir George I a nomeá-lo Historiador Real e levá-lo ao burburinho intelectual de Londres. Leibniz morreu solitário e desiludido. Apenas seu secretário compareceu ao funeral. O túmulo não foi marcado.

***

Como pensar como Leibniz? *Preste atenção aos mundos possíveis e busque uma realidade que seja determinada. Lembre-se: nosso mundo é o melhor possível — então o aproveite ao máximo por todos e por você.*

12
BISPO BERKELEY, "AQUELE IRLANDÊS PARADOXAL": IMATERIALISTA, DEFENSOR DE ÁGUA DE ALCATRÃO

Pense com os eruditos e fale com os vulgares. [Berkeley]

Uma questão filosófica que leva as pessoas a pensarem é a seguinte: há uma floresta; uma tempestade se forma, com trovões e relâmpagos. Uma árvore cai no chão. Não há ninguém por perto para ouvi-la. Foi uma queda silenciosa? Houve trovões sem o som de trovões? O relâmpago brilhou... ou nada foi iluminado? Para evitar complexidades, permita-me acrescentar rapidamente que, nem pássaros, texugos, veados ou qualquer outra criatura consciente estava presente para ouvir ou ver algo. Para completar, acrescento: nem para tocar, provar ou cheirar.

O exemplo da floresta não é explicitamente fornecido pelo filósofo deste capítulo, mas está muito em seu espírito; e "espírito" é o termo apropriado. Ele era apaixonado por espíritos e rejeitava a matéria. É o filósofo do imaterialismo. Toda a realidade consiste apenas em espíritos — somos espíritos, mentes, almas — com noções ou ideias e percepções, ou seja, com sensações de visão, som, paladar e assim por diante. A matéria é uma repugnância, uma noção contraditória, se entendida como algo que pode existir independentemente da mente. Aqui encontramos George Berkeley. Seu imaterialismo é, com frequência, considerado "idealismo", já que as percepções são prontamente referidas como ideias, mas não por causa de seus ideais (embora, como bispo, ele sem dúvida tivesse muitos).

Um som não pode existir sem ser escutado, pois um som envolve essencialmente uma experiência auditiva; e as experiências essencialmente requerem sujeitos, espíritos, mentes que as vivenciem. É esse foco nas experiências — como nosso contato com o mundo das árvores, nabos e tábuas de pedra se dá através de experiências — que nos leva, como dito, ao pensamento filosófico de Berkeley, a quem geralmente se referiam como *Bispo* Berkeley. Ele só foi, no entanto, nomeado bispo de Cloyne, na Igreja da Irlanda, em 1734 — cerca de vinte anos depois de seu pensamento mais impressionante ter atingido o mundo filosófico.

Berkeley viajou muito, persuadiu o governo britânico a financiar uma faculdade, a ser fundada nas Bermudas (um "paraíso terrestre", pensava Berkeley, embora nunca tenha visitado o lugar), casou-se, foi para a América e voltou para Dublin. O financiamento não se materializou (metaforicamente sem surpresa, dado seu imaterialismo), mas o único poema de sua autoria, sim:

Para o Oeste,
o curso do império segue seu caminho;
Os quatro primeiros atos já passaram,
um quinto fechará o drama com o dia;
A mais nobre prole do tempo é a última.

Seus "Versos sobre a perspectiva de plantar artes e aprendizado na América" (1728) falavam de como, com a Europa "criando decadência", a confiança dele estava na América (as colônias como parte do Império Britânico), pela razão e virtude. Bem, o entusiasmo de Berkeley, pelo menos, levou à nomeação da cidade de Berkeley, Califórnia, e da Universidade da Califórnia, Berkeley.

***

Uma vez que buscamos entender o mundo através de nossas experiências, podemos ser facilmente levados à aparente conclusão bizarra de Berkeley. A conclusão é que tudo depende da mente; nada pode existir fora da mente, isto é, sem uma mente. A princípio, pode parecer bizarro, mas, ao refletirmos, pode nos parecer obviamente verdadeiro, pois nosso único acesso ao mundo depende de nossas experiências de visões, sons, toques, aromas e gostos; e todas essas são experiências que requerem, em essência, observadores conscientes. O que pode justificar nosso movimento para além delas e a insistência de que devem existir entidades não percebidas? Opa, há algo que justifica esse movimento. Na verdade, Berkeley enfatiza que seu pensamento filosófico não se resume corretamente a "ser é ser percebido". O aforismo correto é:

Ser é ser percebido — ou perceber.

Berkeley precisa aceitar — e aceita — que, mesmo que não tenhamos percepções de espíritos, de mentes, sabemos que somos mais do que um conjunto de percepções. Eu sou um agente: algumas das minhas percepções eu causo; outras são forçadas sobre mim — mas, pelo menos, ao contrário de Malebranche, sou eu que movo minhas pernas. É claro, se tudo que eu tenho para continuar são minhas percepções, então Berkeley precisa explicar como, de alguma forma, eu infiro dessas percepções a existência de outros espíritos, outras mentes, não percebidas por mim. Berkeley não é um solipsista; ele não acredita que a realidade consiste apenas em seu espírito e suas ideias.

Superficialmente, a árvore que eu vejo e toco depende de minhas experiências para sua existência, enquanto minha existência não depende das experiências da árvore. Quando eu me afasto, por assim dizer, da árvore, ela deixa de existir — e "reaparece" se eu me virar novamente para vê-la. É claro, me virar equivale a sequências de percepções, assim como meu corpo, meus braços, minhas pernas, meus olhos. Tudo isso está longe do senso comum.

Foi Leibniz quem rotulou Berkeley de "aquele irlandês paradoxal"; isso, em si, é paradoxal, dado que Leibniz descreveu o mundo material como "fenômenos", embora, para Leibniz, fosse pelo menos fenômenos bem fundamentados, baseados em sua pluralidade de substâncias reais, genuínas e independentes uma das outras, as mônadas descobertas. Berkeley não tem nada disso; ou será que tem? Como já sugerido, ele se sentia à vontade para falar da realidade de mesas, árvores e tábuas de pedra, de dinheiro, marmelada e malmequeres, mas isso são apenas conjuntos de ideias dependentes da mente. Berkeley, portanto, recomenda que pensemos com os eruditos, mas falemos com os vulgares.

A resposta de Berkeley à sua conclusão aparentemente paradoxal não é grandiosa. Ela se encontra resumida no seguinte limerique de Ronald Knox, pois, com um salto, Berkeley se liberta ao invocar o maior espírito de todos:

> *Havia um homem que disse: "Deus*
> *deve achar extremamente estranho*
> *se ele descobrir que esta árvore*
> *continua a ser quando*
> *não há ninguém no pátio."*
>
> *Prezado senhor,*
> *seu espanto é estranho.*
> *Eu estou sempre no pátio.*
> *E é por isso que a árvore*
> *continuará a ser*
> *desde que observada por*
> *seu atencioso,*
> *Deus.*

A importância da religião cristã no pensamento de Berkeley se manifesta em sua citação fervorosa da Bíblia, de que "em Deus, vivemos, nos movemos e existimos". Vimos anteriormente (no Capítulo 10) como Spinoza, de uma perspectiva judaica, pode ser entendido como alguém que trabalhou com essa mesma ideia bíblica, mas que chegou a conclusões muito diferentes a respeito da realidade. Mais uma vez, devemos notar como os filósofos podem lançar luzes diferentes sobre a realidade, mesmo quando operando com conceitos ou pontos de partida semelhantes.

A invocação de Deus por parte de Berkeley é uma atitude desesperada — bem, talvez não para quem está destinado a se tornar um bispo. Os fenômenos de Leibniz estavam fundamentados em uma pluralidade de unidades imateriais, as mônadas. Os fenômenos de

Berkeley acabam, então, fundamentados no espírito infinito: Deus. É claro, se formos em busca de detalhes, tudo se tornará altamente confuso: por exemplo, como minhas percepções "de uma árvore" se relacionam com suas percepções "de uma árvore", no passado, presente e futuro, e com as percepções de Deus "de uma árvore" — e de tal forma que, em alguns casos, estejamos todos vendo "a mesma árvore"? Na verdade, é pior do que isso, pois, em seu último trabalho, *Siris*, Berkeley escreve quanto às percepções de Deus como Ideias ou "Arquétipos", os seres mais reais, imutáveis, acessíveis apenas através da razão. Isso sugere as Formas de Platão.

Talvez Berkeley tenha errado desde o início. Talvez tenha confundido nossas experiências ou sensações com as causas dessas experiências ou sensações. Sim, ele está certo de que, para determinada mão, a água está quente ao toque, enquanto que, para a outra, morna, mas isso é explicado pelo movimento molecular da água que afeta os diferentes estados de sensibilidade das terminações nervosas das mãos.

Esse é o caminho apresentado por John Locke, outro filósofo empirista importante; ele atuou no final do século XVII como um "assistente" para o grande Isaac Newton. Locke falava de qualidades primárias e secundárias. "Lá fora", existem qualidades independentes da mente, como tamanho, forma, movimento, impenetrabilidade, ao passo que as qualidades secundárias, como cor, sabor, cheiro, som e calor ou frio, dependem da interação dos observadores com os objetos que possuem as qualidades primárias. "Ah", podemos imaginar Berkeley respondendo. "Você cai em metafísica fantasiosa com sua conversa sobre tamanho, forma e movimento... O que é esse movimento ou, neste caso, elétrons, nêutrons e assim por diante, além de conversa útil para fazermos previsões? Tudo de que dispomos são nossas experiências."

Berkeley pode ser visto como um "instrumentalista" em relação a entidades científicas e objetos físicos pensados como distintos de nossas experiências. O que quer que os físicos e neurologistas digam sobre as moléculas, as fibras e a gama de partículas subatômicas, estão confiando em suas *experiências* de resultados, digitalizados e impressos, ou em frases e imagens que piscam em telas de computador. O uso de conceitos científicos como "moléculas" e de conceitos de senso comum como "nuvens" pode ser valioso para fazermos boas previsões, mas seria um erro pensar na realidade como constituída por essas entidades, caso sejam independentes da mente. Para Berkeley, as regularidades que experimentamos na natureza são, em certo sentido, como ele diz, "a linguagem de Deus".

Uma reação famosa ao imaterialismo de Berkeley é a do Dr. Johnson, Samuel Johnson, que insistiu ter refutado o bispo (note o uso de "refutar" — um verbo de sucesso, com Johnson sustentando que ele estava certo). James Boswell relembra o incidente. Foi em 1763; Johnson e Boswell discutiam o "sofisma engenhoso de Berkeley para provar a inexistência da matéria". Boswell observou que, embora o imaterialismo fosse obviamente falso, era impossível refutá-lo. Isso causou a forte reação de Johnson. Boswell registra: "Nunca me esquecerei da vivacidade com que Johnson respondeu, batendo o pé com toda a força em uma grande pedra, até o pé ricochetear dela: 'Eu o refuto assim.'"

Talvez Johnson estivesse apelando para a aparente ação da pedra, ao reagir contra seu pé, mas, para Berkeley, aquilo não passava de algumas experiências adicionais, nada mais, nada menos. Talvez Johnson estivesse apelando para a importância das crenças de senso comum (fique atento a G. E. Moore mais à frente), embora isso nos teria levado de volta à questão do entendimento correto dessas crenças. A objeção de Berkeley se posiciona contra a matéria entendida como independente da mente, mas, desde que não mantenhamos essa crença equivocada, ele se contenta em falar de mesas e cadeiras, árvores e melaço. Fala com o homem comum. "Eu me posiciono em todas as coisas com a multidão." Une-se à "massa iletrada da humanidade que caminha na estrada do senso comum".

Uma vez que Deus foi excluído do pensamento de Berkeley, sua abordagem obteve, por vezes, apoio filosófico significativo, sendo apresentada como um relato "fenomenalista" dos objetos físicos. Esses objetos, se corretamente compreendidos, seriam "possibilidades permanentes de sensação", uma expressão de John Stuart Mill.

No relato fenomenalista, esta mesa em que estou me apoiando existe, mesmo quando não percebida (não tocada, não vista e assim por diante); mas tudo isso significa que se eu, ou outros, nos envolvermos em certas ações de "voltar para o escritório" — embora, lembre-se, caminhar seja apenas uma série de sensações, e o escritório, outra possibilidade de sensações —, devemos nos deparar, outra vez, com "sensações de mesa". No entanto, se a existência de objetos independentes da mente nos confunde, então, sem dúvida, também devemos ficar confusos com a natureza das possibilidades existentes e, certamente, com a justificativa para eu falar em "nós". Ainda preciso de uma justificativa para acreditar na existência de outras pessoas, caso contrário, caio no solipsismo: apenas eu e minhas percepções existem. Um pouco mais sobre isso será oferecido quando chegarmos a Bertrand Russell e a uma certa senhora americana.

***

Não posso deixar o bom bispo sem sua insistência de comunicar ao público as "virtudes salutares da água de alcatrão", que aparece em destaque em suas cartas e em sua obra final, *Siris*, intitulada:

> *Uma cadeia de reflexões e investigações*
> *filosóficas sobre as virtudes da água*
> *de alcatrão, e diversos outros assuntos*
> *conectados entre si e que surgem*
> *uns dos outros.*

Ele cita evidências da eficácia e, cuidadosamente, detalha como prepará-la e aplicá-la, a depender da doença em questão. A água de alcatrão é: um preventivo contra a varíola, uma cura para impurezas do sangue, ulceração dos intestinos, pulmões, tosses persistentes — a lista continua, em detalhes. É de grande utilidade em casos de gota, febres, gangrena, erisipela, escorbuto e doenças hipocondríacas. Berkeley a recomenda para marinheiros, senhoras e homens de vida estudiosa e sedentária — também para preservar as árvores das mordidas de cabras e outras lesões.

A obsessão de Berkeley pela água de alcatrão levou John Oulton Wisdom (primo do filósofo de Cambridge John Wisdom e frequentemente confundido com este) a escrever *The Unconscious Origin of Berkeley's Philosophy* [A origem inconsciente da filosofia de Berkeley] (1953), em que a explicação para a obsessão é dada por meio de uma reação ambivalente na infância a certas funções e descargas corporais.

Independentemente do que possamos pensar das explicações sobre o inconsciente, com certeza devemos considerar que Berkeley merecia o elogio de "aquele irlandês paradoxal". Na verdade, o pensamento "paradoxal" é uma marca, pode-se pensar, de todos os filósofos, mesmo que afirmem ser da variedade do "senso comum".

***

Como pensar como Berkeley? *Concentre-se em suas experiências — e não se esqueça da água de alcatrão.*

13
DAVID HUME: O GRANDE INFIEL OU *LE BON DAVID*

Um homem sábio proporcionaliza sua crença à evidência.
(Hume)

Aqui está um filósofo, infiel ou não, um filósofo de considerável influência, colocando o pensamento filosófico em seu lugar — e também o religioso.

Apresento-lhe David Hume, a grande figura escocesa do Iluminismo do século XVIII, um filósofo com uma reputação muito boa entre os filósofos de hoje, admirado por seu bom humor e ironia, bem como por suas percepções perspicazes.

O *Iluminismo* representa o tempo no século XVIII em que, segundo a história, o *ethos* intelectual era de que as pessoas deveriam pensar livremente, por si mesmas, valorizando a razão e as pesquisas empíricas, em vez de confiarem em autoridades, escrituras ou revelações divinas.

Em breve, encontraremos Kant, que utilizou o termo em latim *sapere aude*, "ter a coragem de pensar por si mesmo". No entanto, logo veremos que as coisas não eram tão simples como esse esboço poderia ter dado a entender. O Hume do Iluminismo, embora valorizasse a investigação científica, rebaixou a razão e elevou o sentimento e o hábito.

Hume, com sua postura iluminista, inevitavelmente, encontrou oposição considerável por parte dos religiosos e, não tão inevitavelmente, de certos filósofos. Foi condenado por causa da seguinte declaração direta sobre o pensamento — qualquer pensamento, seja religioso ou filosófico: "Se pegarmos em nossas mãos qualquer volume; de divindade ou metafísica escolar..."

> *Há algum raciocínio abstrato sobre quantidade ou número? Não. Há algum raciocínio experimental sobre fatos e existência? Não. Então, jogue-o no fogo, pois não pode conter nada além de sofismas e ilusões.*

Com o compromisso metodológico de Hume com as experiências enquanto fonte de todo conhecimento, ele rapidamente se encontrou em um lamaçal de perplexidade. E foi honesto o suficiente para admitir. Bem, o que podemos fazer com nossa crença de que os objetos físicos existem quando nos faltam experiências? O que podemos fazer com o eu contínuo? Afinal, tenho experiências de coisas que aparentemente estão ao meu redor, memórias do que "eu" fiz; mas o que seria o "eu", o *self*? Embora tenha experimentado com várias explicações, ficou insatisfeito com todas elas.

O pensamento filosófico, muitas vezes, pode levar a perplexidades; levou Wittgenstein, como veremos, a falar da filosofia como geradora de um sentimento de "não saber meu caminho". Hume descreveu o que acontecia quando ele fechava a porta de seu escritório, bloqueando as especulações e enigmas filosóficos que geravam "melancolia e delírio" em seu peito conturbado:

> *Eu janto, jogo uma partida de gamão, converso e me divirto com meus amigos; e, quando, após três ou quatro horas de divertimento, volto a essas especulações, elas parecem tão frias, forçadas e ridículas, que não sinto em meu coração o desejo de me aprofundar nelas.*

No entanto, ele se aprofundou. O pensamento filosófico cativa; e, no caso de Hume, ele tentava "seguir a ciência". Mais precisamente, ficou impressionado com a forma como Newton explicava os movimentos planetários. Ao que parece, ele ignorou a dificuldade de determinar exatamente o que constituía a gravidade. Com Newton em mente, ele, Hume, procurou ser o Newton *da* mente. Quis mostrar como a mente operava em suas impressões "de fora" para formar ideias, crenças e assim por diante, sobre o mundo, ou seja, sobre os assuntos morais. O título de sua primeira obra, *Tratado da natureza humana*, é seguido por: *uma tentativa de introduzir o método experimental de raciocínio nos assuntos morais*. A abordagem de Hume da filosofia como algo semelhante a um esforço científico, condenando a metafísica à fogueira, foi rigorosamente reelaborada como positivismo lógico, no início do século XX, por aqueles do Círculo de Viena. (Consulte o Capítulo 29 para a postura do positivismo lógico diante da ética.)

Na frente religiosa, o Grande Infiel, como ficou conhecido por alguns, também perturbou a hierarquia cristã usando um mantra simples e apropriado: "Um homem sábio proporcionaliza sua crença à evidência." A propósito, o título de "Grande Infiel" foi injustificado; Hume estava mais para um agnóstico, ou talvez pudesse ser mais bem descrito como um casual e despreocupado "não sei". Aparentemente, certa vez em Paris, jantando com alguns filósofos conhecidos, ele ficou surpreso e incomodado com o ateísmo franco e veemente deles.

Com o mantra sobre crença e evidência em destaque, Hume rejeitou relatos de milagres. Seu pensamento era muito direto e sensato. Ao avaliar o que acreditar com relação a um suposto milagre, deveríamos determinar se é mais provável que um evento extraordinário tenha ocorrido, como cortesia de Deus — um milagre —, ou que os relatos do evento sejam pouco confiáveis.

Por um lado, a ocorrência do evento milagroso, para ser um milagre, é excepcionalmente improvável, tenha sido ou não causado por Deus ou por um colapso no que consideramos as leis da natureza. Por outro lado, a falta de confiabilidade dos relatos, seja por engano, intenção ou pensamento positivo, ainda mais em longos períodos, é bem comprovada. Portanto, deve-se, em geral, rejeitar o "milagre maior"; ou seja, deve-se rejeitar a veracidade dos relatos de milagres.

Poderíamos acrescentar uma ressalva, pois Hume fez a boa observação de que "a religião cristã não apenas foi inicialmente acompanhada de milagres, mas, mesmo hoje em dia, não pode ser concebida por nenhuma pessoa razoável sem um". Há tantas décadas, quando li essa frase pela primeira vez, me deliciei com a ironia de Hume.

O que ele poderia estar querendo dizer? Bem: "Opa, talvez eu esteja errado; talvez haja um milagre — a saber, o de que algumas pessoas acreditam em milagres." É claro, isso não é nada extraordinário, pois é bastante comum se envolver em pensamentos positivos; e alguns — não sei por quê — desejam não apenas uma vida após a morte eterna, mas um julgamento.

Hume usou seu foco na evidência para colocar outros argumentos divinos em seus devidos lugares, em lugares inferiores. A talvez existência de um criador divino do universo tem sido frequentemente argumentado com base na analogia, uma forma de pensamento filosófico. Muitos dispositivos complicados — relógios, aviões, a internet — surgiram apenas através do desígnio humano.

O funcionamento intrincado do universo, a interdependência das espécies com o meio ambiente e assim por diante, devem, portanto, ser indicativos, por analogia, de uma grande ideação divina — assim diz o argumento. Se quisermos manter essa analogia com os seres humanos e com o que eles projetam, apontou Hume, então devemos concluir prontamente que o universo resultou de um comitê de deuses, ou que talvez seja o primeiro "trabalho malfeito de uma divindade infantil".

Além disso, mesmo que tenhamos motivos para, de alguma forma, acreditar que haja um criador divino, essa justificativa não prova que o criador tenha sido motivado pela benevolência, pela preocupação especial com os seres humanos, ou que tenha sido a inspiração por trás da Torá ou do Alcorão — ou quem sabe o quê.

Em relação ao *Tratado*, publicado quando ele tinha 27 anos e, hoje em dia, reconhecido como uma obra importante da filosofia, Hume escreveu: "Nunca uma tentativa literária foi tão infeliz. Ela caiu natimorto da prensa." Mais tarde, alguns escritos de Hume começaram a vender, em parte, graças às condenações de reverendos e reverendíssimos. "Descobri", observou Hume, "que os livros estavam começando a ser estimados em meio aos bons". E, mais tarde ainda, as *Histórias* de Hume se tornaram muito populares, tornando-o financeiramente "não apenas independente, mas opulento".

Apesar desse sucesso, Hume minimizou a importância disso — assim como minimizou a importância da humanidade. Ele nos coloca em nosso lugar com a observação concisa:

> *A vida do homem não tem maior importância para o universo do que a de uma ostra.*

Isso, é claro, perturbou ainda mais os teólogos cristãos, pois sustentavam que Deus havia concedido aos seres humanos um lugar especial no universo. Assim, argumentavam que o suicídio era imoral, pois interferia no curso das leis naturais de Deus. Hume, sempre buscando consistência, observou que, se tal argumento fosse válido, então também seria imoral abaixar-se para não morrer atingido por uma ardósia em queda durante uma tempestade.

Voltando à ostra, devemos questionar, com razão, que sentido podemos dar ao adotarmos o ponto de vista do universo, um ponto de vista que encontramos defendido, de certa forma, por Spinoza, e como podemos avaliar se a vida da ostra é mais — ou menos — importante.

É verdade que, muitas vezes, e com razão, podemos dar um passo para trás e pensar quão bem uma vida está indo, seja a nossa ou a de outros. O maior "passo para trás", conquistando a visão mais ampla que fizer sentido, pode ser entendido como aquele em que nenhuma preferência especial é dada a mim ou à minha comunidade em particular. Isso nos leva a compreender a visão mais ampla como a visão mais imparcial, embora esta não seja o ponto de vista do universo. O universo não tem ideia do que é parcial ou imparcial.

A moralidade geralmente promove a justiça e a imparcialidade, mas até que ponto devemos acreditar nisso? Até que ponto podemos acreditar nisso? Encontramos esse problema pela primeira vez com Platão falando de justiça (Capítulo 5), e nos aprofundaremos em mais perguntas através de J. S. Mill e o utilitarismo (Capítulo 16). Para irmos ao extremo, não daria a visão imparcial mais ampla preferência ao florescimento dos seres humanos sobre o dos animais não humanos — das ostras?

Deixando as ostras de lado, ainda não terminei de explorar Hume colocando as coisas "em seus devidos lugares". Embora tenha feito muito uso da razão, a razão, como mencionado no início deste capítulo, também é reduzida, pois não podemos justificar como, de fato, a usamos. Referir-se a evidências passadas para julgar o que acontecerá é um exemplo de raciocínio indutivo; mas quem sabe como as coisas vão funcionar no futuro? Não adianta argumentar que tal raciocínio funcionou bem; sim, muitas vezes funcionou bem no passado, mas o futuro pode não ser como o passado.

A solução de Hume para o problema da indução — na verdade, não é uma solução — é a aceitação, a aceitação de que fazemos o que não pode ser racionalmente justificado. O hábito, o costume, é o grande guia da vida humana, ele escreveu. Não podemos deixar de acreditar em certas uniformidades na natureza nem de agir de acordo com elas. Essa é uma moral que devemos aceitar, pelo menos na medida em que percebemos que nem tudo pode ser justificado. Como Wittgenstein, mais tarde, enfatizará: em algum lugar do caminho, devemos aceitar, "é isso o que fazemos".

Durante muitos anos, meus alunos inisitiam que não havia como sabermos o futuro. Estariam eles certos? Realmente não sabemos se, nos próximos minutos, enquanto você lê estas palavras (se é que alguém está lendo), este livro não se transformará em uma morsa selvagem gritando "Born in the USA" ou em uma banda tocando "Land of Hope and Glory"?

Hume também rebaixa a razão quando a moralidade entra em cena.

> *A razão é, e deve ser apenas, a escrava das paixões, sem nunca almejar outro ofício, senão servi-las e obedecê-las,*

ele anuncia, e acrescenta:

*Não é contrário à razão preferir a destruição
do mundo inteiro a um arranhão
no meu dedo.*

Devemos confiar em nossas paixões, em nossos sentimentos uns pelos outros, para fundamentar nossas crenças morais; a racionalidade não nos revela a que devemos almejar. Só há espaço para o bom e o mau raciocínio quando avaliamos os meios mais eficientes para alcançar um objetivo. Os objetivos estão fundamentados em nossa humanidade, em nossa disposição social — embora, infelizmente, não possamos confiar que todos tenham humanidade, uma disposição social.

Anteriormente, ouvimos falar da angústia e da melancolia filosófica de Hume. E de como entender a "identidade pessoal" foi uma das principais causas de sua inquietação. Sócrates, Descartes e outros fizeram livre uso da alma, de uma mente ou de um eu, contínuos ao longo do tempo, mas Hume escreveu que, por mais que olhasse "para dentro", não conseguia encontrar tal entidade contínua; tudo o que encontrava eram sequências de experiências fugazes, percepções fugazes. Mas o que será que as mantinham juntas, em conjunto, para torná-las "minhas" e para fazer deste grupo de sequências meu "eu" contínuo ao longo do tempo? Essa questão continua a intrigar os filósofos até hoje; assim, podemos sentir empatia por ele ter fechado a porta para suas perplexidades filosóficas — e buscado o conforto de mulheres modestas.

Em sua curta autobiografia, escrita enquanto se aproximava da morte, Hume explica: "Fui atingido por um distúrbio em meus intestinos." Ele, de forma bastante charmosa, descreve seu caráter e sua vida:

> *Sou, ou melhor, era (pois esse é o estilo que devo usar agora, ao falar de mim mesmo): eu era, digo, um homem de disposição branda, de temperamento controlado, de humor livre, social e alegre, capaz de apego, mas pouco suscetível à inimizade, e de grande moderação em todas as minhas paixões.*

> *Mesmo meu amor pela fama literária, minha
> paixão dominante, nunca azedou meu
> temperamento, apesar de minhas frequentes
> decepções. Minha companhia não era
> inaceitável para os jovens e despreocupados,
> bem como para os estudiosos e literários;
> e, como desfrutei de um prazer particular
> na companhia de mulheres modestas, não
> tive motivos para ficar descontente com a
> recepção que delas recebi.*

James Boswell (sim, o Boswell que contou a vida de Samuel Johnson) planejava fortalecer a própria fé religiosa visitando o Grande Infiel. Boswell talvez esperasse ver Hume se afastar de seu ateísmo e, de repente, se comprometer com a crença ou esperança de uma vida após a morte, fornecida por uma divindade. A esperança de Boswell não se concretizou. Hume não fez nenhuma retratação.

A história me lembra de como o comediante americano e conhecido ateu, W. C. Fields, foi flagrado lendo a Bíblia quando perto da morte. Na esperança de que ele finalmente estivesse vendo a luz cristã, seus amigos perguntaram o que ele estava fazendo, lendo justamente a Bíblia. "Apenas procurando brechas" foi a resposta.

Adam Smith, o famoso economista escocês e amigo íntimo de Hume, descreveu como o *le bon David*, até o fim, falava com afeto e ternura:

> *Ele agora estava tão fraco que a companhia
> de seus amigos mais íntimos o cansava;
> mas, por sua alegria ainda ser tão grande,
> sua complacência e disposição social ainda
> serem tão completas, ele não podia deixar de
> falar, quando algum amigo estava com ele,
> mais e com maior esforço do que convinha à
> fraqueza de seu corpo.*

Se essa falta de medo da morte o mostra como Grande Infiel ou como *le bon David* — bem, isso fica a cargo do leitor. O que isso realmente mostra é que podemos enfrentar a morte e a aniquilação com ânimo e bom humor. O pensamento filosófico de Hume, combinado com sua disposição bem-humorada, permitiu que ele fizesse exatamente isso.

***

Como pensar como David Hume? *Examine os caminhos do mundo e as perplexidades filosóficas com bom humor — e com sentimentos pelos outros.*

14
KANT: O DEVER CHAMA, CATEGORICAMENTE

> Da madeira torta da humanidade,
> nada reto jamais foi feito.
> (Kant)

O que pensar de um filósofo eminente, um dos maiores, conhecido por seu forte senso de dever moral, em relação ao escrito abaixo?

Quando uma jovem escreveu para ele, em particular, contando de seu desespero, seus pensamentos suicidas e de como não havia encontrado consolo na filosofia de Kant — ela resistia ao suicídio apenas porque a filosofia dele o proclamava moralmente horrendo —, o filósofo tornou a correspondência pública, abusando da confiança dela, e se recusou a ver a mulher.

Ao escrever sobre o amor sexual, ele insistia que "faz-se da pessoa amada um objeto de apetite; e, assim que esse apetite é saciado, a pessoa é descartada da mesma forma como se joga fora um limão espremido até a última gota".

Ao tentar estabelecer a imoralidade do suicídio, ele acrescenta que a masturbação é moralmente pior — pois não só é moralmente errada, como recebemos prazer dessa imoralidade, que não é proporcionada nem por suicídios nem por tentativas malsucedidas de suicídio.

Sim, este foi Immanuel Kant, tratado tanto dentro quanto fora da filosofia como o grande filósofo iluminista do século XVIII. Ele é colocado no firmamento celestial, entre as maiores estrelas da filosofia ocidental — com Platão e Aristóteles. A jovem mencionada não tem lugar entre as estrelas. Ela é Maria von Herbert, quase desconhecida. Nove anos após sua correspondência com Kant, ela tirou a própria vida; tinha trinta e poucos anos. Ao lidar com Herbert, Kant ficou aquém dos próprios padrões; acredito que tenha se mostrado humano, de acordo com seu aforismo que encabeça este capítulo.

Kant viveu toda sua vida na pequena cidade prussiana de Königsberg. Por décadas, como professor de filosofia, era praticamente desconhecido fora da cidade. A transformação ocorreu no início da década de 1780, quando entrou na casa dos sessenta; essa idade proporciona esperança para muitos filósofos aspirantes, embora uma esperança que diminua gradualmente. Em 1781, publicou a *Crítica da razão pura* e, com a revisão do livro em 1787, nunca mais olhou para trás, vendo a si mesmo como alguém que efetuara uma revolução copernicana na filosofia. Essa *Crítica*, as duas críticas subsequentes, *da razão prática* e *da faculdade do juízo*, e outros trabalhos, fizeram seu nome e fama. Possivelmente, tais críticas, e talvez as de Karl Marx, foram responsáveis pela moda, entre alguns estudantes, de falar até mesmo de seus menores ensaios como "críticas", embora não como revoluções copernicanas.

Para explicar os movimentos celestes, argumentou Copérnico, a Terra não poderia ser um ponto fixo; seu movimento contribuiria para a forma como os corpos celestes apareciam. De maneira similar, para explicar como temos experiências de objetos, precisamos reconhecer a contribuição da mente, do sujeito que percebe. Existem certas pré-condições necessárias — a forma, por assim dizer, da consciência — às quais os objetos físicos, para serem experimentados, devem satisfazer. A estrutura da mente determina como tratamos nossas sensações como sendo vindas de objetos externos. O resumo de Kant é: pensamentos sem conteúdo são vazios, intuições sem concepções são cegas.

Com a estrutura da mente, uma estrutura necessária, podemos compreender o mundo experimentado ao nosso redor, os céus estrelados acima, como abertos à investigação científica sob as leis naturais necessárias. Essa é uma das duas coisas que impressionavam Kant.

> *Duas coisas enchem a mente com admiração e espanto sempre novos e crescentes, quanto mais frequente e constantemente refletimos sobre elas: o céu estrelado sobre mim e a lei moral dentro de mim.*

Essa lei moral interior nos diz como devemos viver. Uma pequena reflexão pode, portanto, nos fazer questionar as credenciais copernicanas da revolução de Kant, embora não a revolução em si. Copérnico deslocou o papel central da Terra no universo físico; Kant deu à mente da humanidade o papel fundamental de determinar o que constituirá tanto os objetos que experimentamos quanto, através do nosso raciocínio, a natureza da moralidade.

***

A *Crítica da razão pura* foi condenada por alguns, porque "perturba os poderes do entendimento, estraga os bons princípios e envenena a fonte da felicidade humana". Supostamente, levou até alguns estudantes à loucura. Em Jena, dois jovens duelaram por causa de uma discussão quanto ao significado. Quem saberia dizer o motivo de tanto alvoroço...

Na época, a *Crítica* foi lida como parte da tradição cética, seguindo as linhas de Berkeley e Hume. Kant escreveu, no entanto, sobre como Hume o despertara de seu sono dogmático. O pensamento filosófico de Hume, baseado em nossas percepções como experiências, levou à sua perplexidade diante do eu e do mundo físico. Kant superou essa perplexidade combinando as ideias de Hume com as de filósofos, como Leibniz, para os quais a razão era o grande guia. Kant reuniu elementos do empirismo e da metafísica, mostrando, assim pensava, que, ao contrário de Hume, a metafísica era possível.

Para dar sentido ao mundo ao nosso redor, ao rato correndo debaixo da mesa, à garrafa de vinho vazia sendo a mesma garrafa que estava cheia no início do dia, pressupomos uma estrutura de unidade, identidade, causalidade — e de espaço e tempo. Kant investiga essa pressuposição sob o rótulo de "idealismo transcendental", e explica, por exemplo, como nosso entendimento depende necessariamente de doze conceitos puros.

Kant gostava de rótulos e divisões, e, desde então, há uma grande indústria filosófica dedicada a discutir exatamente o que Kant queria dizer. Felizmente, é aceito que não podemos dizer nada sobre nenhuma realidade subjacente, o "númeno", a coisa em si. É claro, podemos até questionar se seria possível dar sentido àquilo sobre o qual nada se pode dizer; lembre-se do Tao.

A grandeza de Kant não se limita à sua metafísica; ela se estende ao pensamento sobre o fundamento da moralidade — pensamento mais acessível e que pode ser relacionado a como ele conduzia sua vida. Embora acreditasse em Deus, rejeitava as provas típicas e não tinha tempo para justificar a moralidade como baseada nos mandamentos de Deus.

Em geral, apresentam Kant como possuidor de uma reputação austera, estável e de princípios, um cavalheiro solteiro por hábito e com disciplina firme. A história era que as pessoas de Königsberg acertavam seus relógios com base nele — e que apenas em uma ocasião essa confiança falhou. Kant lia *Emílio*, de Rousseau, quando ficou tão absorto que esqueceu sua caminhada da tarde. É improvável que a história seja verdadeira, pois *Emílio* foi publicado em 1762 e, mesmo em 1764, Kant ainda não havia adquirido sua austeridade disciplinada. Essa austeridade é uma caricatura — bem, até ele perceber que precisava se dedicar e nutrir um pensamento filosófico mais profundo.

Kant, antes da mudança, era um elegante magíster, que levava uma vida irregular. Jogava cartas, frequentava teatros, era um homem da cidade. Seguia a moda, gostava de jantar, da companhia de mulheres, de exibir sua inteligência e erudição. Em Königsberg, costumava usar uma peruca levemente empoada, meias de seda, e andar com o chapéu empoleirado no botão dourado da bengala de madeira.

Tudo isso mudou, ao que parece, quando começou a trabalhar a natureza da moralidade, chegando ao seu grande princípio moral, o imperativo categórico — uma "deontologia" de deveres.

Os imperativos hipotéticos anunciam o que deve ser feito, *se...* Por exemplo, se você deseja riqueza, torne-se um advogado. As condições incertas eram baseadas em contingências biológicas, como desejos, mas Kant achava que a moralidade não deveria ser tão incerta. A razão nos mostra que, sempre e em todos os lugares, 2 + 2 = 4; essa verdade aritmética é universal, até mesmo em Plutão, independentemente de seus desejos. Kant, portanto, foi atraído a utilizar um teste de universalização para verificar o que era moralmente permitido. O teste foi o já mencionado imperativo categórico. Kant oferecia três versões; eis a que ficou conhecida como fórmula da lei universal:

Aja apenas de acordo com a máxima pela qual você pode, ao mesmo tempo, desejar que se torne uma lei universal.

O requisito é a consistência lógica. Suponha que nos perguntemos se é permitido fazer uma promessa deliberada, sabendo muito bem que não temos intenção de cumpri-la. Se universalizarmos a máxima, desejando que todos ajam da mesma forma, surge uma contradição. Sob tal suposição, a instituição da promessa se desintegraria: nenhuma promessa jamais seria aceita. Portanto, fazer promessas falsas não é moralmente permitido.

Se desejássemos que as pessoas cometessem suicídio sempre que quisessem, isso "contradiria a natureza" — bem, assim Kant anunciava, embora fosse difícil ver como seria possível. Certamente, não haveria contradição lógica, a menos que, de alguma forma, a Natureza incorporasse uma exigência lógica para que continuássemos vivendo. Se a pobre Maria von Herbert não se deixou ludibriar pelo raciocínio de Kant, ou se cometeu suicídio carregada de culpa moral — quem pode dizer?

O raciocínio de Kant merece ser desafiado ou explicado a cada passo. Por exemplo, não podemos consistentemente querer a lei universal de que todos sejam apenas vendedores de chapéus femininos, pois não haveria compradores. Mas, sem dúvida,, o ofício de chapeleiro não é moralmente reprovável.

Kant como "o austero Kant" surge porque ele argumenta que os atos morais, para serem morais, deviam ser motivados pelo dever. Ter os sentimentos certos, estar disposto a agir por bondade, coragem ou compaixão — importante na ética da virtude aristotélica (Capítulo 6) —, parece não ter peso moral para Kant, embora sem dúvida sejam desejáveis por outros motivos. Ai daqueles que ajudam mendigos porque são movidos pela compaixão; eles estão falhando em agir de acordo com o dever que a moralidade exige. Ser compassivo ou mesquinho é uma questão de sorte biológica. Nosso valor moral não deve depender da sorte. Curiosamente, Kant parece comprometido com a ideia de que nenhuma sorte está envolvida em termos poder de raciocínio suficiente para compreender os imperativos morais nem em termos força de vontade suficiente para cumprir nosso dever. Sua metafísica misteriosamente permite a liberdade da vontade; vontade e razão parecem estar fora das cadeias causais que envolvem objetos físicos.

O imperativo categórico também é apresentado de forma que se resume ao seguinte: devemos sempre respeitar as pessoas como agentes racionais; nunca devemos tratar o outro apenas como um meio para nossos fins. Essa seria sua objeção, ao que parece, às pessoas que se divertem umas com as outras como objetos sexuais, sem procriação ou amor em vista; e é provável que ele visse algo contraditório até mesmo em pessoas genuinamente engajadas no trabalho sexual. Tratar outros seres humanos como meros meios para nossos fins nos levaria à contradição, pois teríamos que aceitar que outros também têm o direito de nos maltratar apenas como meios para alguma coisa.

Surge, portanto, a questão de saber se a pobre Maria estava sendo usada apenas como um meio por Kant, quando ele tornou pública a situação dela. É óbvio que usamos pessoas com frequência — equipes médicas, vendedores, autores de filosofia —, mas, argumenta-se, não apenas como meio. Isso ocorre porque elas assumiram voluntariamente esses papéis. É claro, surge agora uma certa área cinzenta. Quão livres são as pessoas para aceitarem empregos, se a alternativa é a fome? As pessoas sem recursos realmente agem livremente ao trabalharem no comércio sexual — ou no matadouro — se tais ocupações as enojam, mas são os únicos empregos disponíveis?

***

A madeira torta da humanidade também está em evidência, segundo muitos, em nosso (mau) tratamento de animais não humanos, um tratamento que combina com o pensamento kantiano. Ele escreve:

> *Quando [o homem] disse pela primeira vez à ovelha: "A pele que você veste lhe foi dada pela natureza não para seu próprio uso, mas para o meu", e a tirou da ovelha para usá-la ele mesmo, ele se tornou consciente de uma prerrogativa da qual [...] ele desfrutava em detrimento de todos os animais; e ele não os considerava mais como criaturas companheiras, mas como meios e instrumentos a serem usados à vontade para alcançar quaisquer fins que desejasse.*

A moralidade de Kant fala de direitos e deveres; ela está fundamentada na racionalidade e se limita ao mundo dos agentes racionais. A moralidade kantiana se baseia em relacionamentos recíprocos, mas os animais não humanos não podem retribuir. Não faz sentido culpar as ovelhas por não cumprirem promessas ou os lobos por perseguirem ovelhas ou, na verdade, os seres humanos. Kant encontra espaço para alguns deveres indiretos: não devemos maltratar outros animais por diversão; se o fizermos, podemos adquirir maus hábitos e maltratar os seres humanos.

Devemos resistir ao confinamento kantiano da moralidade a agentes racionais e reciprocidade. Certamente, devemos aceitar que a moralidade se estende a quaisquer seres que possam sofrer. Esse pensamento é expresso, de forma sucinta, mais tarde por Jeremy Bentham e apoiado por John Stuart Mill, como parte de seu utilitarismo; com eles, a moralidade se baseia apenas nas consequências para todas as criaturas em relação à felicidade — para seus prazeres e ausência de dores.

A ênfase de Kant na razão e nos princípios leva a outras posições estranhas. Já encontramos uma, a saber: que, para cumprir o que a moralidade exige, devemos ser motivados por nosso dever moral, por uma benevolência, e não por nossas emoções, pois nossas disposições emocionais são questões de sorte biológica. Para apagar todos os elementos da sorte moral, Kant é levado a lidar apenas com intenções, motivos e a questão da vontade, em vez de com as consequências, realizações, conquistas:

> Mesmo que aconteça de, por um destino particularmente infeliz ou pela provisão mesquinha de uma natureza madrasta, a boa vontade não ter poder algum para realizar seu propósito, e mesmo que o maior esforço não a ajude a alcançar nada de seu fim, e reste apenas a boa vontade (não como um mero desejo, mas como a convocação de todos os meios ao nosso alcance), ela brilharia como uma joia por direito próprio, como algo com seu valor total em si mesma.

Outro resultado estranho pode surgir quando certos deveres entram em conflito. Pode ser injusto com Kant, mas em um pequeno ensaio, temos, como eu a chamo, "a chegada do homem do machado". Em "Sobre um suposto direito de mentir por amor à humanidade" (1797), respondendo a um artigo de Benjamin Constant, Kant aborda a questão de saber se devemos mentir para um possível assassino sobre o paradeiro de sua vítima.

Kant argumenta que, desde que nos atenhamos estritamente ao que acreditamos, com sinceridade, ser verdadeiro, não há como sermos culpados. Suponha que você acredite que a vítima esteja dentro de casa, então você diz ao possível assassino com um machado que ela saiu. Bem, argumenta Kant, a vítima pode na verdade ter escapado sem seu conhecimento e, por puro infortúnio, o assassino a encontra e "executa seu propósito". Você seria então, com justiça, acusado de causar a morte da mulher. Tais consequências possíveis estão fora do seu controle; a moralidade diz respeito àquilo que você tem controle — neste caso, manter o imperativo categórico dizendo o que acredita ser verdade.

***

Um pouco antes de sua morte — muito doente, quase cego —, Kant, segundo a história, colocou-se de pé quando o médico entrou, esperando que o médico se sentasse antes de fazer o mesmo. Ficou satisfeito em notar sobre si mesmo: "O senso de humanidade não me abandonou."

Em 11 de fevereiro de 1804, as últimas palavras de Kant foram: "*Es is gut*" — "Está bom" —, depois de beber um pouco de vinho e água misturados. Essas últimas palavras foram interpretadas como: "Este é o melhor de todos os mundos possíveis"; mas poderiam simplesmente significar: "É o suficiente", seja do vinho ou da vida. Kant morreu no dia seguinte.

***

Não vamos terminar com essa nota sombria. Kant contava piadas e até tentava analisá-las. Quatro são discutidas em sua *Crítica da faculdade do juízo*. Aqui está uma:

> *Um indiano à mesa de um inglês, em Surat, viu uma garrafa de cerveja ser aberta e toda a cerveja se transformar em espuma e transbordar. As repetidas exclamações do indiano mostraram seu grande espanto. "Bem, o que há de tão maravilhoso nisso?", perguntou o inglês. "Ah, eu não estou surpreso", disse o indiano, "por ela sair,*

> *mas por como você conseguiu colocar tudo isso dentro." Com isso, rimos e sentimos um grande prazer...*

Bem, eu posso imaginar o não tão austero Kant rindo, enquanto diz, com um forte sotaque prussiano: "Com isso, rimos.".

***

Como pensar como Kant? *Respeite os outros e a si mesmo — e nunca abandone sua humanidade.*

15
SCHOPENHAUER: PESSIMISMO COM FLAUTA

Os dois inimigos da felicidade humana são a dor e o tédio.
[Schopenhauer]

Se considerarmos que filósofos são conhecidos no mundo popular apenas envoltos em sua filosofia, um deles imediatamente vem à mente. Seu manto é o do pessimismo. Alguns veem essa posição como ultrajante; devemos sempre ter um pensamento positivo. Outros tratam a descrição como um elogio, reconhecendo os sofrimentos inevitáveis da nossa existência. Friedrich Nietzsche (que encontraremos em breve) sabia do elogio, mas contestava ceticamente sua aplicação a Schopenhauer, perguntando:

> Um pessimista, um repudiador de Deus
> e do mundo, que PARA diante da moralidade
> — que concorda com a moralidade e toca
> flauta para a moral do "não prejudicar
> ninguém" (laede-neminem), o quê? Realmente
> se trata de... um pessimista?

É claro, não sabemos da qualidade de nosso filósofo como flautista; talvez sua execução justifique sentir um certo desespero ante o mundo — na verdade, a moralidade seria, no fundo, compaixão.

O filósofo conhecido como o "filósofo do pessimismo" é, de fato, Arthur Schopenhauer. Ele nasceu em Danzig, agora Gdansk, na Polônia, em 1788, em uma família voltada para os negócios, sendo o pai um comerciante e armador de sucesso. Em conexão com os negócios, Arthur, na infância e na juventude, visitou Alemanha, França e Inglaterra, tornando-se fluente, ao que tudo indica, nessas línguas. Embora o pai o tivesse destinado a continuar com o negócio da família, Arthur desistiu depois de alguns anos, e seus talentos acadêmicos o levaram a estudar medicina e filosofia, e, posteriormente, a dar aulas.

Suas aulas não foram bem recebidas, principalmente porque, quando na Universidade de Berlim, ele sem dúvida, as programou para coincidirem com as aulas incrivelmente populares de Hegel. Já com a idade mais avançada, seu trabalho filosófico foi reconhecido, e ele ganhou um prêmio de prestígio por um ensaio sobre a liberdade.

Schopenhauer foi um metafísico à moda antiga. Ou seja, procurava apresentar o grande princípio subjacente por trás do universo. Ele escreveu:

> *Repetir toda a natureza do mundo de forma abstrata, universal e distintamente em conceitos, e, depois, armazenar, por assim dizer, uma imagem refletida dela em conceitos permanentes sempre ao comando da razão; isso, e nada mais, é filosofia.*

Sua principal obra é *O mundo como vontade e representação*, publicada em 1818, um pouco antes de seu aniversário de 31 anos. A obra foi uma rejeição das filosofias de Kant e Hegel, em cujos trabalhos a razão e a racionalidade eram apresentadas como chave para a natureza da realidade. Para pensar como Schopenhauer, precisamos reconhecer o impulso fundamental dentro de todos nós: a *Vontade*. O númeno desconhecido sobre o qual Kant escreveu era a Vontade, entendida por Schopenhauer como completamente desprovida de razão ou objetivos racionais. Temos, de alguma forma, conhecimento interno e expresso da Vontade.

O que é distintivo no pensamento de Schopenhauer, aqui, é como ele entende a Vontade como uma grande força impessoal e indiferenciada, que fundamenta não apenas todos os nossos impulsos, instintos, desejos e razões, mas tudo ao nosso redor; o que pensamos como objetos físicos distintos são manifestações da Vontade.

A ideia cotidiana de uma vontade irracional dentro das ações, crenças e sentimentos humanos se encaixa de forma vaga com a importância dada, nas últimas décadas, à psicanálise, à irracionalidade na arte e às explicações do comportamento humano. John Maynard Keynes, por exemplo, ao se opor a modelos para entender com sucesso os mercados financeiros quanto ao comportamento de agentes racionais, fala de "espíritos animais", as irracionalidades, na tomada de decisões econômicas das pessoas. Schopenhauer, porém, com sua apresentação da Vontade como algo impessoal, subjacente a tudo, nos leva mais ao Tao do Capítulo 1. Ele, de fato, mergulhou em escritos antigos como os do hinduísmo e do budismo.

Há obscuridade na compreensão de Schopenhauer da metafísica da vida humana. Estamos, ao que parece, conscientes da Vontade "interna" em nossas ações e conscientes dela "por fora", através de nossas percepções. De alguma forma misteriosa, minha ação de correr é uma manifestação da Vontade — da qual estou consciente através dos meus sentimentos internos e também através das minhas percepções, as representações, a visão, das minhas pernas se movendo.

Em uma obscuridade ainda maior, os seres humanos que entram em cena dão origem à fragmentação da Vontade, à diferenciação dos objetos ao nosso redor e, portanto, ao conflito. Uma vez que abordamos esse conflito, estamos no mundo compreensível das tensões entre as pessoas. Schopenhauer escreve, com relação à sociedade:

> *Vários porcos-espinhos se amontoaram à*
> *procura de calor em um dia frio de inverno;*
> *mas, como começaram a se espetar com seus*
> *espinhos, foram obrigados a se dispersar.*
> *No entanto, o frio os juntou novamente, e*
> *aconteceu a mesma coisa. Por fim, depois*
> *de muitas voltas de amontoar e dispersar,*
> *descobriram que seria melhor ficarem a uma*
> *pequena distância um do outro.*

Schopenhauer entende que nós, porcos-espinhos, somos reunidos pelas necessidades da sociedade. Nos reunimos e, então, somos mutuamente repelidos pelas muitas qualidades espinhosas e desagradáveis de nossas naturezas e particularidades. Uma distância moderada é alcançada através de códigos de polidez e boas maneiras; os transgressores são instruídos a manterem distância. Permita-me adicionar uma piada aqui, uma piada com um sentimento de verdade subjacente. Há uma coisa que os ricos querem que os pobres tenham: distância deles.

Seja qual for a nossa interpretação da Vontade de Schopenhauer, seus escritos estão em sintonia com o que muitas vezes sentimos. Embora não tenha falado explicitamente de seu pessimismo, falou do sofrimento envolvido em nossa existência, em nosso estar vivo, e do sofrimento dentro de nossa natureza mais profunda, nossos instintos e desejos. Ele foi, de fato, o primeiro grande filósofo desde Platão a prestar atenção, explicitamente, à enorme importância do desejo sexual em nossas vidas; Platão, porém, via esse desejo como caminho para a Beleza, ao passo que, para Schopenhauer, era pernicioso — além disso, a importância que dávamos ao sexo era cômica. Encontramos esta linha de pensamento de Schopenhauer trazida à tona por Samuel Beckett (Capítulo 30).

A própria vida de Schopenhauer exibiu o domínio do instinto sexual, pois, em contraste com a qualidade do toque de sua flauta, sua qualidade como mulherengo está bem comprovada. O impulso sexual era a expressão mais forte da Vontade. Em um casamento, ele argumentou, o homem é um corno na primeira parte e um mulherengo na segunda. Não tenho conhecimento da extensão de suas pesquisas empíricas para chegar a essa generalização. Ele argumentava que a "tetragamia" seria a solução, ou seja: um homem (presumo) casar-se pela quarta vez. Fica aberto à discussão o porquê de ele pensar que se deveria parar em quatro.

Não que Schopenhauer considerasse a ideia de que o "amor" entre indivíduos poderia ser etéreo sem a presença à espreita do sexo. O desejo sexual, ele argumentava, perturbava as ocupações mais sérias, enlouquecendo até mesmo os maiores intelectos por um tempo. Isso foi observado no Capítulo 2, com Safo. Schopenhauer pergunta: por que há tanta aglomeração, alvoroço, angústia e carência em relação a um assunto tão trivial como as relações sexuais?

Por que isso desempenha um papel tão importante, criando "distúrbio e confusão" naquela que, de outra forma, seria a bem-regulada vida da humanidade?

Ele tem uma resposta: o objetivo final de todos os casos de amor, sejam eles trágicos ou cômicos, é de fato mais importante do que todos os outros objetivos, pois decide nada menos que a composição da próxima geração. "Os *dramatis personæ* que aparecerão, quando nos retirarmos, são aqui determinados, tanto no que diz respeito à sua existência quanto à sua natureza, por esses casos de amor frívolos." De fato, ele observa:

> *Começamos na loucura do desejo carnal e no transporte da volúpia; terminamos na dissolução de todas as nossas partes e no fedor bolorento de cadáveres.*

Schopenhauer estava, é claro, escrevendo muito antes de haver meios confiáveis e discretos de controle de natalidade; a mudança que "a pílula" trouxe nas relações sexuais é, hoje, facilmente esquecida, uma vez que se tornou história distante. Permita-me desafiar a conversa sobre os "objetivos" essenciais do impulso sexual. Deveríamos deixar de lado as histórias tolas que nos dizem que, quando um casal heterossexual se envolve em sexo, se seu objetivo consciente é não procriar, então esse mesmo objetivo deve existir em um nível inconsciente, o nível da Vontade. Por que acreditar nisso? Embora, aparentemente, Schopenhauer acreditasse.

Há uma área da vida humana sobre a qual Schopenhauer falava livremente, embora hoje seja necessário muito cuidado, pois ele estava chamando a atenção para diferenças importantes entre os desejos e o caráter dos sexos. Ele escreve — perigosamente, se escrito hoje:

> *As mulheres são diretamente adaptadas para agirem como enfermeiras e educadoras de nossa primeira infância, pela simples razão de que elas mesmas são infantis, tolas e míopes — em resumo, são crianças grandes por toda a vida...*

Sem surpresa, ele é criticado por isso. Que evidências ele quer que avaliemos? E qual é seu raciocínio? Podemos rejeitar as avaliações particulares de Schopenhauer sobre os sexos, ao mesmo tempo que aceitamos que, obviamente, existem diferenças. A preocupação moral com a vida próspera de mulheres e homens não deve nos levar a insistir que tipicamente não há diferenças "medianas" entre os sexos que sejam relevantes para as diferenças na prosperidade. Afinal, as distinções biológicas explicam a diferença no potencial de procriação e têm certo impacto nas disparidades, em média, de saúde e longevidade; portanto, seria surpreendente se não gerassem nenhuma diferença em emoções, interesses e outras características psicológicas.

Schopenhauer era misógino, pelo menos na forma como retratava as mulheres com certas qualidades que ele desprezava. A acusação de misoginia também foi feita contra ele por ter sido considerado culpado de ferir uma costureira; ele a empurrou escada abaixo por causa de sua conversa barulhenta — odiava barulho (concordo com isso) —, mas demonstrou pouca preocupação com o dano que infligiu. Foi condenado a pagar a ela uma quantia mensal. Quando ela morreu, ele simplesmente registrou: "A velha morre, o fardo é retirado." Veja bem, talvez reagisse da mesma forma se a conversa barulhenta tivesse vindo de homens. Em resposta a isso, poderíamos refletir que talvez tenha visto a conversa como mera "conversa fiada" porque ocorreu entre mulheres.

Voltemos mais diretamente ao seu pessimismo. Todos os seres humanos — todas as criaturas, talvez — se esforçam para alcançar resultados; às vezes, os alcançamos, às vezes, não. Ao longo de nossas vidas, ou queremos algo que nos falta, pois estamos nos esforçando para atingir o resultado desejado, ou temos o que queríamos. De qualquer forma, sofremos. Sofremos pela falta do que queremos ou pelo tédio, ou seja, pela falta de desejo, assim que conseguimos o que queríamos. Querer é um sofrimento; a falta de querer é um sofrimento.

É verdade que uma infinidade de desejos diferentes pode se cruzar; podemos estar temporariamente satisfeitos (ou não) em momentos diferentes, mas uma mistura de sofrimentos de "falta" combinada com uma mistura de sofrimentos de "tédio" não diminui o sofrimento e o tédio em geral. O tédio é um grande mal, segundo Schopenhauer, que dá origem a jogos de azar, bebida, mania de viajar — talvez, acrescento, a escrita de mais artigos de filosofia? Possivelmente, isso sugere algum sentido na minha piada sem sentido, de que seria melhor sermos seixos em uma praia sombreada, com as ondas do mar nos lavando.

Preocupações com a desvalorização da vida também são reveladas por perguntas persistentes do tipo: "Qual o sentido?" Muitos de nós sentimos estar em uma esteira — sono, vigília, trabalho, descanso, sono, talvez com o estranho espasmo de prazer no meio. Mesmo os sortudos podem, às vezes, refletir, com algum vazio, sobre o sentido de tudo isso. Muitas pessoas veem o sentido de suas vidas como sendo os filhos ou netos, mas isso é, como eu chamo, "passar o problema do sentido adiante"; pois qual seria o objetivo final? Usando uma referência de Albert Camus, que escreveu no século XX, podemos sentir empatia por Sísifo, do antigo mito grego. Ele foi condenado pelos deuses a rolar uma pedra morro acima até o topo, eternamente, pois a pedra sempre rolava de volta para baixo. Outro mito grego, o mito de Íxion, oferece uma imagem semelhante: Íxion acorrentado a uma roda de fogo, girando pela eternidade. Schopenhauer, que meditou sobre tais imagens, ofereceu uma fuga.

E qual era a fuga de Schopenhauer? É de se surpreender que o filósofo do pessimismo não tenha recomendado o suicídio. Ele via o suicídio como derrota, pois era sucumbir à Vontade; isso nos dá a ilusão de que estamos no controle. Albert Camus viu a condição humana, com suas dores, lutas e falta de sentido, como uma condição do absurdo. Esta exige desafio: mais vontade, uma vontade mais forte. A resposta de Schopenhauer, pelo contrário, parece ser eliminar a ilusão da própria vontade; e isso pode ser alcançado perdendo-se nas artes, especialmente na música. É claro, pode-se perguntar se esse "perder-se" não seria uma solução um tanto semelhante à do suicídio; é, porém, presumivelmente menos confuso e menos perturbador para os outros — e certamente menos definitivo.

Com a compreensão de Schopenhauer da Vontade como sendo a realidade subjacente a tudo, incluindo nossos corpos e o que consideramos nosso "eu", nossa morte, em certo sentido, não é o nosso fim. Isso não é, claro, nenhum conforto para os que buscam a própria imortalidade; e não é nenhum conforto para nós, que estamos contentes com nosso fim definitivo, mas descontentes com o pensamento de que bilhões de outros — toda a gama de vida senciente — continuarão a sofrer, até que um dia toda a vida seja extinta. Estamos de volta à imagem de seixos à beira-mar, com ondas do mar os lavando.

O coro em *Édipo em Colono*, de Sófocles, proclama: os mais felizes (os mais abençoados) são aqueles que "não nasceram". O pessimismo de Schopenhauer pode nos levar a esse pensamento, um pensamento que também encontramos em Samuel Beckett. Incapazes de desfazer o fato de termos nascido, na melhor das hipóteses, podemos encarar o mundo como melodia, pois, nas palavras enigmáticas de Schopenhauer, "a música é a melodia cujo texto é o mundo".

***

Como pensar como Schopenhauer? *Ridicularizar — menosprezar e zombar — a racionalidade; abafar os sofrimentos — deixar-se perder — na música.*

16
JOHN STUART MILL: O HOMEM DA UTILIDADE, COM HARRIET, SUA ALMA GÊMEA

> É melhor ser um Sócrates insatisfeito
> do que um porco satisfeito.
> [J. S. Mill]

Qualquer familiaridade com o pensamento deste filósofo, hoje, causa uma associação do pensador ao utilitarismo e à liberdade. J. S. Mill, para diferenciá-lo de seu pai, John Mill, foi um grande vitoriano, altamente influente, um reformador e desafiador dos privilégios religiosos, assim como o pai e Jeremy Bentham, seu padrinho "secular". Seu pensamento filosófico o levou à ação política, fosse entregando panfletos em apoio à contracepção (ilegal na época) ou argumentando pela igualdade de direitos das mulheres (ridicularizado na época). Foi eleito membro do Parlamento, pediu que as mulheres tivessem direito ao voto (sendo mais ridicularizado ainda) e reclamou até mesmo dos maus-tratos aos cavalos.

Este grande vitoriano foi educado em casa pelo pai, com quem aprendeu grego a partir dos três anos de idade e latim a partir dos oito anos. Embora seja mais lembrado por sua filosofia ética e política, ele escreveu sobre muitos outros assuntos, e foi influente na lógica, metafísica, filosofia da ciência e economia política. Sua obra *Sistema de lógica dedutiva e indutiva* (1843) tornou-se um texto universitário padrão, e mostra seu modo de pensar filosófico por meio de uma análise cuidadosa; esse cuidado é encontrado mais tarde em Bertrand Russell, afilhado secular de Mill.

A filosofia de Mill estava imbuída de empirismo britânico, e entendia nosso conhecimento como derivado de nossas experiências. Considere o raciocínio. Vimos como Aristóteles desenvolveu a lógica e como Spinoza buscou argumentos dedutivos sólidos, em que as conclusões devessem advir, "logicamente advir", de premissas verdadeiras. Quando apresentados aos silogismos aristotélicos, os alunos geralmente se deparam com: todos os homens são mortais; Sócrates é um homem; portanto, Sócrates é mortal. Na verdade, as formas silogísticas de Aristóteles não incluem proposições singulares do tipo "Sócrates é mortal" como premissas. Parece ter sido Mill quem, primeiro, introduziu o exemplo de "Sócrates", trazendo-lhe alguma fama, quando o usou como exemplo para desafiar o valor do raciocínio dedutivo.

Como foi feito esse desafio? Bem, quando buscamos provar que Sócrates é mortal, afirmamos como primeira premissa que *todos* os homens são mortais, o que, por Sócrates ser um homem, pressupõe que ele seja mortal. Nossa primeira premissa já inclui o que buscamos provar. A dedução envolve uma *petitio principii*; é meramente retórica. O latim é usado, acredito, para transmitir autoridade.

Como essa primeira premissa — ou qualquer afirmação universal irrestrita — pode ser justificada? Contamos com o raciocínio indutivo; olhamos para as evidências empíricas do passado. Tendo compreendido que tantos milhões de homens morreram, inferimos que todos os homens morrem, e, portanto, que Sócrates também morreu. É claro, esse exemplo acaba não servindo muito, visto que, de qualquer forma, temos evidências independentes de que Sócrates morreu.

A conclusão de um argumento dedutivo válido, argumenta Mill, é garantida a partir de suas premissas simplesmente porque a conclusão já está contida nas premissas. Ao que tudo indica, a dedução não é capaz de nos oferecer nenhum conhecimento novo. As coisas não são, porém, tão simples assim. Afinal, houve muitas descobertas surpreendentes na matemática, de "o que advém logicamente" de algumas premissas: testemunhe as conclusões geométricas estabelecidas por Euclides. Embora possamos concordar com Mill que as conclusões estão contidas nas premissas de deduções válidas, devemos acrescentar que, muitas vezes, estão bem escondidas; o raciocínio dedutivo as traz à luz.

O que poderia justificar a confiança no raciocínio indutivo? Mill fez seu melhor; ele propôs que a natureza era uniforme. Isso parece introduzir circularidade: não estaria ele se apoiando no passado para justificar essa proposta? Além disso, a proposta levantaria imediatamente a questão: uniforme, mas de que forma? Afinal, a uniformidade não faz com que, se tenha chovido ontem, seja racional concluir que continuará chovendo hoje.

Problemas com o raciocínio indutivo — Hume sofreu com eles — levaram Karl Popper, do incidente do atiçador de brasas (Capítulo 27), já no século XX, a sustentar que, onde temos cientistas buscando as "leis da natureza", eles já se esqueceram ou devem ainda se esquecer da indução. Popper argumentava que os cientistas precisavam apresentar conjecturas universais — por exemplo, todos os metais se expandem quando aquecidos — e, então, tomar providências para tentar refutá-las. Tal hipótese universal de "todos" nunca poderia ser provada ou verificada, mas poderia ser considerada falsa, refutada. É claro, a postura de Popper não deixa de ter seus próprios quebra-cabeças: por exemplo, um único caso proclamado de metal que não se expande quando aquecido pode ser o resultado de medição inadequada, de interferências ainda desconhecidas de outros lugares ou, ainda, do uso de outras teorias equivocadas.

***

Voltemos ao famoso pensamento de Mill sobre moralidade e política, ao seu utilitarismo. O utilitarismo é consequencialista: no fim, o que devo fazer moralmente depende dos resultados alcançados, e os resultados moralmente desejáveis são aqueles que garantem maior felicidade para o maior número de pessoas. Kant se opôs explicitamente aos labirintos tortuosos da análise das consequências para, assim, estabelecermos o que a moralidade exigia. A resposta retórica é: o que mais poderia determinar o que é certo, senão, no final, a felicidade geral?

O pensamento utilitarista, em um nível fundamental, está totalmente comprometido com a imparcialidade;

meu bem, minha felicidade, não conta mais do que os de qualquer outra pessoa. Essa imparcialidade pode, paradoxalmente e de várias maneiras, levar a certa parcialidade. Afinal, humanos que somos, a felicidade máxima parece exigir que priorizemos certas relações de apego; por exemplo, aquelas entre amantes e entre pais e filhos. Assumir uma atitude de total desapego, tendo que escolher entre salvar a vida de seu filho ou a de outra pessoa, improvavelmente gerará felicidade geral.

Aqui estão alguns exemplos relacionados em que a imparcialidade utilitária requer mais reflexão. Não seria correto sacrificar uma pessoa para salvar a vida de dois milhões, duzentos ou mesmo de apenas duas se, ao fazê-lo, a felicidade geral aumentasse? Talvez a felicidade fosse maximizada se criássemos algumas pessoas especificamente para que seus órgãos pudessem ser usados em prol de outras. Os seres humanos fazem isso com outras espécies específicas; muitos animais não humanos têm uma vida terrível por causa de nossos desejos gastronômicos. Pelo menos tal "especismo", preconceito a favor de uma espécie em detrimento de outra, sem justificativa racional, não está na agenda do utilitarismo. "Eles podem sofrer?", foi a pergunta concisa de Bentham ao definir os critérios pelos quais criaturas deveriam ser levadas em consideração. As dores e prazeres das criaturas sencientes têm relevância moral direta. Árvores e paisagens, por exemplo, têm relevância moral, mas apenas indireta, na medida em que contribuem para os prazeres e evitam o sofrimento de seres humanos e outros animais sencientes.

O princípio da "maior felicidade do maior número" também levanta a questão de qual tem prioridade: seria o objetivo principal maximizar a felicidade, mesmo quando isso significa menos pessoas se comparado com o resultado de que se o objetivo fosse maximizar o número de pessoas? Deve-se levar em conta a quantidade de felicidade para cada um? Como foi dito de forma sucinta, o objetivo utilitarista deveria ser mais pessoas felizes — ou pessoas mais felizes?

Uma preocupação parecida surge para os governos quando precisam escolher políticas econômicas e de bem-estar. Por exemplo, nos Estados Unidos e na Grã-Bretanha, um pequeno número de pessoas é radicalmente rico, enquanto um grande número, em comparação, é excepcionalmente pobre. Em países como a Noruega, proporcionalmente, há menos empobrecidos, embora os mais ricos não sejam tão ricos quanto nos Estados Unidos e na Grã-Bretanha. Mesmo que a felicidade média nos Estados Unidos, por exemplo, exceda a da Noruega, podemos muito bem pensar que a Noruega deve ser preferida por motivos morais. De fato, países com grandes desigualdades geralmente são avaliados como menos felizes do que aqueles sem tais desigualdades. É claro, há disputas quanto a melhor forma de julgar tais comparações.

Além desses problemas numéricos, há a questão da felicidade. Já encontramos esse problema em Epicuro. Para Bentham, os cálculos, em teoria, deveriam ser feitos em termos de unidades de prazer: se jogar *pushpin* (um jogo infantil) dava tanto prazer quanto apreciar poesia, então *pushpin* possuía o mesmo valor moral que a poesia. Se a maior felicidade fosse alcançada por uma sociedade na qual todas as pessoas se conformassem a certas leis autoritárias, ou vivessem vidas de ilusões prazerosas, então os utilitaristas benthamitas, ao que parece, promoveriam tais sociedades.

Os utilitaristas são frequentemente rotulados como "teóricos da satisfação". A coisa certa a fazer é maximizar a felicidade; isto é, ter seus desejos satisfeitos. Uma maneira de conseguir isso seria manipulando os desejos, tornando-os mais fáceis de serem satisfeitos; podemos nos lembrar de Epicuro. A abordagem da "satisfação" e, de fato, a abordagem benthamita, não estão de acordo com a de Mill:

> *Sócrates preferiria escolher ser Sócrates insatisfeito a um porco satisfeito. O porco provavelmente não o faria, mas o porco conhece apenas um lado da questão. Sócrates conhece ambos.*

A "felicidade" de Mill deve ser entendida como uma vida plena, que envolve curiosidade, nobreza, sentimento de companheirismo e muito mais. Mill possuía uma compreensão enriquecida da felicidade, semelhante à aristotélica. Segundo Mill, isso incluía "prazeres superiores": a apreciação da poesia é superior ao jogo de *pushpin* de Bentham. A propósito, *pushpin* era, na época, também um eufemismo para relação sexual; Mill desprezaria a ênfase no *pushpin* qualquer que fosse o significado em mente.

É claro, Mill colhe a acusação de elitismo. A essa acusação, poderíamos responder em nome dele que, se Mill fosse elitista, então deveria ser porque ele queria, paradoxalmente, que todos fizessem parte da elite. Ele apoiava políticas de bem-estar e educação para que todos pudessem florescer ao alcançar seu verdadeiro potencial. Devemos sinalizar um perigo aqui: a conversa casual de todos alcançando seu potencial, conversa frequentemente proclamada por líderes em democracias ocidentais, ignora como o potencial de algumas pessoas é para o altamente indesejável. Testemunhe não apenas a propensão que alguns têm para estupro e assassinato, mas os grandes escândalos nos quais líderes corporativos concretizam seu potencial para crueldade, exploração e maximização do interesse próprio.

***

"Olhe as evidências" poderia ser uma maneira de resumir o pensamento filosófico de Mill. Para acusações de que políticas utilitárias levariam ao cultivo de órgãos humanos ou a classes de escravos, a resposta de Mill seria que a evidência é que as pessoas em geral não se sentiriam felizes, no final das contas, com tais políticas em vigor — e, portanto, essas políticas não maximizariam a felicidade. À ideia de que talvez a felicidade fosse garantida pela população ter uma conformidade induzida por drogas, Mill apontaria que, na verdade, os seres humanos, para florescerem, precisam de algumas liberdades e de autonomia. As liberdades incluiriam a liberdade de protestar, viajar e de as mulheres se desvelarem em público. A autonomia existe quando você é capaz de realizar seus verdadeiros desejos, o que é melhor para você. Liberdade e autonomia se interligam e apresentam desafios. A liberdade de viajar não é liberdade efetiva se você não tem a passagem. A autonomia não é genuína se seus desejos resultam de manipulações de marketing.

Mill promoveu o princípio da liberdade (também conhecido como princípio do dano). Há, nele, muitos pormenores, mas é digno como abordagem orientadora. Mill argumentava ativamente que uma sociedade estaria pior se diminuísse a individualidade; os indivíduos não estariam em melhor situação se fossem transformados em robôs. Desse modo, promoção da liberdade, segundo Mill, não precisaria ser entendida como contraditória ao seu utilitarismo. Vidas prósperas não são vidas robóticas.

A vida de Mill exibiu ainda outro elemento relevante para seu utilitarismo, pois, aos vinte anos, sofreu uma moléstia mental, perguntando a si mesmo: "Suponha que todos os seus objetivos na vida fossem alcançados; que todas as mudanças nas instituições e opiniões que você está esperando pudessem ser efetuadas instantaneamente: isso seria uma grande alegria e felicidade para você?". A resposta de Mill era "não". "O fim havia deixado de encantar."

Ele se libertou da crise quando reconheceu que a felicidade abrangia os sentimentos, não apenas a busca ativa por objetivos. Isso foi cortesia, em grande parte, de poemas de Wordsworth e de caminhadas em Lake District, apreciando a natureza. "Pergunte a si mesmo se você está feliz, e você deixará de estar." O louvável objetivo utilitário da maior felicidade do maior número não deve ser nossa motivação cotidiana. O amor, por exemplo, é uma parte importante da felicidade. "Nunca foi afirmado por um utilitarista ortodoxo sensato", observou John Austin, amigo de Mill, "que um homem deveria beijar sua amante tendo em mente o bem comum."

Mill encontrou a mais profunda felicidade pessoal ao se apaixonar por Harriet Taylor; era uma pena ela ser a *Sra.* Harriet Taylor. Foi somente após a morte do sr. Taylor, muitos anos depois, que John Stuart e Harriet puderam viver juntos em sua verdadeira felicidade. E assim o fizeram — por sete anos, até a morte de Harriet.

Mill viveu de acordo com sua filosofia. No casamento, documentou sua renúncia a todos os privilégios legais que o casamento concedia aos maridos. Ele expressava com frequência sua dívida para com Harriet em seus escritos, particularmente em relação aos direitos das mulheres. Seu apoio ao sufrágio feminino era considerado um capricho peculiar dele — veja só, como os tempos mudam.

O congresso sexual, insistia Mill, ocupava um lugar absurdamente desproporcional na vida humana, mas era "superstição e barbárie da infância da raça humana" impor restrições às atividades privadas das pessoas. No final da década de 1860, a doença venérea estava tão presente entre os marinheiros de Sua Majestade que as Leis de Doenças Contagiosas foram aprovadas, permitindo que a polícia levasse prostitutas suspeitas para exames médicos. Mill, perante uma Comissão Real espantada, criticou fortemente as Leis, argumentando que, se tais exames fossem corretos para as mulheres, então os homens suspeitos de visitar bordéis deveriam igualmente ser examinados.

Mill era um empirista racional. Ele buscava e avaliava as evidências. Por isso, às vezes, mudava de ideia. No início, ele duvidava de que a pena capital pudesse ser justificada; em 1868, já falava a favor dela, quando eram assassinatos atrozes em questão. A pena capital recebeu justificativa utilitária: era um impedimento, mas não tão cruel quanto a prisão perpétua com trabalhos forçados. Devemos aqui ter em mente as condições das prisões de sua época.

Outro exemplo da ênfase de Mill em pensar através das evidências diz respeito à crença religiosa. Se um Deus onipotente existisse, argumentava Mill, Ele deveria ser malévolo, dados os vastos sofrimentos entre humanos e outros seres sencientes. Com a teoria da evolução um tanto primitiva e especulativa, Mill tendia a acreditar, embora apenas no nível da probabilidade, que poderia haver um poder finito ordenando o mundo. Sem dúvida, hoje ele concordaria com o ateísmo de Bertrand Russell.

***

O utilitarismo é tipicamente apresentado como uma forma de pensar fria e calculista. Essa apresentação não se aplica a Mill e seu utilitarismo. Para Mill, o homem, considera o seguinte.

A partir de 1839, John e Harriet (então sra. Taylor) às vezes se hospedavam em Avignon, no Hôtel de l'Europe. Foi nesse hotel, em 1858, que Harriet (então sra. Mill) morreu. Poucos meses após sua morte, John comprou uma casa em Avignon. Ele instalou nela os móveis do quarto do hotel em que Harriet morreu. Os quinze anos restantes da vida de John foram passados lá, muitas vezes com a filha de Harriet, Helen, que ajudou John a continuar o trabalho de reforma dele e de Harriet.

Em 7 de maio de 1873, Mill morreu repentinamente naquela casa em Avignon, uma pequena casa branca, com vista para o cemitério onde Harriet havia sido enterrada. A partir de 8 de maio de 1873, a pequena casa branca teve vista para o cemitério onde, lado a lado, estavam enterrados Harriet e John.

***

Como pensar como John Stuart Mill? *Seja guiado pelas evidências; aja sempre para melhorar a vida das pessoas — e não ignore a vida e o sofrimento dos outros seres sencientes.*

17
SØREN KIERKEGAARD: QUEM?

O que o mundo precisa é de um novo Sócrates.
(Kierkegaard)

Dê uma olhada em qualquer biblioteca universitária bem abastecida, que ainda valorize livros e filosofia como ingredientes essenciais de uma universidade, e você encontrará uma prateleira rotulada "Kierkegaard". Estranhamente, muitas das obras naquele local se declararão como sendo de... bem, Constantine Constantius, Johannes Climacus, Johannes de silentio, Anti-Climacus, Vigilius Haufniensis e muitos outros.

Sim, são todos pseudônimos de Søren Kierkegaard, mas que dificilmente tinham a intenção de encobrir seus rastros. O uso deles levanta a questão de saber se representam o que Kierkegaard pensava. Talvez o mostrem desempenhando papéis diferentes, como fazem atores em um palco. Quanto às próprias crenças, talvez devêssemos confiar apenas nas obras expressamente rotuladas como de Kierkegaard, mas, dado seu desejo de interpretar papéis, talvez "ele" também estivesse atuando sob o nome de Kierkegaard. Tanto é que podemos ficar perplexos com quem "ele" realmente era ao escrever:

> *Desde o início, percebi muito claramente, e ainda percebo, que minha realidade pessoal é um embaraço do qual os pseudônimos, com patética autoafirmação, poderiam querer se livrar, quanto mais cedo melhor, ou reduzir ao mínimo significado possível, ou, mesmo, com uma cortesia irônica, desejar ter em sua companhia como um contraste repelente.*

Pensar filosoficamente à maneira de Kierkegaard, como o autor por trás de obras com autorias diferentes, requer o reconhecimento de uma certa fluidez ou preocupação sobre quem realmente somos, quais autodeclarações podem ser feitas com justiça e como devem ser interpretadas.

Kierkegaard falou de uma nova loja que abriu em seu bairro; a vitrine exibia a placa: "Traga sua roupa para lavar aqui". Ao chegar em casa, ele juntou a roupa suja e a levou para a loja... apenas para descobrir que a loja não era uma lavanderia, mas um ponto de venda de placas.

Kierkegaard escreve sobre si mesmo como um "poeta dialético" e, como já vimos, é realmente um filósofo que pensa de forma muito diferente daqueles que encontramos até agora. Seu foco é a subjetividade: como tecer a vida, interpretá-la corretamente e, então, como viver essa vida. Seus escritos, diretamente atribuídos ou não, envolvem ansiedade, culpa, desespero — e escolhas. Por conseguinte, foi considerado o primeiro existencialista. Biógrafos relacionam suas preocupações angustiadas e sombrias a segredos obscuros de família, sua formação luterana ou a zombaria que sofria por causa da aparência ridícula que exibia. Muitos são atraídos pela obsessão de Kierkegaard por Regine Olsen e o mistério e culpa por ele ter rompido o noivado.

O nome dinamarquês "Kierkegaard" significa cemitério, e ele certamente conheceu a morte. Aos 25 anos, seus pais já estavam mortos, assim como cinco dos seis irmãos — e ele pensava que não viveria mais do que 30. Chegou aos 42. Para termos ideia de seu pensamento, ofereço alguns títulos: *O conceito de ironia*; *Tremor e tremor*; *A repetição*; *O conceito de angústia*; *Estágios no caminho da vida*; *As obras do amor*; *A doença para a morte*.

Kierkegaard, como Climacus, é altamente crítico dos grandes filósofos que se engajavam na metafísica, acreditando que o "pensamento puro" os levaria a ver a realidade *sub specie aeterni*, ou seja, sob o aspecto da eternidade. É verdade que podemos abstrair quando engajados em matemática, mas não quando buscamos entender o que é ser humano no mundo ao nosso redor. Para essa compreensão adequada, do metafísico e do ético, não há como sairmos de nossa perspectiva humana particular, nossa existência finita nesta ou naquela parte do mundo, neste ou naquele tempo — mas essa reflexão em si já não estaria manifestando um "sair"?

A filosofia moderna, proclamou Kierkegaard — ele tinha, sobretudo, Hegel em mente —, tem um pressuposto cômico; esqueceu, "em uma espécie de distração histórico-mundial", o que significa ser um ser humano. "Não o que, de fato, significa ser um ser humano em geral [...], mas o que significa você e eu e ele sermos seres humanos, cada um por si."

A tentativa do filósofo de ter uma perspectiva divina também parece a Kierkegaard uma demonstração de arrogância. Além disso, é imoral, porque nos cega para a condição humana e para como viver. Esses filósofos, anuncia Kierkegaard, são construtores de grandes castelos de especulação e, na verdade, vivem em uma casinha de cachorro ali perto. Kierkegaard nos exorta a olhar para nós mesmos, como agentes vivos, para entender a realidade e como nós, enquanto indivíduos, devemos viver bem. Isso é o que ele tem em mente quando fala de "subjetividade como verdade". Não seria afirmar que a verdade é o que queremos. Seria, ele pensa, a maneira de relacionar minha existência finita com algo além — como transparece, com Deus.

***

Kierkegaard tinha o luxo de um nível razoável de riqueza herdada; quando jovem, foi uma espécie de dândi em Copenhague e pôde se permitir assim ser. Em seus escritos, encontramos contos e aforismos, piadas e paradoxos, análises e revisões de histórias bíblicas. Assim como, por toda parte, um profundo compromisso com o Deus cristão. Lembre-se, comentários casuais sobre suas obras costumam fazer pouco desse cristianismo, exceto pela referência ao seu famoso "salto de fé", que, para eles, manifesta seu existencialismo exigindo saltos irracionais. Devo acrescentar: ou, provavelmente, pulos, piruetas ou investidas. Mas em direção ao quê? Qualquer coisa?

Na verdade, o dinamarquês para "salto de fé"[3] ainda não apareceu em seus escritos. Ele está, porém, preocupado com o problema da "transição qualitativa de não crente para crente", que parece não ser uma questão de atos irracionais de vontade. A transição é explorada em seus livros *Ou-ou* e *Estágios no caminho da vida*. Ele apresenta três estágios, ou esferas, pelos quais um ser humano, uma pessoa em desenvolvimento, passa. Podemos nos perguntar se está apresentando um segmento vago de psicologia humana, uma especulação ou uma recomendação moral para que aspiremos ao contato com Deus.

Os estágios são o estético, o ético e o religioso. O estético é dominado por nossos desejos e disposições, certamente não por nenhum senso de dever. É o estágio em que buscamos interesse e emoção, ansiosos por superar o tédio. Em "O diário de um sedutor" (parte de *Ou-ou*), o Sedutor (que parece ser "A", o autor do lado estético do "Ou") é tanto motivado pela excitação de suas manipulações em busca de seduzir uma garota quanto pela gratificação sexual pretendida. O "Diário" termina com a indagação de se até mesmo a garota julgaria tudo aquilo como uma questão de interesse, superando o tédio.

O segundo estágio é o ético. Aqui, encontramos o juiz William promovendo o compromisso ético do trabalho, da amizade e do casamento monogâmico. A extensão da ética é determinada, então, pelos papéis e convenções sociais, pelas expectativas burguesas da Idade de Ouro dinamarquesa. O fundamento da ética é, neste caso, muito diferente do princípio universal do imperativo categórico de Kant em relação à aspiração de Platão pelo Bem transcendente. O juiz William fala de religião, mas é à Igreja que ele se refere, como instituição social. Para Kierkegaard, esse cristianismo é semelhante ao paganismo.

O autor A, promovendo o estágio estético, fundamenta as normas da vida no indivíduo. O juiz William as fundamenta nas convenções da sociedade, universais dentro de cada sociedade em particular. Isso, é claro,

---

3   Em inglês, *leap of faith*. Temos, em português, a expressão "voto de confiança". (N. T.)

cheira a relativismo. Na sociedade ocidental de hoje, o casamento monogâmico não tem mais tanta influência. Mesmo se tais convenções fossem genuinamente universais em todas as sociedades, isso não forneceria o fundamento que Kierkegaard buscava para a vida. No deserto, ele nos diz, os indivíduos viajam em grandes grupos, com medo de ladrões e animais selvagens; hoje, os indivíduos vivem em grandes rebanhos e se agarram *en masse* às convenções sociais. Precisamos nos elevar, como indivíduos, e entrar na esfera religiosa.

Como sequer poderíamos entender o que seria essa esfera? Kierkegaard oferece parábolas. Ele nos oferece Abraão, que, seguindo a "voz de Deus", está disposto a sacrificar seu filho, Isaque. Do ponto de vista ético, Abraão é um personagem horrendo por pensar em matar a própria carne e sangue, violando o dever moral de nunca matar inocentes. Usando os termos de Kierkegaard, Abraão está engajado em uma "suspensão teleológica do ético" com sua disposição de obedecer a Deus, apesar de isso o levar a violar alguns princípios morais básicos.

Outros líderes nos contos dos antigos — Agamenon, Jefté e Brutus — mataram os filhos, mas pelo fim ético reconhecível do bem geral da sociedade. Abraão não tem esse fim em vista. Ele deposita a confiança nas promessas de Deus. Ele é um "cavaleiro da fé". Suas ações e crenças são absurdas, paradoxais e loucas, diz Kierkegaard, mas mostram como nossa temporalidade finita ainda pode estar relacionada com a eternidade infinita de Deus. A fé é um engajamento com a tensão de estar sozinho diante de Deus sem o apoio reconfortante da ética, de fazer o que é moralmente certo. Kierkegaard aumenta o mistério com seu comentário: "Em relação a Deus, estamos sempre errados."

Com nossa liberdade existencialista, podemos optar por permanecer em qualquer um dos três estágios. Isso aponta para o foco existencialista no individualismo, e pode nos trazer de volta ao "salto" como sendo uma escolha sem critérios, uma escolha que não tem nenhuma justificativa racional. Isso, ainda assim, pode estar errado. Embora os seres humanos estejam naturalmente na esfera estética, talvez razões possam ser dadas para que passem aos próximos estágios, embora não razões apresentadas como argumentos lógicos. Segundo Kierkegaard, as verdades mais importantes para a vida não podem ser comunicadas diretamente, como se tivéssemos uma folha de papel em branco e pudéssemos escrever nelas um argumento, uma conclusão e "o que era para ser demonstrado". Não, precisam de esforço, tanto do autor quanto do leitor, para trazer "à luz, pela aplicação de um fluido cáustico, um texto que está escondido sob outro texto". E Kierkegaard, com suas diferentes autorias, certamente nos fornece textos fascinantes e provocativos que exigem esforço de muita reflexão e de pensamentos muito mais profundos.

Kierkegaard escreve sobre ironia, elogia Sócrates enquanto irônico e observa como, no espaço vazio entre as árvores, pode-se ver o rosto de Napoleão. Precisamos refletir sobre os contos e paradoxos de Kierkegaard e, com efeito, sobre a importância que falar como diferentes autores tinha para ele — e talvez possamos, assim, ver a forma da vida entre as palavras. Uma citação de Kierkegaard, muito usada, é:

> *É perfeitamente verdade, como dizem os filósofos, que a vida deve ser entendida de trás para a frente. Mas eles esquecem a outra proposição, que a vida deve ser vivida para a frente.*

Ele explica como é impossível realmente entender a vida no tempo; isso, porque, em nenhum momento em particular, alguém poderá encontrar o lugar de descanso necessário para entendê-la — ou seja, movendo-se para trás. Em termos simples, as coisas seguem em frente — assim como a vida.

A morte, é claro, precisa ser abordada ao filosofarmos sobre a vida. Todos nós morremos. É importante entender esse fato sobre nós mesmos por meio de nossa subjetividade. Obviamente, a morte pode ser tratada "de fora" como algo geral: todos os homens são mortais — com a conclusão da minha morte.

Meu próprio morrer é "algo banal" para sistematizadores, para pessoas distraídas. Sobre o falecido livreiro

Soldin, observa Kierkegaard, diz-se que morrer foi algo banal: "Quando ele estava prestes a se levantar de manhã, não tinha ciência de que estava morto." Mas, para mim, meu morrer não é de forma alguma "algo banal".

A tarefa é tornar-se subjetivo: a ideia principal é que "cada sujeito se tornará por si mesmo o oposto de tal coisa banal". Kierkegaard nos implora para compreendermos que, se separarmos a filosofia de nossas vidas pessoais e individuais, ela se tornará apenas uma ciência, "e, assim, teremos o professor de filosofia" — e, hoje, inúmeras revistas de filosofia de tecnicismos e estruturas formais para avaliações de ensino e pesquisa. Kierkegaard temia que, caso o professor encontrasse as obras dele, "isso não o faria parar, não faria com que sua consciência o incomodasse; não, isso também seria motivo para discursos e mais discursos". Nem, continuou Kierkegaard, se por acaso o professor lesse essa observação, ela o faria parar — pois seria mais alguma coisa sobre a qual falar. Aqui, enquanto me contenho, tento não discursar.

Kierkegaard questiona o valor dos filósofos tradicionais: "Por que temos nossos filósofos, senão para tornar triviais e banais as coisas do sobrenatural?". Ele quer que nos concentremos em nós mesmos como sujeitos. Vamos imaginar o capitão de um navio, precisando escolher este ou aquele caminho, bem ciente de que, enquanto ele está indeciso, o navio continua a fazer seu progresso normal. Se nos esquecermos de levar em conta o progresso, chega um instante em que "não há mais nenhuma questão de um ou outro, não porque ele escolheu, mas porque ele negligenciou escolher" — outros escolheram por ele. Como Kierkegaard acrescenta:

> *pensar que, por um instante, pode-se manter*
> *a personalidade em branco, ou que, a rigor,*
> *pode-se interromper e estancar o curso da*
> *vida pessoal, é uma ilusão. A personalidade já*
> *está interessada na escolha antes de escolher,*
> *e quando a escolha é adiada, a personalidade*
> *escolhe inconscientemente, ou a escolha é feita*
> *por poderes obscuros dentro dela.*

Kierkegaard é capaz de escrever de forma evasiva, paradoxal, mas também provocativa. Wittgenstein o considerava de longe o pensador mais profundo do século XIX, "um santo". Não precisamos ir tão longe para acolher e abraçar os escritos de Kierkegaard, sob este ou aquele nome, que nos mostram que devemos prestar atenção às nossas vidas — como sujeitos, por dentro. Ele procurava nos trazer o questionamento de Sócrates, a sinceridade, a picada para que pudéssemos pensar em quem somos.

***

Como pensar como Kierkegaard? *Lembre-se de que você é este ser humano em particular, o qual deve viver uma vida particular de sua própria autoria... seguindo em frente.*

18
KARL MARX: HEGELIANO, LUTADOR PELA LIBERDADE

Até agora, os filósofos apenas interpretaram o mundo. O objetivo é mudá-lo.
[Marx]

Este capítulo poderia ter sido dedicado a Hegel, com um posfácio sobre Marx; em vez disso, é principalmente Marx com um prefácio sobre Hegel. Com limitações de espaço, escolhas foram feitas. Teremos obscuridade suficiente quando chegarmos a Heidegger, então a grande obscuridade do ainda maior Hegel recebe apenas uma menção. Este capítulo dá uma noção de como as ideias básicas de Hegel foram utilizadas e revisadas por Marx, cujo trabalho — ou pelo menos seu nome — tem impacto mundial.

Mencione Karl Marx e encontraremos um ataque de comentaristas, de políticos e até mesmo daqueles que deveriam saber mais sobre o assunto. Há pronunciamentos estridentes sobre marxismo, comunismo ou socialismo, geralmente abusivos e entrelaçados com nomes de Stalin, Lenin ou Trotsky e atividades da União Soviética, China ou Cuba. A lápide de Marx no cemitério de Highgate, em Londres, é regularmente vandalizada. Culpar Marx pelos males cometidos em seu nome e pelos movimentos associados a ele é, no entanto, semelhante a culpar Jesus pelas atividades de cristãos ferrenhos, ansiosos para guerrear contra hereges. Quando, já em idade avançada, Marx ouviu falar de algumas posições apresentadas por grupos marxistas, ele disse ter certeza de que não era marxista. A propósito, embora eu escreva sobre Marx, em muitos casos eu realmente deveria adicionar Engels, colaborador, amigo e financiador de Marx. Engels, na verdade, tornou-se um promotor de Marx, divulgando-o como um pensador tão grande quanto Hegel e Darwin, e dando origem ao marxismo como uma grande coleção internacional de movimentos políticos vagamente relacionados.

O que precisamos saber sobre Hegel? Seus escritos são vastos em quantidade, dificuldade e variedade de interpretações. Ele era um filósofo profissional, e em determinado momento da vida se tornou professor na Universidade de Berlim, com suas palestras atraindo grandes audiências. Depois de sua morte em 1831, um grupo de filósofos, os Jovens Hegelianos, deram continuidade à sua linha de pensamento — e Marx, quando na universidade, foi inicialmente atraído por esse grupo, mas seguiu seu caminho. Permaneceu, no entanto, "um aluno daquele pensador poderoso", de Hegel.

Ao contrário dos principais filósofos anteriores, Hegel presta atenção na história mundial e em como as sociedades, suas pressuposições culturais e conceitos mudam. Essas mudanças não são aleatórias como os números que aparecem após cada giro da roleta. Essas mudanças não devem ser entendidas simplesmente como causas e efeitos da maneira como ondas de calor e terremotos causam incêndios violentos, devastação e perda de inúmeras vidas. A história de Hegel se desenrola, e o desenrolar é pensado como racional, levando a um fim; o fim, por sua vez, em certo sentido, desencadeia o desenvolvimento. Mas o que exatamente está se desenrolando?

Hegel fala de *Geist* — Mente ou Espírito — como o Absoluto, sendo o fim a autorrealização, uma compreensão unificada de tudo. Não está claro como as mentes individuais se relacionam com o *Geist*. Alguns veem Hegel como alguém que trabalha na tradição de Spinoza, às voltas com o conceito de Deus e Natureza como um único ser, embora sem a rejeição de Spinoza às explicações teleológicas, explicações por meio de fins. Outros o veem como nada religioso e nada espiritual, mas oferecendo uma estrutura de conceitos essenciais que se desenvolvem e são necessários para nossa compreensão do mundo.

Aqui está um enigma básico: se Hegel, através de seu raciocínio, atinge essa autorrealização, seria esse o fim definitivo? Nós ou ele, misteriosamente, adquirimos a autorrealização? E seria o Estado prussiano, quando o filósofo escrevia, essa realização por meio da sociedade mais racionalmente organizada?

Marx assume a ideia da história se desenrolando, rejeita os mistérios de *Geist* e, ainda assim vê essa história indo em direção a um fim. O desenrolar está baseado no desenvolvimento dos seres humanos através de suas atividades e nas condições materiais em mudança. Ele escreve:

> *Em contraste direto com a filosofia alemã, que desce dos céus à terra, aqui ascendemos da terra aos céus. Ou seja, não partimos do que os homens dizem, imaginam ou concebem, nem dos homens como narrados, pensados, imaginados ou concebidos, para chegar aos homens em carne e osso. Partimos de homens reais, ativos...*

Spinoza também insistia que a filosofia deveria tratar os seres humanos como eles são; Marx faz isso, mas ao contrário do "são" de Spinoza, como se fossem seres atemporais, a vida humana e as interações, para Marx, envolvem essencialmente a mudança através das condições econômicas. Essas condições determinam o pensamento:

> *Moralidade, religião, metafísica, todo o resto da ideologia e suas formas correspondentes de consciência, portanto, não retêm mais a aparência de independência. Elas não têm história, nem desenvolvimento; mas os homens, desenvolvendo sua produção material e seu intercâmbio material, alteram, junto com essa sua existência real, seu pensamento e os produtos de seu pensamento. A vida não é determinada pela consciência, mas a consciência, pela vida.*

É claro, há o problema de como tratar o pensamento de Marx, pois não seria isso também um produto do intercâmbio material? Ou existiria um ponto de vista objetivo para ver o que está "realmente" acontecendo? Essas perguntas precisam ser mantidas em mente enquanto refletimos sobre o que Hegel e Marx pensavam — ou mesmo sobre o que qualquer filósofo pensa. Vamos relembrar o que diz Kierkegaard a respeito de como certos pensadores aclamados são "construtores de grandes castelos de especulação e, na verdade, vivem em uma casinha de cachorro ali perto"; seu próprio pensamento pode ser tão condicionado pelas condições materiais quanto pelo pensamento que eles procuram explicar ou menosprezar.

Hegel entendia o movimento rumo à autorrealização através de uma dialética em que há uma oposição, um conflito ou uma contradição, entre duas posições — tese e antítese —, que se resolve em síntese. Ele aplica isso em toda a compreensão. Veja a seguir um exemplo.

Na Grécia antiga, ele argumenta, os indivíduos e as cidades-estados estavam em harmonia quanto ao certo e ao errado, mas essa harmonia foi interrompida por Sócrates e suas picadas de moscardo — pela dialética enquanto questões desafios. No processo histórico, a *tese* da harmonia, gradualmente, dá lugar à *antítese*: o direito à consciência individual, mais tarde muito desenvolvido no protestantismo. A antítese também falhou — pense nos terrores da Revolução Francesa —, levando à resolução da tese e da antítese na (felizmente para Hegel?) *síntese* da sociedade alemã como uma comunidade orgânica que preservava a liberdade individual organizada racionalmente dentro da comunidade. É claro, uma vez que esse esboço mais superficial é preenchido, Hegel é desafiado quanto à precisão histórica e ao valor explicativo.

Marx usa a dialética de Hegel em sua própria teoria da história; daí, temos o materialismo dialético de Marx. As forças e as relações produtivas dão origem a conflitos e a novas estruturas econômicas, desenvolvendo-se em direção a um fim, em direção à liberdade humana. Essa liberdade exige que os seres humanos não tenham seu pensamento determinado por forças externas, fora de seu controle. As forças são, na verdade, os poderes produtivos dos próprios seres humanos, mas são vistas como hostis e estranhas. Essas forças produtivas determinam as relações de produção, que, por sua vez, determinam a superestrutura política, legal e ideológica — as crenças, a geração de direitos.

Com relação a esse desenvolvimento, podemos questionar se Marx estaria fazendo uma afirmação empírica: os fatos da história o levaram a descobrir esse desenvolvimento? Ou Marx nos oferece um esquema conceitual para enquadrar as mudanças que, de outra maneira, pareceriam desconexas? De qualquer forma, ele acreditava que havia um resultado, um *telos*, um fim.

Quando ouviu falar do trabalho de Charles Darwin, Marx ficou ansioso para ver uma associação entre a teoria da evolução de Darwin e sua própria afirmação do desenvolvimento histórico das sociedades através de forças econômicas. "O livro de Darwin é muito importante", escreveu ele, "e me serve como base na ciência natural para a luta de classes na história." Há, no entanto, uma distinção entre Darwin e Marx quanto à metodologia: Darwin se envolvia em pesquisas empíricas detalhadas e meticulosas sobre espécies vivas e fósseis; tal estilo de pesquisa estaria longe de ser fácil se investigando estruturas de classes históricas e suas condições econômicas.

Antes de examinar os conceitos básicos de Marx, vamos observar seu estilo de escrita e ironia, que está longe de ser mortalmente maçante, como retratado por alguns comentaristas e pela aparência de volumes empoeirados em prateleiras ainda mais empoeiradas. Aqui está um toque da ironia de Marx — sobre como o criminoso é útil, pois ele

> *produz toda a polícia e a justiça criminal,*
> *policiais, juízes, carrascos, júris etc.;*
> *e todas essas diferentes linhas de negócios,*
> *que formam tantas categorias da divisão*
> *social do trabalho, desenvolvem diferentes*
> *capacidades da mente humana, criam novas*
> *necessidades e novas formas de satisfazê-las.*

Veja como a escrita de Marx flui ao discutir o valor do linho e do casaco:

> *Apesar de sua aparência bem arrumada,
> o linho reconhece no casaco uma alma
> esplendidamente afim, a alma do valor [...].
> O linho adquire uma forma de valor diferente
> de sua forma natural. Sua existência como
> valor se manifesta em sua igualdade com o
> casaco, assim como a natureza do cristão,
> similar a uma ovelha, é mostrada em sua
> semelhança com o Cordeiro de Deus.*

Deixando de lado as complexidades de como Marx compreendia mercadorias e valor, um conceito-chave em seu pensamento é o da alienação, também derivado de Hegel. Vamos examiná-lo, primeiro, no contexto da religião. Voltando à antiguidade grega, havia indícios de que os atributos de Deus derivavam dos atributos dos crentes. Xenófanes, um importante filósofo pré-socrático do final do século VI a.C., escreveu: "Se o gado, os cavalos e os leões tivessem mãos e pudessem pintar e fazer obras de arte com as mãos, assim como as pessoas podem, os cavalos retratariam os deuses como cavalos; e o gado, como gado." Ludwig Feuerbach, durante o tempo de Marx, falou sobre os seres humanos projetarem seus poderes em uma abstração, Deus, da qual eles se alienavam. Aqui está Marx:

> *O sofrimento religioso é, ao mesmo tempo, a
> expressão do sofrimento real e um protesto
> contra o sofrimento real. A religião é o suspiro
> da criatura oprimida, o coração de um mundo
> sem coração e a alma de condições sem alma.
> É o ópio do povo.*

Vale ressaltar o "sofrimento real"; o ópio não impede esse sofrimento. Marx, como era de esperar, presta atenção à alienação resultante do capitalismo em seu tempo. O capitalismo, por ele, é entendido como um modo de produção no qual os meios de produção são propriedade privada de uma classe dominante — a burguesia —, e essa classe emprega os trabalhadores, considerados proletariado. Marx não tinha problema com a propriedade privada de uma escova de dentes; é a propriedade da terra e dos meios de produção em mãos privadas que leva à alienação. É claro, nos dias de hoje, as coisas estão confusas, com a existência de corporações com participações nos fundos de pensão dos trabalhadores, mas a alienação ainda está presente. Vejamos.

O capitalismo exige produtividade, eficiência e lucro. Isso significa, argumentava Marx, que os trabalhadores deviam ter um nível de subsistência mínimo de vida; seu trabalho era apenas mais uma mercadoria a ser negociada. Isso não acontece mais, insistem os economistas e políticos de hoje — bem, aqueles cujo pensamento está alinhado com o capitalismo. Até estão certos em parte, mas não de maneira tão clara quanto pensam. No Reino Unido e nos Estados Unidos, apesar da vasta riqueza de ambos os países, milhões de trabalhadores empregados permanecem empobrecidos, tendo que assumir empregos mal remunerados, muitas vezes com contratos intermitentes, e recorrendo a bancos de alimentos. Isso, sem mencionar os milhões que, por doença ou outras circunstâncias, dependem de assistência social, geralmente de maneira mínima.

Vamos nos aprofundar na questão. Numerosos trabalhadores em muitos países pobres sofrem com condições de trabalho inseguras e miseráveis, salários muito baixos, muitos deles trabalhando quase como escravos. Isso acontece, porque corporações poderosas, sejam dos Estados Unidos, Europa ou até mesmo da China, buscam entregar eletrônicos, vestuário e alimentos para suas populações, com custos de produção os mais baixos possíveis. Para um exemplo prático, considere nossos notebooks e telefones celulares: cadeias de suprimento de baterias levam a fontes de produção na "República Democrática" do Congo — e às misérias da mineração de cobalto. Os trabalhadores são crianças e seus pais; suas ferramentas são pás. Vivem sob uma névoa tóxica, com suas terras e águas fortemente poluídas. As corporações internacionais são muitíssimo lucrativas; as famílias, apesar de muito esforço físico, mal conseguem sobreviver.

Esses são exemplos de pessoas em claro sofrimento, cortesia da busca corporativa pelo lucro. Essa reflexão não se limita a Marx. Até mesmo Adam Smith, o economista do século XVIII muito elogiado por devotos do livre mercado, escreveu sobre como a economia de mercado podia corromper nossos sentimentos morais, gerando uma "disposição para admirar, e quase adorar, os ricos e poderosos, e desprezar ou, pelo menos, negligenciar pessoas de condição pobre e humilde".

Marx vê a alienação, portanto, como disseminada por todas as populações, mesmo em países ricos. Tem a ver com a perda de liberdade, perda de autogoverno. Em muitos, muitos empregos, por causa da divisão do trabalho — o meio eficiente de maximizar lucros —, os trabalhadores exercem atividades rotineiras, seja abastecendo prateleiras em supermercados, embalando itens em linhas de produção de fábricas ou atendendo ligações, seguindo roteiros, em *call centers*. Eles não recebem os meios para se desenvolverem; não são capazes de aprimorarem suas habilidades em direção a algo que valha a pena. Empilhar produtos com rapidez dificilmente será gratificante; é improvável que seja uma aspiração. Esses trabalhadores são alienados por não se sentirem "em casa" em seu trabalho. Podemos usar o comentário de Marx, falando do proletariado: uma classe *na* sociedade civil que não é *da* sociedade civil.

Uma segunda alienação é a forma como somos dominados pelos produtos criados pela máquina capitalista. Sim, as pessoas podem levar a muitas coisas úteis, mas alguém teria pensado em querer, digamos, bolsas de grife, se não fosse pelo imperativo corporativo de lucrar? É aqui que nos tornamos contaminados pelo luxo; mais pessoas trabalham para adquiri-los e mais pessoas ficam desapontadas por não terem recursos suficientes. Se tentado a descartar tais observações como típica inveja marxista, lembre-se novamente de Adam Smith; ele escreveu depreciativamente sobre pessoas que andavam por aí "carregadas com uma infinidade de bugigangas", enquanto outras se arruínavam gastando dinheiro em tais "quinquilharias de utilidade frívola".

Outros exemplos se relacionam à promoção corporativa do que é considerado belo, à necessidade de poções para esconder o envelhecimento, vitaminas para uma pele "saudável", xampus para combater o afinamento do cabelo — geralmente ineficazes ou desnecessários. Em muitos casos, certos itens tão avidamente comercializados em prol do lucro são prejudiciais — em especial no setor de alimentos e bebidas e no setor de jogos e apostas, nos quais as empresas lutam arduamente para impedir a regulamentação. Assim, a alienação (do segundo tipo, via promoção de produtos) ressurge.

O manifesto comunista apresenta um terceiro tipo de alienação:

> *A moderna sociedade burguesa, com suas relações de produção, de troca e de propriedade, uma sociedade que conjurou meios tão gigantescos de produção e de troca, é como o feiticeiro que não é mais capaz de controlar os poderes do mundo inferior que ele conjurou com seus feitiços.*

Marx fala de como nós — todos nós — acabamos como "brinquedos de forças alienígenas". Os antigos gregos podem ter se considerado brinquedos dos deuses. Agora, são as forças do mercado que parecem nos controlar, que brincam conosco. Veja como as pessoas ficam desamparadas por causa das crises bancárias; veja a necessidade, para evitar pertencer a uma classe mais baixa e excluída, de ter acesso à internet, telefones celulares e, para uma determinada faixa etária, tênis de grife.

O pensamento de Marx se preocupa muito com a liberdade. Ele distingue a liberdade na qual há ausência de restrição legal quanto ao que fazemos (que é a liberdade "burguesa") da liberdade "real", em que as pessoas têm os recursos, psicológicos e materiais, para fazerem suas próprias escolhas entre opções que valham a pena. Ele pode ser visto como extremamente otimista, pensando que um dia haveria tanta abundância através dos avanços tecnológicos que as pessoas poderiam ter seus desejos autênticos satisfeitos; além disso, haveria, então, uma mudança tal que as pessoas se voltariam para a comunidade, e não se alienariam da essência de sua espécie, de sua humanidade comum. Ele escreve sobre como as pessoas seriam capazes de aproveitar as oportunidades "para caçar de manhã, pescar à tarde, criar gado à noite e criticar após o jantar, sem nunca se tornarem caçadores, pescadores, pastores ou críticos".

***

É muito fácil para nós — a maioria das pessoas que estão lendo este livro —, esquecer o sofrimento de tantos. É muito fácil esquecer que, na medida em que o capitalismo assume uma "face humana", o sofrimento não é resultado das forças do capitalismo, mas de respostas socialmente conscientes que restringem essas forças. Aqui estão algumas observações que Michel de Montaigne, escrevendo no final do século XVI, relatou de canibais (de seu ensaio *Dos canibais*):

> *Eles disseram ter notado que, entre nós, alguns homens estavam abarrotados de todos os tipos de mercadorias ricas, enquanto outros imploravam em suas portas, emaciados pela fome e pela pobreza. Eles achavam estranho que esses companheiros em tão desesperada necessidade pudessem tolerar tal injustiça, sem agarrar os outros pela garganta ou incendiar suas casas.*

Por causa das irracionalidades nas sociedades capitalistas, dos conflitos e das alienações, Marx acreditava que a queda do capitalismo seria inevitável, mas, depois disso, quem saberia dizer? Ele se recusou a escrever "receitas para os restaurantes do futuro".

***

Vamos terminar com Hegel e Marx. Hegel, sempre interessado em paradoxos, nos diz: "Aprendemos com a história que não aprendemos com a história" — com isso, ele quer dizer que aprendemos tarde demais. Assim, temos a observação perspicaz sobre a sabedoria:

*A coruja de Minerva inicia seu voo apenas
com o cair da noite.*

    Marx, porém — talvez antes do tempo —, nos abre os olhos para as alienações e sofrimentos que acompanham as estruturas econômicas em geral muito celebradas; e, assim, mesmo que seja um pouco tarde, podemos levar a sério a considerável importância da reflexão de Marx:

*Perseu usava um chapéu mágico para que os
monstros que caçava não o vissem. Puxamos
o chapéu mágico sobre olhos e ouvidos
como uma forma de fingir que não existem
monstros.*

***

Como pensar como Marx? *Tire o chapéu.*

19
LEWIS CARROLL: CURIOSO, CADA VEZ MAIS CURIOSO

Não vejo ninguém.
(O rei branco)

Vamos direto ao assunto para ver como Charles Lutwidge Dodgson, um professor universitário do século XIX, se delicia com o pensamento filosófico. É claro que ele o faz sob o pseudônimo "Lewis Carroll", e é mais conhecido por suas duas histórias da menina Alice, *Alice no país das maravilhas* e *Alice através do espelho*, com suas fantasias loucas e, à primeira vista, para crianças. Em *Através do espelho*, encontramos o Rei Branco e Alice, diante de uma longa estrada sinuosa.

O Rei pergunta a Alice quem ela vê na estrada.
— Eu não vejo ninguém — relata ela.
O Rei suspira.
— Ah, poder ver ninguém... e a esta distância ainda.
Mais tarde, um mensageiro chega, sem fôlego.
O Rei pergunta por quem ele passou na estrada.
— Ninguém — responde ele.
O Rei, em silêncio e rapidamente, se envolve em um pequeno raciocínio, concluindo:
— Então, ninguém anda mais devagar do que você.
O comentário não cai bem para o mensageiro que estava correndo, talvez sob um sol escaldante. Em tom mal-humorado, ele insiste:
— Ninguém anda mais rápido do que eu.

> *O Rei, exasperado com o raciocínio pobre do mensageiro, proclama:*
> *— Ele não pode fazer isso... senão ele chegará aqui antes de você.*

Lewis Carroll está brincando, e levanta, de maneira consciente, um enigma profundo sobre a linguagem, a realidade e o que "não é o caso". Carroll sabe o que está fazendo; ele era professor de matemática e clérigo da Christ Church, em Oxford. Mesmo após tantos anos, seus dois livros de Alice continuam a fascinar, tanto como histórias infantis populares quanto como estímulos filosóficos.

Voltando a "ninguém", o raciocínio do Rei está obviamente errado. O Rei trata o termo como se fosse um nome, representando um sujeito de uma frase — o nome de alguém. O conto pode parecer trivial, mas os filósofos muitas vezes foram assombrados por como a linguagem funcionava com negações, com o que não é, como vimos com Parmênides e Zenão. Alguns filósofos foram levados a falar de entidades inexistentes — unicórnios, quadrados redondos, a Montanha Dourada —, como possuidores de *ser*, mas não de existência. Foi preciso que Gottlob Frege, no final do século XIX, e Bertrand Russell, no início do século XX (por favor, veja o Capítulo 21), formalizassem a lógica e a linguagem para trazer um pouco de clareza sobre o uso do "não" e, como mencionado no capítulo de Aristóteles, "algum" e "todo".

As coisas ainda não são fáceis. Formalizar a linguagem não garante a erradicação das dificuldades subjacentes. Russell, ao conhecer o jovem Ludwig Wittgenstein, relatou o que se segue abaixo. Em uma discussão, Wittgenstein insistiu que todas as proposições existenciais — tigres existem; unicórnios não existem — são sem sentido. Russell o convidou a considerar a proposição "Não há hipopótamo nesta sala no presente momento" e aceitá-la como significativa e verdadeira. Wittgenstein não deu o braço a torcer com sua insistência, mesmo Russell olhando debaixo de todas as mesas, não encontrando tal criatura presente.

É claro que ambos os filósofos sabiam que não estavam discutindo um assunto empírico, a ser resolvido olhando embaixo das mesas, mas sobre como devemos entender o uso da linguagem em tais contextos. Que "fato" torna verdadeiro não haver hipopótamos na sala? Se tal fato existe, como ele se relaciona com os fatos que tornam verdadeiro o não haver girafas na sala, nem quadrados redondos, nem o Monstro do Lago Ness?

Lembro-me de um seminário em Cambridge na década de 1970, no qual Elizabeth Anscombe (por favor, veja o Capítulo 29) falou de como não havia mistério em um invólucro de uma barra de chocolate a descrevendo como "fruta", e nenhum mistério em um invólucro dizendo "noz", e nenhum mistério em um dizendo "fruta e noz", mas, então, encontrou um invólucro que dizia "fruta *ou* noz". Logo, o enigma era: qual fato torna o invólucro preciso ao dizer "fruta *ou* noz"? Que fato do chocolate o torna "fruta ou noz", em oposição a ser apenas "fruta" ou apenas "noz"? Essa questão se torna importante na metafísica quando tentamos entender a verdade, se considerando que a verdade envolve algum tipo de correspondência com os fatos.

Os cenários maravilhosos apresentados por Carroll levantam questões sobre a identidade pessoal, a natureza do tempo e a relação entre itens e características, e entre, como vimos em Aristóteles, substâncias, as particulares e as universais. O sorriso do Gato de Cheshire persiste até mesmo quando o gato já desapareceu? Quando o gato perde o corpo, mas ainda está com a cabeça (e o sorriso), o Rei ordena: "Cortem-lhe a cabeça!", levando a uma discussão com o carrasco. Para decapitar algo, precisa haver um corpo, ou não dá para cortar a cabeça, argumenta o carrasco. De jeito nenhum, é a resposta do Rei; qualquer coisa com cabeça pode ser decapitada.

Um conto de *Através do espelho,* com considerável relevância contemporânea, diz respeito a Humpty Dumpty, apresentado como o grande Ovo sentado no muro. Vamos nos referir a ele como HD. HD, em conversa com Alice, anuncia: "Aí está a glória para você". Compreensivelmente, dado o contexto, Alice fica perplexa: "Não sei o que você quer dizer com 'glória'". HD sorri com desprezo e diz:

> — *É claro que você não sabe... até eu lhe dizer. Digo, "aí está um belo argumento para você!".*
> — *Mas "glória" não significa "um belo argumento"* — objeta Alice; ao que HD dá a resposta notável e arrogante:
> — *Quando eu uso uma palavra, ela significa exatamente o que eu escolho que ela signifique... nem mais, nem menos.*

Alice, compreensivelmente, duvida de que podemos fazer as palavras significarem exatamente o que queremos que signifiquem. O grande Ovo sentado no muro responde: "A questão é saber quem manda... isso é tudo."

É claro, palavras podem ser inventadas — Dodgson inventou o nome "Lewis Carroll", usando variantes latinas de seu nome "real". Muito, muito raramente, nomes e termos descritivos são onomatopaicos, pois seus sons têm uma semelhança com o que é nomeado ou descrito — por exemplo, *au-au*. Ocasionalmente, os termos são usados em segredo como códigos para ocultar identidades, evitando dificuldades, constrangimentos ou processos por blasfêmia.

Sim, HD pode usar "glória" como quiser, mas, para transmitir seus pensamentos para nós *e para si mesmo*, ele precisa, em algum momento, usar palavras com seus significados regulares, dado o contexto. Para Alice entendê-lo, ele precisa traduzir sua "glória" — e ele o faz em "aí está um belo argumento para você". É provável que ele quisesse que essas palavras tivessem seu significado regular. Ou será que não? Uma vez que temos a abordagem de HD para o significado das palavras, quem saberia dizer? Poderíamos ser céticos e julgar que a resposta mais sábia seria aceitar que tudo não passa de um balbuciar sem sentido, incluindo este pensamento (ver Fortuna, p. 276).

Embasar a linguagem no mundo público chegou às manchetes filosóficas no século XX através do argumento de Wittgenstein contra a possibilidade de uma "linguagem privada". É claro que esse termo também precisa de explicação. A questão levantada é como captamos o significado de palavras que representam uma "sensação" quando somos tentados a insistir que ninguém mais pode ter as minhas sensações — ou seja, ninguém mais pode saber o que quero dizer quando uso as palavras "dor", "sofrimento", "prazer" e assim por diante. Hoje, é claro, temos debates a respeito de como as palavras "mulher" e "homem" devem ser usadas, em vista de várias reivindicações transgênero. Poderíamos expandir os problemas para como determinar os critérios com relação ao uso de outros termos, para os quais também há consequências no tratamento das pessoas: por exemplo, "democracia", "liberdade", "antissemitismo".

***

Além dos livros da Alice e similares, Carroll criou enigmas, escreveu versos peculiares e desenvolveu representações pictóricas (semelhantes aos diagramas de Venn) para argumentos lógicos, usando exemplos bizarros, lembre-se dos silogismos de Aristóteles.

Bebês são ilógicos.
Ninguém é desprezado se consegue lidar com
um crocodilo.
Pessoas ilógicas são desprezadas.

Pode levar algum tempo para ver que se pode concluir validamente, com base nessas três premissas, que os bebês não conseguem lidar com crocodilos. As coisas pioram, pois Carroll desenvolveu quebra-cabeças ainda mais complicados em relação ao nosso raciocínio. Na verdade, seus contemporâneos da faculdade provavelmente o consideravam inteligente demais, a ponto de fazer com que ele se gabasse disso — ou ao menos se exibir um pouquinho. Aqui está um exemplo de sua esperteza:

Três cavalheiros, Allen, Brown e Carr,
administram uma barbearia. Um deles está
sempre presente na loja, com a tesoura pronta.
Allen nunca sai sozinho; ele só sai com Brown.

Então, se Allen está fora, Brown também está. Isso parece garantir que o seguinte é falso: se Allen está fora, então Brown está dentro. Mas sabemos que um barbeiro sempre permanece na loja; então, se Carr está fora, e se Allen está fora, Brown está dentro. Portanto, na hipótese de que Carr está fora, somos levados à falsa consequência "então" da cláusula, a saber, "se Allen está fora, então Brown está dentro". Desse modo, paradoxalmente, parece que Carr nunca pode sair.

Algo deu errado com o raciocínio, pois quando Allen está dentro, Carr está livre para se aventurar lá fora. O problema subjacente, aqui, é como analisar proposições condicionais "se... então..." quando, na forma subjuntiva, "se isso fosse assim, então isso seria assim". O tópico pode parecer altamente acadêmico, mas, com frequência, tentamos julgar a verdade, ou o contrário, de tais condicionais. Você gostaria de encontrar Miranda novamente no show. Você deveria deixar que ela saiba que você comparecerá? Se Miranda sabe que você vai, então ela também vai — ou esse conhecimento a levaria a ficar longe? Qual condicional é verdadeira?

Um exemplo simples e relacionado do instigante filósofo americano Nelson Goodman, na década de 1950, mostra como avaliar essas duas afirmações opostas, ao se referir à Guerra da Coreia:

Se Júlio César fosse presidente dos Estados Unidos, ele teria usado armas nucleares.

Se Júlio César fosse presidente dos Estados Unidos, ele teria usado arcos e flechas.

Anteriormente, nos deparamos com a preocupação de Anscombe sobre qual fato, se algum, tornava verdadeiro que o chocolate era "fruta *ou* noz". Agora, estamos preocupados com quais fatos tornam verdadeiras tais condicionais contrafactuais a respeito de Júlio César — se é que existem tais fatos. Ou, talvez, avaliar tais contrafactuais em termos de verdades correspondentes já seja um erro, como F. P. Ramsey argumentou; nós o encontraremos com Wittgenstein (no Capítulo 27) e com Beckett (no Capítulo 30).

Em 1895, apareceu na distinta revista de filosofia *Mind* o artigo "O que a tartaruga disse a Aquiles". Escrito por nosso Lewis Carroll, o texto levanta uma questão de lógica, mas, como sempre, de forma humorística. Como visto muito antes, no Capítulo 3, Zenão tinha prendido Aquiles em uma sequência interminável de distâncias para percorrer; o problema era como dar sentido à divisibilidade do espaço e do tempo; Carroll, então, nos faz ver que há um enigma de infinitude, se considerarmos que a dedução lógica precisa de justificação.

Carroll usa um exemplo geométrico — bem, ele era um matemático — que pode fazer as coisas parecerem mais complicadas do que são. Permita-me simplificar o exemplo. Aquiles está sentado em uma pedra, escrevendo algumas deduções lógicas simples em seu caderno:

Premissa 1: Todos os filósofos merecem respeito.
Conclusão C: Zenão merece respeito.

Essa conclusão não decorre da premissa aqui apresentada. A Sra. T, a tartaruga, está certa em esperar algo mais para que o argumento seja válido — e é o que ela pede. Aquiles fica feliz em atender. Ele adiciona:

Premissa 2: Zenão é um filósofo.

"Aí está, Sra. T, você deve, agora, aceitar a conclusão C, 'Zenão merece respeito', se for o caso de você aceitar ambas as premissas como verdadeiras", diz Aquiles com orgulho.

Podemos concordar com Aquiles, mas a Sra. T se finge de boba. Ela coça a carapaça; não tem tanta certeza. Sim, ela aceita as premissas, mas por que aceitar a conclusão? Aquiles, então, um pouco irritado, explica: "Veja: se todos os filósofos merecem respeito, e se Zenão é um filósofo, então segue-se que ele merece respeito."

"Ah", diz a Sra. T, com uma rapidez surpreendente. "Isso soa como outra premissa. Por favor, adicione-a ao argumento." Aquiles, ingênuo, obedece, escrevendo em seu caderno:

> Premissa 3: Se as premissas 1 e 2 forem verdadeiras, então C.

"Agora você deve aceitar a conclusão", diz Aquiles. "Se você não aceitar, a lógica vai pegá-la pela garganta e..."

> "Mas", interrompe a Sra. T, "ainda não tenho certeza de tudo isso." Sempre se fingindo de boba.
> "Olha", diz Aquiles, "se as premissas 1, 2 e 3 forem verdadeiras, então C é a consequência."
> "Ah, detecto outra premissa", diz a Sra. T.
> "Por favor, escreva-a como Premissa 4."
> Premissa 4: Se as Premissas 1, 2 e 3 forem verdadeiras, então C.

A Sra. T ainda finge incerteza — e, logo, Aquiles tolamente anuncia que, se as Premissas 1, 2, 3 e 4 são verdadeiras, então C. "Ah, outra premissa", diz a Sra. T. "Por favor, escreva..."

Como podemos ver, com a insistência da Sra. T, o conto tem potencial para continuar e não ter fim. Mais e mais premissas condicionais serão adicionadas na tentativa de aplacar e persuadir a Sra. T, mas não importa quantas serão adicionadas, ainda haverá um número infinito a ser adicionado; e, assim, parece que nenhuma conclusão pode ser validamente alcançada. Carroll observa como Aquiles, com cada vez mais desespero e exasperação, preenche as páginas do caderno com mais e mais premissas.

O artigo de Carroll é esquecido, depois, lembrado, depois, esquecido. O texto pergunta como devemos entender a justificativa da dedução lógica. Vimos essa preocupação justificatória em relação ao raciocínio indutivo quando lidamos com o pensamento filosófico de David Hume. Quanto ao argumento dedutivo em questão, devemos simplesmente aceitar que P1 e P2, portanto C, é um argumento válido, ponto-final. Vários argumentos em particular são válidos. É por identificarmos características comuns a diferentes argumentos válidos que somos capazes de exibir *formas* e *regras* válidas de argumentação; lembre-se dos silogismos de Aristóteles (Capítulo 6). Muitas vezes, porém, é um erro exigir que haja alguma forma ou regra por trás do que fazemos, a fim de justificar o que fazemos.

Como veremos em um contexto mais amplo ao conhecer Wittgenstein, "a justificativa chega ao fim", "as explicações chegam ao fim" e "uma cadeia de razões chega ao fim". Na verdade, todas devem fazer isso. Esse é um lembrete muito valioso para qualquer pessoa envolvida no pensamento filosófico — ou em qualquer pensamento.

***

Como pensar como Lewis Carroll? *Imagine cenários bobos, e dê início a maravilhas filosóficas.*

20
NIETZSCHE: BOBO DA CORTE MATADOR DE DEUS, TRANSVALORADOR

Deus está morto.
(Nietzsche)

Anteriormente, encontramos a frase filosófica mais famosa fora da filosofia, a saber: "Penso, logo existo", de Descartes. Em seu encalço poderia muito bem estar: "Deus está morto", de Nietzsche. E, talvez, como vimos bem no início, o socrático: "A vida não examinada não vale a pena ser vivida."

Friedrich Wilhelm Nietzsche, nascido em 1844, não era um filósofo modesto — ou talvez tivesse um senso do cômico e do irônico. Em sua "espécie de" autobiografia, *Ecce Homo*, há capítulos como *Por que sou tão sábio*, *Por que sou tão inteligente*, *Por que escrevo livros tão excelentes* — e assim por diante. Na verdade, *Ecce Homo* significa *Eis o Homem*; Pôncio Pilatos dissera essas palavras ao apresentar Jesus com sua coroa de espinhos à multidão. No pensamento filosófico de Nietzsche, muita incerteza de significado pode brilhar. Em *Ecce homo*, ele observa: "Não quero ser um santo; melhor ser um bobo da corte. Talvez eu seja um bobo da corte."

Nietzsche é o filósofo dos aforismos, parágrafos curtos, insultos espirituosos e comentários paradoxais concisos: "Alguns homens nascem postumamente." Seu estilo de pensamento filosófico nos faz lembrar do de Kierkegaard. Sua insistência na determinação subjetiva e na importância assustadora de "como viver" também nos faz lembrar de Kierkegaard e do porquê de ambos serem considerados existencialistas. Uma diferença fundamental é que Kierkegaard buscava Deus, enquanto Nietzsche zombava dessa busca.

Nietzsche foi um estudante brilhante; aos 24 anos, já era professor de filologia clássica na Universidade de Basileia. Fascinado pelas artes e pela música, principalmente — ele próprio era um compositor menor, sem grande mérito (apesar do que pensava) —, costumava passar o tempo com Richard Wagner, a princípio elogiando o homem e seus dramas musicais. Mais tarde, porém, se voltou contra ambos, possivelmente porque, com a ópera *Parsifal* de Wagner — "uma maldição sobre os sentidos e o espírito" —, Nietzsche entendeu, erroneamente, que Wagner adotava símbolos e valores cristãos. A obra de Nietzsche, *Crepúsculo dos ídolos*, tem o subtítulo: "como filosofar com um martelo"; e com o martelo, Nietzsche golpeia os ídolos da filosofia, da religião, da moralidade — e a própria admiração por Wagner —, e os encontra ocos, precisando ser destruídos.

Nietzsche, constantemente com problemas de saúde, lutava para compreender o mistério da vida e a vontade de viver. Lembro-me de um documentário de televisão em que alguns filósofos (provavelmente pós-modernistas) contam como Nietzsche enlouqueceu por conta de seus pensamentos perturbadores. É verdade que ele enlouqueceu, mas não por causa de seus pensamentos perturbadores; foi por causa da sífilis. É claro, essa sífilis pode, por sua vez, ter gerado os pensamentos perturbadores.

Em *Assim falou Zaratustra: um livro para todos e para ninguém* — provavelmente a obra mais conhecida de Nietzsche —, ele anuncia em maiúsculas: DEUS ESTÁ MORTO. A obra é como um poema em prosa, uma escritura antiga; Nietzsche a descrevia como uma sinfonia. Ela nos oferece um Zaratustra completamente ficcional que fundou a religião (real) do zoroastrismo.

O fluxo literário e as aspirações dentro da obra levaram ao poema sinfônico, de mesmo nome, do compositor Richard Strauss, lançado em 1896; os acordes iniciais crescentes ganharam fama por meio de seu uso no filme *2001: Uma odisseia no espaço*, de Stanley Kubrick, em 1968. Na verdade, Strauss interpretou esses acordes como o sol nascendo no topo de uma montanha, dando origem ao enigma do mundo, condizente com o Prólogo de Nietzsche:

> *Quando tinha trinta anos,*
> *Zaratustra deixou sua casa e o lago de*
> *sua propriedade e foi para as montanhas.*
> *Lá, desfrutou de seu espírito e solidão,*
> *e, por dez anos, não se cansou disso.*
> *Mas, finalmente, seu coração mudou*
> *— e, levantando-se uma manhã com*
> *a aurora rosada, foi diante do sol*
> *e falou assim para ele:*
> *— Grande estrela! Qual seria a tua felicidade*
> *se não tivesses aqueles para quem brilhas!*

Durante a composição de Zaratustra, Nietzsche publicou *A gaia ciência*, de 1882.

> *Você não ouviu falar daquele louco*
> *que acendeu uma lanterna nas claras horas*
> *da manhã, correu para o mercado e gritou*
> *incessantemente: "Procuro Deus! Procuro*
> *Deus!". Como muitos daqueles que não*
> *acreditavam em Deus estavam por perto*
> *naquele momento, ele provocou*
> *muitas risadas."*
> *Ele se perdeu?" perguntou um [...].*
> *O louco pulou no meio deles e lhes deu um*
> *olhar penetrante. "Onde está Deus?", ele*
> *gritou; "Eu vou lhe dizer. Nós o matamos —*
> *você e eu."*

É claro, não há como os seres humanos criarem Deus, se Deus for entendido como todo-poderoso. É perfeitamente possível para os seres humanos criarem a *ideia* de Deus, mas a ideia de Deus não é Deus. Também não há como as pessoas matarem Deus. Certamente, há uma maneira pela qual as pessoas podem deixar de acreditar em Deus. O "Deus está morto", de Nietzsche, é uma frase apropriada e ultrajante que nos incita a perguntar o que devemos fazer com a moralidade, quando não houver mais (ou não acreditarmos mais em) um comandante divino nos instruindo a como viver e ameaçando horrores, caso ignoremos essas instruções.

Nietzsche nos diz para não acreditarmos "naqueles que falam de esperanças de outro mundo", mas para sermos "fiéis à terra". Isso não significa viver de acordo com a natureza, como os estoicos, mencionados ao descrever Epicuro no Capítulo 7. Nietzsche escreve:

> *Pense em um ser como a natureza, pródigo além da conta, sem objetivos ou intenções, indiferente até demais, sem misericórdia ou justiça, ao mesmo tempo frutífero, estéril e incerto; pense na própria indiferença como um poder — como você poderia viver de acordo com tal indiferença? Viver... não é justamente querer ser diferente dessa natureza?*

Como resultado de tais observações, Nietzsche sabe que é considerado um "imoralista". Ele rejeita o tipo de homem que, até então, era considerado o mais elevado: o *bom*, o *gentil* e o *caridoso*. Em seus termos, rejeita a moralidade da decadência, ou, "para usar um termo ainda mais grosseiro, a moralidade cristã". Ele vê tudo isso como fraqueza, incompatível com um "dizer sim" à vida.

Com a natureza não ajudando e com Deus não mais presente, "tudo é permitido". Será? Esse aforismo niilista é do personagem Ivan, de *Os irmãos Karamázov*, escrito por Fiódor Dostoiévski. Nietzsche, porém, não era um niilista; ele buscava uma "transvaloração" dos valores cristãos. Em *Zaratustra*, Nietzsche escreve, novamente em maiúsculas: EU VOS ENSINO O SUPER-HOMEM. Essa é uma tradução um tanto grosseira, que acabou ligada aos nazistas e ao seu antissemitismo. Foi a irmã de Nietzsche quem forjou a ligação, assumindo o controle de seus escritos uma vez que o irmão foi confinado ao asilo. Manteremos o alemão, *Übermensch*.

Nietzsche vê o homem como um animal cuja natureza ainda não foi fixada — tema que encontramos em Jean-Paul Sartre com seu pensamento de que "a existência precede a essência" para o homem. O homem atual foi concebido, por Nietzsche, como uma corda sobre um abismo, amarrada entre uma besta e um ser além do homem, o *Übermensch*, que reafirma a vida, valoriza a grandeza. E isso nos leva de volta ao sofrimento.

> *Vocês já disseram Sim a uma alegria sequer? Ó, meus amigos, então disseram Sim também a toda dor. Todas as coisas estão emaranhadas, enredadas, apaixonadas.*

Nietzsche estava defendendo o adágio dos tempos antigos: "Todas as coisas conspiram". Como podemos viver, sabendo que uma única pessoa — animal do campo, peixe do oceano — está sofrendo? Como podemos ser corajosos o suficiente para abraçar a vida, quando sabemos do sofrimento no mundo? O *Übermensch*, em vez de se afogar em piedade, encontra grandeza — embora sua natureza, em outros aspectos, permaneça um mistério. Nietzsche previu que não seria compreendido por duzentos anos; então, temos menos de cem anos para isso.

Não importa o que façamos do *Übermensch*, mas podemos admirar Nietzsche em sua insistência de que precisamos dar sentido às nossas vidas e, até mesmo, em sua atitude desdenhosa em relação ao utilitarismo (ele parecia estar ciente do trabalho de John Stuart Mill):

> *Se possuímos nosso porquê da vida, podemos suportar quase qualquer como. — O homem não busca a felicidade; apenas o inglês faz isso.*

É claro, isso levanta novamente todas as questões de como a "felicidade" deve ser entendida. Na verdade, todo pensamento de Nietzsche sobre a realidade e os valores levanta questões e parecia abraçar o enigma como em: "sem música, a vida seria um erro".

A verdade é um valor fundamental para o filósofo, famoso por insistir que todos precisamos de ilusão para viver bem. A arte é muito importante justamente por causa de seu poder de ilusão — "Temos a arte para não perecermos da verdade" —, e, na arte, ele era atraído pelo elemento dionisíaco, o frenesi, o irracional, em oposição ao controle racional de Apolo. Ele pergunta: "Quanta verdade um espírito *suporta*, quanta verdade ele *ousa*? Cada vez mais, isso se torna para mim a verdadeira medida de valor".

Para Nietzsche, a verdade dependia de um perspectivismo: "Só há *um* ver perspectivo, apenas *um* 'saber' perspectivo; e, quanto *mais olhos*, olhos diferentes, usarmos para examinar uma mesma questão, mais completa será nossa 'objetividade'." No entanto, ele também fez comentários evasivos como:

> *Em algum canto remoto daquele universo de inúmeros sistemas solares cintilantes, havia uma estrela na qual animais inteligentes inventaram o conhecimento. Esse foi o minuto mais arrogante e mentiroso da "história do mundo", mas, no entanto, foi apenas um minuto. Depois que a natureza respirou algumas vezes, a estrela esfriou e congelou, e os animais inteligentes tiveram que morrer.*

Também temos o paradoxo de sua aceitação do determinismo, ao mesmo tempo que enfatiza que devemos escolher como viver. Esse paradoxo, é claro, não se limita a Nietzsche; várias lutas com o determinismo e o livre-arbítrio já foram encontradas através do Tao, de Spinoza e de Kant. A linha de Nietzsche é:

> *Se a roda do mundo parasse por um momento e uma razão onisciente e calculista estivesse lá para fazer uso dessa pausa, ela poderia prever o futuro de cada criatura até os tempos mais remotos e marcar cada trilha sobre a qual essa roda continuaria a rolar. A ilusão do agente atuante, a suposição de um livre-arbítrio, pertence a esse mecanismo que ainda precisa ser calculado.*

"*Amor fati*: que esse seja meu amor daqui em diante!" Esse amor pelo destino e a aceitação dele, para Nietzsche, envolve não guerrear contra o que é feio. Aparentemente, o que é ruim é *desviar o olhar* — "Eu desejo ser apenas um dizente do Sim." É claro, seu amor pelo destino, presume-se, é predestinado, e, se ele consegue ser apenas um "dizente do Sim", então isso também foi predestinado. No entanto, devemos ter cuidado com conversas casuais quanto a coisas serem predestinadas, como exploramos, um pouco, com o Tao no Capítulo 1.

Vamos fechar com o pensamento mais aterrorizante de Nietzsche: "o eterno retorno", "o maior peso". Ele funciona com a proposta: e se, algum dia ou noite, um demônio se esgueirasse na mais solitária solidão de uma pessoa e dissesse a ela:

> *Esta vida, como você a vive agora e a viveu, você terá que viver mais uma vez e inúmeras vezes de novo; e não haverá nada novo nela, mas cada dor e cada alegria e cada pensamento e suspiro e tudo indescritivelmente pequeno ou grande em sua vida deverá retornar a você, tudo na mesma sucessão e sequência — até mesmo esta aranha e este luar entre as árvores, e até mesmo este momento e eu mesmo. A eterna ampulheta da existência é virada de novo e de novo, e você com ela, ó, partícula de poeira!*

Nietzsche, então, pergunta:

> *Você não se jogaria no chão, rangeria os dentes e amaldiçoaria o demônio que falou assim? [...] Ou quão bem-disposto você teria que se tornar consigo e com a vida — para não desejar nada mais ardentemente do que esta confirmação e fechamento eternos?*

Agora, sim, isso é um desafio. Um encanto do desafio é como ele pode fazer muitos de nós despertar, mesmo que seja baseado em um absurdo. A recorrência é aquela em que as recorrências são exatamente iguais: não temos nenhuma sensação de *déjà vu*; nenhuma consciência de que é uma repetição ou a primeira vez. Que diferença a hipótese pode fazer para nós? A repetição eterna se transforma em uma — esta —, no que diz respeito a nós. Além disso, podemos nos perguntar o que constituiria uma repetição de modo que seja exatamente igual, mas, ainda assim, repetida. Parece um absurdo. Leibniz propôs a "identidade dos indiscerníveis": se "dois" itens, estados ou mundos são indiscerníveis, exatamente o mesmo, então certamente não temos dois, mas apenas um.

Apesar dessas críticas à própria ideia do eterno retorno, a aparente possibilidade do eterno retorno pode nos levar a refletir sobre quanto orgulho — ou não — temos de nossas vidas, nossos valores e modos de vida. Talvez qualquer pessoa que possa se orgulhar da própria vida particular esteja envolvida em autoengano ou seja, de fato, uma circunstância do *Übermensch*.

É claro que estar bem disposto com a própria vida, defendendo seus valores, não precisa sugerir um orgulho no sentido de arrogância; pode-se valorizar a humildade. Isso não é, no entanto, a recomendação de Nietzsche. A recomendação mais fundamental dele é refletir sobre a vida e vivê-la de tal forma que a defendamos, declaremos um compromisso com ela — e acolhemos seu eterno retorno. Esse é o coração de Nietzsche.

***

Como pensar como Nietzsche? *Quão bem disposto você pode ser na sua vida?*

21
BERTRAND RUSSELL: RADICAL, ARISTOCRATA

A verdade é uma deusa resplandecente, sempre velada, sempre distante, nunca totalmente acessível, mas digna de toda devoção de que o espírito humano é capaz. (Russell)

Ter um avô que era nobre, duas vezes primeiro-ministro; ter pais aristocráticos ateus e de mente radical, abertos a casos românticos; ter John Stuart Mill como padrinho secular; perder pais e irmã quando ainda se é uma criança (o irmão comete suicídio mais tarde); e, depois, ser criado por aquele ex-primeiro-ministro — bem, não é um histórico típico para um filósofo do século XX, ou de qualquer século. Mas esse filósofo, junto com um colega mais jovem, mudou o pensamento da filosofia — pelo menos, no mundo de língua inglesa.

O colega mais jovem é G. E. Moore, a quem voltaremos em breve. Aqui, temos Bertrand Russell (1872-1970), para ser completo: Bertrand Arthur William Russell, 3º Conde Russell. Primeiro, estudou matemática no Trinity College, em Cambridge, depois, ciências morais (como a filosofia era chamada). Ele, então, reagiu contra o idealismo hegeliano do Absoluto, segundo o qual a realidade última não pode ser entendida como uma coleção diversa de itens independentes da mente.

Russell, estimulado pelo senso comum de Moore, se livrou de toda aquela baboseira idealista; e, com a formação matemática, trouxe à tona a filosofia analítica, produzindo, com Arthur North Whitehead, a monumental obra inovadora de três volumes, *Principia Mathematica* (1910-13). Eles buscavam (mas falharam, no final) deduzir a matemática da lógica. O pensamento de Russell, porém, abrangia muito mais que isso — em todas as áreas da filosofia —, e ainda foi capaz de arrumar tempo para vivenciar inúmeros casos românticos, quatro casamentos e uma considerável atividade política.

No fórum público, seu pensamento filosófico o levou a trabalhar a favor de reformas sociais, a publicar artigos contra a religião e a promover o ateísmo, o humanismo e o que, na época, era chamado de "amor livre". Em 1957, fundou, com outros, a Campanha pelo Desarmamento Nuclear (CND, na sigla em inglês), da qual foi presidente. Vale lembrar que, alguns anos antes da campanha, ele chegou a defender o uso da "bomba atômica" contra a União Soviética. Não há necessidade de gritar "contradição" ou "hipocrisia"; ele acabou reconhecendo, corretamente, que as circunstâncias podiam afetar o que era certo fazer. É claro, isso não quer dizer que Russell estava certo em sua avaliação dessas circunstâncias. Através de Cambridge e do Grupo Bloomsbury, ele conheceu o economista John Maynard Keynes, que supostamente disse: "Quando os fatos mudam, eu mudo de ideia; o que você faz, senhor?"

Uma contradição na lógica, no entanto, causou problemas; nenhum fato muda na lógica. Russell havia abraçado a matemática como uma disciplina de verdades eternas e suprema beleza: "Uma beleza fria e austera, como a da escultura." Apesar (ou talvez por causa) de sua vida pessoal caótica, acabou pesquisando intensamente esses céus abstratos, intocados pela incerteza e pela contradição, até que... em 1902, ele descobriu o que ficou conhecido como "paradoxo de Russell". É um paradoxo na teoria dos conjuntos, mas pode ser compreendido com um exemplo simples. Aqui está o meu:

> *Era uma vez um reino onde os ricos e*
> *a realeza faziam banquetes nos quais*
> *os bobos da corte se apresentavam.*
> *Os bobos da corte nunca eram convidados*
> *para jantar nos banquetes em que faziam*
> *suas apresentações. Um dia, eles tiveram*
> *a brilhante ideia de realizar um Banquete*
> *dos Bobos da Corte — um banquete somente*
> *para todos aqueles bobos da corte que não*
> *eram elegíveis para participar dos banquetes*

*em que se apresentavam. O Banquete
dos Bobos da Corte seria tão grandioso
quanto os das grandes cortes e precisaria
de seu próprio bobo da corte para fazer as
apresentações. "Não deveríamos ter que
fazer as apresentações nós mesmos — seria
muito trabalhoso", concordaram. Assim,
nomearam um rapaz, recém-saído das
"colinas" de Gog Magog, em Cambridge,
onde o próprio nome promovia a brincadeira.
"Você será nosso Bobo da Corte Júnior",
disseram ao rapaz perplexo...
Os bobos da corte, agora, estão em seu
Banquete. O Bobo da Corte Júnior é
excelente, realizando truques, piadas e
brincadeiras. "Venha, Júnior, venha se juntar
ao banquete", dizem os bobos da corte, um
pouco embriagados, todos exceto o Bobo da
Corte Exigente. "Nosso banquete é exclusivo
para bobos da corte que não são elegíveis
para participar dos banquetes em que se
apresentam", diz Exigente com firmeza,
"então, Júnior, não pode se juntar a nós".
"Mas se ele não pode se juntar a nós, então ele
está de fato se apresentando em um banquete
do qual ele não pode participar; portanto, ele
cumpre as condições e pode se juntar a nós."
"Mas, portanto, ele não pode!"
"Mas, portanto, ele pode..."*

Temos uma contradição, um anátema para a maioria dos lógicos e filósofos analíticos. O Banquete envolve uma contradição; portanto, não pode ocorrer — mas, paradoxalmente, ocorreu.

Ao descobrir o paradoxo, Russell transmitiu as más notícias a Gottlob Frege, um grande lógico alemão. As más notícias fizeram com que Frege abandonasse seu trabalho de uma vida inteira em lógica e matemática, que estava perto de ser concluído. A reação de Frege levou Russell a comentar a integridade, graça e dedicação de Frege à verdade.

***

Em 1916, o pensamento filosófico de Russell, a quilômetros de distância dos paradoxos lógicos, lhe causou alguns problemas diferentes em Londres. Foi multado por seus escritos que falavam da guerra e por seu apoio aos objetores de consciência. Em 1918, foi enviado para a prisão de Brixton pelo período de seis meses; ele foi preso por fazer declarações "suscetíveis de prejudicar as relações de Sua Majestade com os Estados Unidos da América".

Essa justificativa surgiu, alegaram as autoridades, porque ele havia escrito a respeito de como os americanos estavam conseguindo intimidar os grevistas britânicos. Quando soube das terríveis condições da prisão, Russell recorreu às conexões aristocráticas; conseguiu cumprir sua pena na "Primeira Divisão", algo parecido com a forma como, em certos estados americanos, os prisioneiros podem pagar por melhorias de cela. Para Russell, o *status* de Primeira Divisão significava que ele receberia uma cela extragrande, mobiliada pela cunhada, as refeições viriam de fora e ele receberia caneta e papel. Assim, poderia continuar com seus escritos. O trabalho em questão foi sua *Introdução à filosofia matemática*, no qual ele observa:

> *Neste capítulo, consideraremos a palavra "o" no singular, e, no próximo capítulo, consideraremos a palavra no plural. Pode parecer excessivo dedicar dois capítulos a uma palavra, mas, para o matemático filósofo, é uma palavra de grande importância: como o gramático de Browning com o enclítico $\delta \varepsilon$, eu daria a doutrina desta palavra se estivesse "morto da cintura para baixo", e não apenas em uma prisão.*

O trabalho de Russell sobre a palavra "o" o levou na direção da sua teoria das descrições, apresentada pela primeira vez em "Sobre a denotação" (1905), na revista *Mind*. O editor havia achado que o artigo não era adequado para publicação, mas Russell conseguiu o que queria e, alguns anos depois, a teoria foi descrita por F. P. Ramsey como um paradigma da filosofia. Encontraremos Ramsey novamente quando falarmos de sua relação com Wittgenstein.

Um problema que a teoria buscava resolver era como seria possível expressar proposições sobre itens inexistentes. Encontramos esse problema com Parmênides e Lewis Carroll. Russell tomou como exemplo a proposição "o atual rei da França é careca". Alguns filósofos, ao que parece, presumiam que, para tal proposição ter significado, a frase "o atual rei da França" deveria denotar algo. Naquela época, com a França tendo se tornado uma república, não havia nenhum monarca francês existente. Como Russell aponta, se enumerássemos as coisas que são carecas e, depois, as coisas que não são carecas, não encontraríamos o atual rei da França em nenhuma das listas. Por sempre ter estado pronto para uma piada, Russell acrescentou: "Os hegelianos, que amam uma síntese, provavelmente concluirão que ele usa peruca."

Russell superou o enigma analisando a proposição de tal forma que "o atual rei da França" não era mais um constituinte. Sua análise passou a equivaler a uma conjunção de três proposições: "existe algo que governa a França como rei; não há mais de uma coisa que governa a França dessa forma; e tudo que governa a França dessa forma é careca." A análise tripartida mostra que é falso que "o atual rei da França é careca". É falso, porque a primeira conjunção, "existe algo que governa a França como rei", é falsa; e isso é suficiente para que a combinação tripartida como um todo seja falsa. Outros, desde então, turvaram as águas, argumentando que a proposição não é verdadeira nem falsa; portanto, a análise estaria errada. A análise, em qualquer caso, requer ainda mais análises — é preciso analisar "França", por exemplo, o que se encaixa na busca de Russell pelo que ele chamava de "átomos lógicos".

Há muito, muito mais no artigo "Sobre a denotação", e aqui está uma maneira de adentrar o "mais", usando um divertido conto de Russell:

> *Ouvi falar de um proprietário de iate sensível, a quem um convidado, ao vê-lo pela primeira vez, comentou: "Pensei que seu iate fosse maior do que é." E o proprietário respondeu: "Não, meu iate não é maior do que é." O que o convidado quis dizer foi: "O tamanho que eu pensei que seu iate tinha é maior do que o tamanho que seu iate tem." Mas o significado que lhe foi atribuído: "Pensei que o tamanho do seu iate fosse maior do que o tamanho do seu iate."*

Na época de Russell, um romancista escocês ainda muito lido, mas pouco lido hoje em dia, era Sir Walter Scott, que escreveu *Waverley* e inúmeras continuações deste. Russell, ao lidar com proposições que expressavam as atitudes psicológicas das pessoas sobre as coisas, deu o exemplo: "George IV queria saber se Scott era o autor de *Waverley*." Russell precisava de uma análise que não se resumisse a "George IV queria saber se Scott era Scott." Como Russell observou, com humor, um interesse na lei da identidade dificilmente poderia ser atribuído ao primeiro cavalheiro da Europa.

Em 1940, Russell — então, com pouco dinheiro (como os aristocratas podem ficar; como quem passou por muitos casamentos pode ficar) —, aceitou um cargo de professor no New York City College. Assim que sua nomeação se tornou conhecida, as forças das trevas, como Russell descreveu os motivados por preconceitos religiosos, atacaram, levando a faculdade ao tribunal. Argumentava-se que Russell era estrangeiro e precisava provar sua experiência em um exame competitivo. Esse argumento foi uma fachada para os chamados argumentos morais que, rapidamente, vieram à tona.

Com base em seus escritos, Russell foi acusado de ser "lascivo, salaz, libidinoso, luxurioso, venéreo, erotomaníaco, afrodisíaco, ateu, irreverente, tacanho, mentiroso e desprovido de fibra moral". Apesar de eminentes filósofos defenderem o *status* acadêmico e moral dele, Russell perdeu o contrato; seus escritos, alegava-se, colocavam em risco a saúde pública, a segurança e a moral da comunidade. A nomeação, decidiu o juiz, teria criado uma "cátedra da indecência".

Dez anos depois, Russell receberia o Prêmio Nobel de Literatura. É claro, deveria ter sido por Filosofia, Lógica e Reforma Social — mas não há prêmios Nobel nessas áreas. Ao refletir sobre o incidente em Nova York, Russell observou que a Nova York urbana de 1940 estava naquele mesmo estágio de iluminação encontrado pelo avô na Inglaterra rural de 1868, ao buscar ser eleito.

Russell se identificaria com o pensamento socrático de que a vida não examinada não valia a pena ser vivida; ele se identificaria com o incômodo socrático, instigando as pessoas a questionarem, pensarem, raciocinarem e buscarem a verdade. Uma frase que ele costumava usar era: "A maioria das pessoas prefere morrer a pensar — e é isso que elas fazem."

Russell está certo de que é sábio pensar bem nas coisas — pelo menos, geralmente é —, embora, é claro, pensar nunca seja suficiente para alcançar resultados sensatos; afinal, o pensamento, o raciocínio, pode ser ruim, e as conclusões, grosseiras. Além disso, por melhor que seja o pensamento, é preciso ter um senso de compaixão, de humanidade. Ao lutar pelo que ele achava ser certo, Russell, como visto, acabou na prisão em 1918 e, novamente, em 1961, então com 89 anos, quando foi considerado culpado por se recusar a manter a paz em um comício na Trafalgar Square, em Londres, contra armas nucleares. Ao longo das décadas, parece que ele se foi se tornando bastante experiente em ser preso, sem, na maioria das vezes, acabar sendo acusado.

***

O pensamento filosófico de Russell sempre teve consideração pela clareza, pela razão e pelas evidências. Ele usava o exemplo de um bule de chá de porcelana, o "Bule de Chá de Russell", orbitando o Sol, muito pequeno para ser visto através dos telescópios mais poderosos. Seria absurdo argumentar que, embora houvesse "ausência de evidência" para a existência do bule, isso não estabeleceria "evidência de ausência", e que, portanto, deveríamos ter a mente aberta quanto a sua existência. Em contraste, Russell argumentava corretamente que o ônus da prova recaía sobre o crente no Bule de Chá. Mas o que será que poderia justificar postularmos, digamos, um bule de chá invisível? Poderíamos usar a navalha de Ockham, derivada da metodologia do padre e filósofo franciscano William de Ockham: entidades não devem ser multiplicadas além da necessidade.

Russell comentava que, curiosamente, se o conto do Bule de Chá fosse encontrado em escrituras antigas, muitas pessoas estariam mais dispostas a acreditar nele. Sim, como mencionado, Russell era um ateu convicto. Ele brincava que, se, ao morrer, enfrentasse Deus, justificaria seu ateísmo deixando claro que Deus não fornecera a evidência de Sua existência.

Três paixões, escreveu Russell em sua autobiografia, simples, mas extremamente fortes, governaram sua vida: o desejo de amor, a busca por conhecimento e a compaixão insuportável pelo sofrimento da humanidade. "Essas paixões", continuou ele, "como grandes ventos, me levaram para lá e para cá, em um curso rebelde, por sobre um grande oceano de angústia, chegando à beira do desespero".

Ele acrescentou: "Amor e conhecimento, na medida do possível, me levaram para cima, em direção aos céus. Mas a compaixão sempre me trouxe de volta à terra." Ele concluiu a respeito de sua vida (ele morreu aos 97 anos): "Achei que valeu a pena viver, e viveria de bom grado novamente se a chance me fosse oferecida."

***

Como pensar como Russell? *Pense com clareza, evite ambiguidades, siga as evidências, nunca ignore o sofrimento dos outros.*

22

G. E. MOORE: DEFENSOR DO SENSO COMUM, SÁBIO DE BLOOMSBURY

Tudo é o que é,
e não outra coisa.
(Joseph Butler)

Agora encontramos um filósofo, mais de dois mil anos após Platão, cujas formas de pensamento filosófico parecem estar em completo contraste com as que as precederam.

G. E. Moore nasceu em 1873 e foi para o Trinity College, Cambridge, em 1892, estudar letras clássicas. Lá, conheceu Russell, alguns anos mais velho, e John McTaggart Ellis McTaggart, na época um jovem professor. Sob o incentivo dos dois, adicionou o curso universitário de ciências morais (filosofia) aos estudos, e, logo, ficou impressionado com o que leu. Seu espanto pode ser visto em sua resposta ao pensamento de McTaggart.

McTaggart era idealista, pois acreditava que o mundo físico era irreal. A realidade, para McTaggart, consistia em almas amorosas imateriais. Também declarava que o tempo era irreal. Ao ouvir isso, Moore respondeu com espanto: "Você está mesmo me dizendo, Jack, que eu não tomei meu café da manhã antes do almoço?"

Essa história ilustra como Moore procurava definir exatamente o que os filósofos queriam dizer com suas palavras e teorias. Essa definição era alcançada trazendo-os para a realidade, para que relacionassem cuidadosamente suas afirmações com nossas crenças de senso comum. Eu reitero que isso é muitíssimo importante ao procurarmos entender o que os filósofos proclamavam. A pergunta de Moore não foi, é claro, suficiente para silenciar McTaggart, mas mostrou que o pensamento filosófico deve levar em consideração nosso pensamento, linguagem e atividades cotidianas. De fato, existem diferentes maneiras de analisar o tempo; alguns filósofos argumentam que podemos dar sentido à relação antes/depois — que a sequência existe na realidade, independentemente de nós —, e o que é uma ilusão é a ideia de que há uma objetividade na distinção entre passado, presente e futuro.

Moore se tornou um dos principais filósofos do início do século XX, juntamente com Russell e Wittgenstein. (Ele sempre publicava como "G. E. Moore", porque odiava os nomes "George" e "Edward".) Vejamos a abertura de uma de suas palestras:

> *Atualmente, como todos podem ver,*
> *estou em uma sala e não ao ar livre;*
> *estou de pé, e não sentado ou deitado;*
> *estou vestido, e não absolutamente nu...*

Moore afirmava saber com certeza o que foi dito acima — e o mesmo, insistia ele, acontecia com os membros da plateia. Ele argumentava que só porque era possível estar deitado ou ao ar livre, não significava que, naquela ocasião, ele não saiba que não estava deitado ou ao ar livre. Para usar um exemplo de Russell: mesmo sendo logicamente possível que o universo tenha surgido há apenas cinco minutos, não decorre logicamente que isso tenha acontecido e não decorre logicamente que não saibamos que isso não aconteceu. Não devemos descartar a evidência de que isso não aconteceu pelo fato de que seja logicamente possível que todas as evidências tenham surgido há cinco minutos; ainda há evidência de que isso não aconteceu.

Não estamos brincando com palavras aqui. Moore insiste que está usando seus significados comuns. Não está confiando no estratagema do bispo Berkeley de "falar com os vulgares, mas pensar com os eruditos" (como podemos adaptar o aforismo). Moore não argumenta que os corpos materiais, como suas roupas e, aliás, as partes biológicas vestidas com as roupas, "realmente" são apenas coleções de ideias dependentes da mente.

Vez ou outra, Moore se via em apuros. Ministrando uma palestra nos Estados Unidos, olhou para cima e disse ter certeza de que "há uma claraboia neste teto". Ele teve azar, pois, após a palestra, o anfitrião o levou para um canto e lhe disse que não havia janela, nem claraboia; ele havia confundido a pintura, que cobria parte da cúpula, com uma claraboia. Em seus cadernos, Moore, então, se preocupou: "Eu certamente pensei que havia uma janela; mas eu tinha certeza de que havia? Ou pensei que era certo que havia?" E assim por diante.

Se você ler a obra de Moore, encontrará páginas de esforços para deixar as coisas absolutamente claras; ele se esforçava tanto que, por diversas vezes, ficamos muito, muito entediados ou perdidos. Esse "ou" na frase anterior é um "ou" inclusivo — ou seja, alguns podem ficar muito, muito entediados *e* perdidos. Moore escreveu um artigo sobre a teoria das descrições de Russell (abordada no capítulo anterior) e, após algumas escaramuças, ele deixa claro que havia pelo menos um defeito na teoria. Russell, em sua resposta, diz algo do tipo:

> *Me pareceu que meu pior erro foi supor que, se Scott era o autor de* Waverley, *ele deveria ter escrito* Waverley, *quando poderia tê-lo ditado. De qualquer outro filósofo, eu teria sido desdenhoso, mas como foi meu bom amigo Moore...*

A amizade entre Moore e Russell era um tanto frágil, com altos e baixos. Russell, uma vez, relembrou como, em uma discussão, foi levado a dizer: "Você não gosta de mim, não é, Moore?" A resposta de Moore foi: "Não, eu não gosto de você." E a discussão recomeçou. Moore demonstrava honestidade completa; e filósofos em diálogo sério buscam a verdade do tópico, tentam não se distrair com personalidades.

Muitos se surpreendem com a influência de Moore na filosofia e no mundo em geral — mas a influência ocorreu, e foi uma influência significativa. Alguns, hoje em dia, veem Moore como um simplório, um tanto imbecil em sua filosofia; outros ficam chocados com sua "confissão" de que nenhuma das preocupações filosóficas a respeito das crenças do senso comum lhe ocorreu, não até ter começado a ler filósofos.

A enorme influência de Moore pode ter resultado de seu caráter, não do rigor de seu argumento. O fato de ter se angustiado mostra sua sinceridade e modéstia, sua integridade e seriedade. Não era inteligente à maneira de J. L. Austin, de Oxford; embora admirasse Moore, Austin parecia usar a filosofia para mostrar seus talentos em detectar sutilezas linguísticas. Moore, por outro lado, lutava pela verdade, meticulosamente. E lutou, assim como Wittgenstein, mas, ao contrário de Wittgenstein, sem vaidade.

Comentaristas posteriores concluíram, de forma um tanto casual, que Moore devia, portanto, ter sido um homem brando — mentira. Ele era capaz de ataques de fúria, exibindo, ao que parecia, a antipatia de um homem inocente pelo corrupto; um exemplo de antipatia foi a péssima opinião sobre a vida pessoal de Russell, com seus casos turbulentos. A pureza de Moore foi comparada à de Sócrates, de Jesus e do príncipe Myshkin de Dostoiévski.

A maior influência de Moore, além de sobre os filósofos profissionais, foi no Grupo Bloomsbury, apesar de ter uma vida muito diferente da dos outros membros. Ele era um homem de família, tinha sido casado, tinha um emprego seguro, e gerara dois filhos; era diferente de Russell, que colecionava esposas, e de Keynes, que se divertia e desafiava as convenções sexuais em sintonia com outros de Bloomsbury. A influência intelectual de Moore em Bloomsbury deriva de sua obra principal, sua primeira obra, *Principia Ethica*, embora, mais uma vez, é provável que tenha sido a força de seu caráter, de pureza sábia e apreço pela beleza e pelo bem, que tornara suas palavras tão atraentes.

Em *Principia*, Moore argumenta que haviam algumas qualidades simples e indefiníveis, como bom e belo. O conceito "bom" não pode ser equivalente a, por exemplo, "a maior felicidade do maior número" dos utilitaristas, porque podemos nos perguntar, de forma significativa, se alcançar tal felicidade geral seria bom. Esse tipo de pergunta, desde então, levanta considerável debate filosófico quanto a conceitos, significados e suas designações. Podemos perguntar, com significado, se a água é H_2O, e, se for, isso mostra o quê? Que a água não é, em essência, H_2O?

A forma como Moore lida com a questão relacionada ao "bem" harmoniza-se com o epigrama de *Principia*: "Tudo é o que é, e não outra coisa", de Joseph Butler. As qualidades indefiníveis como "bom" podem nos lembrar das Formas de Platão; tomar consciência dessas qualidades, ter como foco seu valor, é o que importa na vida. Beleza e verdade, amor e amizade, dizia-se, possuíam a solidez de mesas e cadeiras para Moore. Sua descrição de dois mundos nos dá uma noção de seu senso de solidez de valores. Aqui está o primeiro mundo:

> *Imaginemos um mundo extremamente belo. Imagine-o tão belo quanto você puder; coloque nele tudo o que você mais admira nesta terra — montanhas, rios, o mar; árvores e pores do sol, estrelas e lua. Imagine tudo isso combinado nas proporções mais requintadas, de modo que nenhuma coisa se choque com a outra, mas que cada uma contribua para aumentar a beleza do todo.*

Aqui está o segundo:

> *E, então, imagine o mundo mais feio que você puder conceber. Imagine-o simplesmente como um monte de imundície, contendo tudo que é mais nojento para nós, por qualquer motivo, e o todo, tanto quanto possível, sem uma única característica redentora.*

A única coisa que não podemos adicionar a nenhum dos mundos é a consciência; não há habitantes conscientes e nenhum observador externo afetado. Moore argumenta que é óbvio, faz parte do senso comum, que seria melhor para o belo mundo existir. Ele conclui, então, que a beleza pode existir sem qualquer consciência de si. "Belo" é uma qualidade objetiva, independente da mente.

Podemos ter dificuldade em acreditar que a questão possa ser resolvida de maneira tão fácil, mas o tipo de abordagem de Moore teve considerável influência na época e ainda talvez tenha apelo e fascínio. Aqui está

Keynes comentando a forma como ele e outros membros do Bloomsbury reagiram a *Principia* e seus argumentos em prol de valorizar a amizade, o amor, a beleza e assim por diante:

> *Como sabíamos quais estados mentais eram bons? Foi uma questão de inspeção direta, de intuição não analisável e direta, sobre a qual era inútil e impossível argumentar. Nesse caso, quem estava certo quando havia diferença de opinião?*

Na prática, e em retrospecto, Keynes relata que "a vitória era daqueles que podiam falar com a maior aparência de convicção clara e inabalável, e que podiam melhor usar os sotaques da infalibilidade. Moore, naquela época, era um mestre desse método". Aparentemente, Moore costumava reagir a observações erradas (aquelas com as quais ele discordava) com "Você *realmente* acha *isso*?" — com a boca aberta, balançando a cabeça violentamente em negativa. "'Ah!', dizia ele, arregalando os olhos como se você ou ele devesse estar louco; e nenhuma resposta era possível."

***

Durante séculos, os filósofos — sobretudo a partir de Kant — se perguntaram o que acontecia quando dizíamos que algo existia; lembre-se da "prova" de Descartes da existência de Deus (Capítulo 9). Seria afirmar a existência de um item semelhante a afirmar as propriedades de itens, por exemplo, que tais malas são verdes e pesadas? Moore entrou na discussão, contrastando a facilidade em dizer como todos, muitos ou alguns tigres domesticados rosnam com a estranheza de "Todos os tigres domesticados existem". Não há problema em dizer que alguns tigres domesticados não rosnam, mas é possível dizer, com juízo, que alguns tigres domesticados não existem? É claro, nosso pensamento rapidamente precisaria lidar com itens de ficção: alguns gatos e baratas não existem; por exemplo, a barata Archy e a gata de rua Mehitabel (tornadas famosas por Don Marquis no *Evening Sun* de Nova York, em 1916).

Mais uma vez, o grande cuidado de Moore com a análise levou a algumas percepções valiosas, mas também a muitos suspiros de cansaço por seu estilo "pesado, perfeccionista e pedante". Optei por adjetivos iniciados com "p" pelo fato de que, em uma revisão "às cegas", fui descrito assim, com o elogio adicional de "e claramente não é um falante nativo de inglês".

Voltemos à figura de Moore; as pessoas admiravam sua inocência infantil e santa. Wittgenstein comentou: "Não consigo entender isso, a menos que estejamos falando de uma criança. Pois você não está falando da inocência pela qual um homem lutou, mas de uma inocência que vem da ausência natural de tentação." Wittgenstein lutava constantemente para superar a vaidade e a arrogância.

Como já mencionado, alguns filósofos, mais tarde, passaram a ver Moore como um imperador sem roupas. Em uma palestra importante, Moore afirmou ter superado o "escândalo da filosofia", como Kant havia nomeado a falta de prova da existência do mundo externo, de itens físicos independentes da mente. A prova de Moore se baseava em gesticular com as mãos: "Aqui está uma mão" — e fazer o mesmo com a outra mão, concluindo que o mundo externo existia. Teria ele entendido tudo errado? Ou estaria algo valioso sendo demonstrado a respeito da natureza da prova? Com esse pensamento, enxergamos Moore como um filósofo para os filósofos — e como alguém que não deve ser descartado.

Fora da filosofia, Virginia Woolf, mais tarde, refletiu sobre Moore em seu diário, em 23 de junho de 1920:

> *Eu me deitei sob a luz fraca, que deveria ser descrita como escura, eu acho, por um longo tempo, e então Moore veio e tomou um banho frio à uma da manhã [...]. Ele se tornou grisalho, encovado, talvez até sem dentes. Tem olhos pequenos, atentos, mas talvez não tão penetrantes como antes [...]. Não entendo muito bem por que ele era tão dominador e*

ditador da juventude. Talvez Cambridge se pareça demais com uma caverna. [...] é claro que ainda há sua total inocência e astúcia, sem vestígio de falsidade o obscurecendo em lugar nenhum.

As coisas seguem adiante. Os imperadores podem ter vestes avultosas, mas a idade e a cultura as rasgam em pedaços. Moore, mais perto do fim, às vezes era criticado em reuniões por não dizer nada. Estaria ele se oferecendo como um grande e silencioso sábio? De jeito nenhum. Certa vez, quando desafiado por conta do silêncio, respondeu:

Eu não queria ficar calado. Eu não consegui pensar em nada para dizer.

E, aí, temos mais uma coisa valiosa para aprendermos com George Edward Moore.

***

Como pensar como G. E. Moore? *Traga as teorias filosóficas para a terra — e não sinta que deve dizer algo quando não tiver nada a dizer.*

23
HEIDEGGER: O HIFENIZADOR

Tornar-se inteligível
é suicídio para a filosofia.
(Heidegger)

Muitos filósofos são extremamente difíceis de entender. Refiro-me, é claro, ao pensamento deles; compreender suas vidas é uma questão distinta, embora também, muitas vezes, difícil. Com frequência, os filósofos lidam com conceitos complexos e ideias desconcertantes. Às vezes, não têm habilidades de expressão, julgam mal seu público ou tentam dizer muito em poucas palavras, ou, inclusive, pouco em muitas palavras. Para alguns, a convicção é de que a filosofia respeitável, ou a filosofia com maior probabilidade de receber financiamento, deva imitar as ciências, e a imitação requer terminologia técnica. Obviamente, em certas áreas — lógica formal —, a linguagem técnica é essencial.

Alguns filósofos usam apresentações evasivas para persuadir os leitores a investigarem os problemas à sua própria maneira. Podem implantar experimentos surpreendentes em pensamento ou em explosões frenéticas. Mesmo quando os filósofos empregam com determinação termos comuns, facilmente compreendidos, podem estar tão focados na precisão que a escrita se torna ainda mais desconcertante: vimos isso com G. E. Moore.

Nos casos anteriores, normalmente respeitamos os filósofos e seus trabalhos. São sinceros em lidar com os problemas. Com Heidegger, as coisas são diferentes — bem, de acordo com alguns. Alguns pensam nele como quase um charlatão, um inventor pretensioso de novos termos, com interesse na obscuridade ou na aparência de grande profundidade e sabedoria. Esforce-se através da névoa e poderá encontrar algumas observações úteis — mas nada de mais. Outros reverenciam Heidegger, ou pelo menos seu pensamento, considerando-o o maior filósofo do século XX. Ele certamente teve a maior influência, ou, ao menos, a maior quantidade de palavras escritas ao ter seu trabalho examinado. É claro, essa última conquista pode ser parcialmente explicada pela própria impenetrabilidade do trabalho.

Deixando a obscuridade de lado, o ceticismo do pensamento de Heidegger, às vezes, resulta da antipatia pelo homem, por seu apoio a Hitler, ao nacional-socialismo e ao antissemitismo — e sua subsequente tentativa de esconder esse apoio ou aparente mudança de opinião. Quem poderia dizer com o que ele estava de fato comprometido? É possível que o questionamento só tenha recebido atenção por causa de sua considerável influência, não apenas na filosofia, mas nas ciências sociais e nas humanidades em geral. Suas credenciais nazistas eram provavelmente tão incertas quanto a alegação de que o antissemitismo de Hitler, em parte, derivara de sua reação a Ludwig Wittgenstein. Estavam na mesma escola; e o jovem Ludwig, judeu, manifestava muito mais inteligência, riqueza e vaidade do que o jovem Adolf. Isso pode muito bem ter encorajado o antissemitismo deste. Quem saberia dizer?

Voltando-se diretamente para o pensamento de Heidegger, expresso em seus escritos, os filósofos da tradição empirista — lembre-se de David Hume lançando a metafísica às chamas — se divertem muito, considerando muitas das afirmações dele absurdas, não conseguindo nem chegar ao elogio de "falso", muito menos "verdadeiro". Gilbert Ryle, que foi o rei da filosofia na Oxford dos anos 1940, brincava que dizer algo falso era quase tão bom quanto dizer algo verdadeiro; pelo menos, não era um disparate, em nenhum dos casos. Veja bem, Ryle encontrou coisas de valor em Heidegger.

Um exemplo clássico de Heidegger colhendo o elogio do absurdo foi fornecido por Rudolf Carnap, do Círculo de Viena, com sua zombaria de "O nada não é nada" ("*Das Nichts nichtet*"). O que isso significa? Podemos nos lembrar do jogo de palavras de Lewis Carroll com "ninguém".

Quando encontramos um linguajar estranho, devemos adotar um pouco de generosidade, um princípio de caridade, e procurar o sentido. Com o caso dos "nadas", talvez a negativa signifique que o sujeito não tem propriedades ou relações — não há nada. Se assim for, a afirmação poderia equivaler à simples verdade de que não existem itens que não tenham todas as propriedades, todas as relações, toda a substância. Possivelmente, a afirmação equivale à verdade de que não existe um item que seja idêntico a um item que não existe. Com Heidegger em cena, podemos, no entanto, duvidar se tais verdades simples e incontroversas foram realmente pretendidas.

Uma manifestação da obscuridade de Heidegger, de sua impenetrabilidade, seja em alemão ou em tradução para outro idioma — e talvez um motivo para seu apelo —, é sua ânsia de introduzir novos termos, muitas vezes exigindo hifenização. Pode haver uma defesa. Ele está recomeçando na metafísica; termos familiares e linguagem tradicional podem carregar pressupostos filosóficos que exigem ser desafiados. É claro, novas expressões não podem ser apenas palavreados, deixadas flutuando desconexas da linguagem cotidiana, mas, se as tornarmos tipograficamente distintas, podemos nos ajudar a prestar atenção — e Heidegger certamente faz isso, utilizando uma vasta gama hifenizada. "Ser-no-mundo", "para-o-bem-de-qual", "Ser-para-a-morte", "Ser-apenas-presente-à-mão", "*Ek-sistência*", são apenas algumas delas.

Vamos nos concentrar em sua obra principal, *Ser e tempo* (1927). Apesar da extensão (mais de 400 páginas), sempre esteve incompleta e, com o tempo, Heidegger passou a tratá-la mais como um degrau de um trabalho com maior orientação histórica. A obra é centrada no "Ser". Sim, Heidegger tinha uma queda pelas letras maiúsculas, bem como para a hifenização, e essa queda não era apenas por causa das características da língua alemã.

O que se entende por "Ser"? Não seria, em si, uma entidade. Talvez, de alguma forma, se pretenda que seja aquilo em virtude do qual as entidades são entidades. Isso seria obscuro o suficiente. Na verdade, um tipo específico de ser é o foco de Heidegger: o *Dasein* — "ser-aí" ou "ser-aí-no-mundo". "Dasein" parece ser tipicamente usado para o que somos. O termo em alemão é mantido nas traduções para o inglês para nos salvar de trazer nossas crenças comuns ou preconceitos embutidos sobre o que as pessoas ou seres humanos são em sua essência. O *Dasein* é, por exemplo, fundamentalmente entendido como estando muito preocupado com a pergunta: "O que é Ser?", embora eu duvide de que muitas pessoas tenham essa pergunta em mente, mesmo que despercebida, independentemente do que Heidegger declare.

Aqui está um exemplo de pensamento heideggeriano relacionado ao *Dasein*, caso os leitores queiram experimentar a obscuridade de tais pensamentos — um entre milhares.

> [...] *sempre que uma ontologia toma como tema entidades cujo caráter de Ser é diferente do de* Dasein, *ela tem seu próprio fundamento e motivação na estrutura ôntica do* Dasein, *na qual uma compreensão pré-ontológica do Ser está compreendida como uma característica definida [...]. Portanto, a ontologia fundamental, da qual apenas todas as outras ontologias podem surgir, deve ser procurada na analítica existencial do* Dasein.

Deu para entender? Bem, pelo menos tem-se a clareza de que o *Dasein* "claramente" difere em essência de outras entidades: seu modo de ser é existência ou *ek-istência*, enquanto outras entidades são consideradas "presença-à-mão", às vezes "prontidão-à-mão" com "disponibilidade". Acho que isso pode se resumir ao fato de que, na vida cotidiana, normalmente encontramos coisas que podemos usar e usamos; e podemos distinguir o ser delas do nosso. Na vida cotidiana, não costumamos vê-las como nada além de objetos físicos — "ocorrências" — a serem investigados, como os físicos fazem. Heidegger, excepcionalmente, usa um termo simples para eles; são "equipamentos", embora certamente devamos resistir a pensar em mares, pores do sol e sicômoros da mesma forma que pensamos em barbantes, pias e tesouras.

O exemplo muito citado de Heidegger é o de um martelo em uso. Em uso, ele não é contemplado como objeto físico, mas como ferramenta para uma tarefa, embora pudéssemos usá-lo apenas como peso. Podemos procurá-lo, nos esforçar para organizar os pregos, arriscadamente segurar alguns entre os lábios e, com o martelo em mãos, nos dirigir para uma cerca quebrada. Em algum momento começamos a martelar, verificando se os dedos e o polegar estão seguros. Estamos, então, em um "relacionamento primordial" com o martelo, os pregos e a cerca; eles estão "prontos-para-a-mão". Somos a situação, absortos no martelar.

Em muitas situações agimos sem consciência. Pense nos inúmeros movimentos que fazemos sem a consciência de fazê-los: ao dirigir um carro, parar nos semáforos, sinalizar e assim por diante. Heidegger não está afirmando que nunca estamos conscientes "de nós mesmos" engajados em atividades; a consciência vem à tona quando as coisas dão errado: erramos o prego; martelamos o polegar; notamos, de repente, a criança correndo para a estrada.

A compreensão de Heidegger do *Dasein* é sublinhada por sua reação a uma observação de Kant, de que o escândalo da filosofia é o fracasso em provar a existência do mundo externo. Vimos como G. E. Moore lidou com esse escândalo; ele mostrou as mãos. Heidegger exibe, por assim dizer, as mãos situadas no martelar. Ele nos diz que o escândalo da filosofia é tais provas serem esperadas e repetidamente buscadas.

O escândalo kantiano surge por causa da aceitação da postura de Descartes, de que somos sujeitos confrontados por objetos. Isso apresenta o mundo "com a pele arrancada". Na realidade, estamos firmemente inseridos no mundo; e esse fato é sinalizado pela hifenização de "ser-aí-no-mundo". A hifenização nos alerta para como os itens são definidos pelas atividades do *Dasein*, sua acessibilidade, seus envolvimentos e localização, sua "prontidão-para-a-mão" em nossos projetos. A cama nos proporciona descanso; martelos nos proporcionam martelar; telefones, comunicação.

Assim como estamos enredados nas propriedades funcionais dos objetos, estamos enredados nos outros como *Dasein*. Seria um escândalo pensar que precisamos provar a existência de outras mentes, assim como a existência do mundo externo.

O trabalho de Heidegger está alinhado com foco em nosso "saber como" fazer as coisas, em vez de na obsessão dos filósofos com o tão amado conhecimento proposicional, sabendo que *alguma coisa* é verdade. Ryle, tendo revisado *Ser e tempo*, escreveu muito a respeito da importância de "saber como". Algumas análises do século XX de "saber que algo é desse jeito e daquele" foram oferecidas em termos de "saber como" estar certo na transmissão de informações. Se você quer uma cabra, precisa de pessoas que possam distinguir cabras de ovelhas. Pessoas que possam anunciar, corretamente, que a criatura naquele campo é uma ovelha não é de muita utilidade se, quando veem cabras, também as declaram como ovelhas. Elas não têm confiabilidade em seu talento discriminatório de ovelha/cabra.

No exemplo dado acima, reuni alguns pensamentos sensatos, espero, de Heidegger. Sendo assim, será que precisavam mesmo da apresentação dolorosamente obscura, até pretensiosa, de Heidegger? É claro, talvez o próprio fato de alguns pontos simples terem sido revelados mostre que não consegui penetrar em seu pensamento. Afinal, embora usemos itens como equipamentos e muitas vezes não percebamos o que estamos fazendo, Heidegger está tentando ir mais fundo do que isso; ele está tentando lidar com os quebra-cabeças filosóficos tradicionais de como minhas experiências se relacionam com o "mundo externo" e com os outros. Vamos continuar com a exploração.

Um conceito chave para Heidegger, surpreendentemente sem hífen, é o *cuidado*. Ao contrário das entidades presentes, o *Dasein* carrega significado — as coisas importam para nós; nós nos preocupamos com as coisas. Temos possibilidades abertas para nós, embora sejam, é claro, limitadas pelas convenções circundantes e pelo mundo social, pela família, amigos e amantes, pela história e por nossas habilidades e capacidades. O *Dasein* sofre um "arremessamento" no mundo. Seu cuidado precisa ser compreendido por uma estrutura tripartida de futuro, passado e presente, embora Heidegger negue, inevitavelmente, que essa divisão temporal possa ser compreendida da maneira usual.

O cuidado do *Dasein*, diz ele, mapeia os três "êxtases" temporais; o cuidado tem orientações diferentes, mas interligadas, para os horizontes do passado, presente e futuro. Encontramos isso revelado através de nossas experiências de *ansiedade*, de angústia, de nosso sentimento de estarmos ameaçados, embora sem nenhum objeto ameaçador em particular à vista. A ansiedade pode ser tão opressiva que nos impede de estarmos verdadeiramente absortos em qualquer atividade. É o humor da falta de pertencimento ao mundo; um *estranhamento* ou um "não-estar-em-casa" sendo exposto — e nos oprimindo.

A angústia pode ser entendida, afirma Heidegger, como aquilo que me revela a possibilidade de um modo de existência e temporalidade "autêntico". Na maior parte do tempo, somos inautênticos, pois "diminuímos" o reconhecimento do não-estar-em-casa; nos envolvemos, por exemplo, em "conversa fiada", papo furado, fofoca, lidando com o mundo de forma superficial. A curiosidade, curiosamente, também é um exemplo de inautenticidade: isso se contrasta com Aristóteles, que, como vimos, identificava a curiosidade como o coração da filosofia. Para Heidegger, a curiosidade é um desejo inquieto por novidade, por competição, nos distraindo de nosso não-estar-em-casa.

Existir "de modo não autêntico" também é, ao que parece, nos entendermos de maneiras semelhantes às de coisas não humanas no mundo; é nos entendermos como coisas em meio a coisas. Há uma falha, de certa forma, em registrar a diferença fundamental que existe entre a maneira como os seres humanos são e a maneira como as outras coisas são. Encontraremos essa ideia apresentada de forma mais clara no exemplo do garçom de Jean-Paul Sartre. Para Heidegger, quando em existência inautêntica, sou "absorvido" pelas minhas preocupações cotidianas. Dou ao presente uma espécie de prioridade para minha existência; vejo o futuro como nada mais do que uma sequência ordenada de momentos no tempo.

Qualquer que seja a compreensão particular de Heidegger quanto à absorção nas tarefas cotidianas, certamente é verdade que, às vezes, podemos sentir desconforto, ou nos sentirmos perdidos na vida, expressando desespero ou gritando, cheios de dor, "qual é o sentido?". Se essa é uma característica essencial de toda vida humana, no entanto, certamente está aberta à questionamento. Essencial ou não, esta, angústia é descrita por Heidegger como incluindo minha consciência de que estou "além" de meus envolvimentos atuais. Aqui, encontramos mais hifenizações. "O ser de *Dasein* significa *estar-à-frente-de-si-mesmo-já-estando* [...] como *estar-no-meio.*"

Uma vez que estamos lidando com o *Dasein* em relação ao futuro, somos obrigados a pensar na morte; e, é claro, Heidegger realmente aborda a mortalidade, sem surpresa, trazendo muita obscuridade. Na angústia, sou tirado da minha absorção no mundo e confrontado com a minha morte como "o que mais há de meu". Por causa da maneira como, por ser humano, estou essencialmente sempre à minha frente, ser vividamente confrontado com a morte é ser confrontado com a perda de um presente que também é, da mesma forma, uma perda de futuro. "Os mortais morrem em vida."

A morte, como uma possibilidade, não dá ao *Dasein* nada para que se "torne presente". É a possibilidade da impossibilidade de todas as maneiras de se comportar em relação a qualquer coisa. Se posso compreender essa verdade e viver com ela, estou existindo de maneira autêntica.

O exposto anterior, sobre a morte, foi um bocado; parece estar apenas dizendo que, para ser autêntico (melhor ser autêntico do que inautêntico?), devo reconhecer que, a qualquer momento, posso morrer, e reconhecer isso não como uma abstração, mas como *minha* morte. Podemos nos lembrar de Kierkegaard aqui, e de seu exemplo do livreiro (Capítulo 17).

Alguns consideram que Heidegger foi muito influenciado por sua conversão religiosa do catolicismo a uma versão radical do luteranismo, com sua teologia negativa, a qual sustenta que Deus não pode ser compreendido conceitualmente. Heidegger entregava a metafísica tradicional às chamas por não lidar com o *Dasein*, sem saber, ao que parece, quão paradoxal isso era, dado que seus próprios escritos seriam recebidos pelas chamas, cortesia dos positivistas lógicos e de muitos filósofos analíticos em geral.

Em uma obra que só seria publicada após a morte, ele escreveu: "Só um Deus poderia nos salvar." Um pouco antes, em suas *Contribuições à Filosofia: do acontecimento apropriador*, ele dizia: "Tornar-se inteligível é suicídio para a filosofia."

Podemos, com certeza, afirmar que Heidegger não contribuiu para o suicídio da filosofia — bem, pelo menos, não dessa maneira.

***

Como pensar como Heidegger? Estou tentado a dizer: *"Será que você precisa mesmo fazer isso?"*. É verdade, dizer isso seria bastante arrogante da minha parte, então optamos por:

Para compreender a realidade humana, desafie nossos conceitos como atualmente implementados — de preferência, com o uso de hifenizações.

24
JEAN-PAUL SARTRE: EXISTENCIALISTA, ROMANCISTA, FRANCÊS

O homem é uma paixão inútil.
(Sartre)

Jean-Paul Sartre, sem dúvida, foi um filósofo e escreveu como tal. Embora tenha repudiado por um tempo o rótulo de "existencialista", ficou conhecido como tal, e é, provavelmente, hoje o filósofo existencialista mais conhecido. Sua vida, filosofia, política, ativismo de esquerda e erotismo estavam entrelaçados com os de Simone de Beauvoir (que será contemplada logo mais). Dentre todos os filósofos de seu tempo, foi provavelmente o mais famoso. Quando, na década de 1960, Charles de Gaulle, presidente da França, foi incitado a processá-lo por desobediência civil, a sábia resposta de De Gaulle foi: "Não se prende Voltaire. Sartre elevou a posição da França, apesar de suas disrupções."

Em 1964, Sartre recebeu o Prêmio Nobel de Literatura; por razões políticas, recusou, embora o prêmio permaneça sendo dele. Bertrand Russell tinha recebido o prêmio anteriormente — e aceitado. Não há Prêmio Nobel para filosofia. O prêmio literário, embora inadequado para Russell, caso tenha sido concedido por suas pobres tentativas de ficção, é muito adequado para Sartre; este foi um grande romancista. É um resultado feliz, mesmo que apenas por seu existencialismo se mostrar acessível através do diário de Antoine Roquentin, o personagem central do romance mais famoso de Sartre, *A náusea*, publicado em 1938 como *La Nausée*. O romance foi descrito por Iris Murdoch como mais parecido com um poema ou encantamento. Sartre escreve, em *As palavras*, sobre como as palavras o fascinavam desde a infância. Em 1943, sua obra filosófica mais famosa foi publicada, *O ser e o nada* — com o subtítulo de *Ensaio de ontologia fenomenológica*. Embora obscuro em muitas partes, há cenas memoráveis, polidas pelos talentos literários de Sartre.

Para pensar como Sartre, precisamos focar naquilo que distingue os seres humanos de tudo mais no mundo. De que modo são diferentes? São diferentes pelo seu *nada*. Bom, isso soa estranho, e acho que justifica meu aviso anterior de que Sartre pode ser obscuro. Na verdade, ele cria expressões para destacar o que quer dizer, mas, embora se diga influenciado por Heidegger, felizmente suas expressões não são tão dramáticas nem tão irritantes quanto as de seu influenciador. Não temos as obscuridades que cercam a luta de Heidegger com o *Dasein*.

Uma distinção feita pelo filósofo é entre o ser-em-si (*être-en-soi*) e o ser-para-si (*être-pour-soi*). O ser-para-si tem o nada que, paradoxalmente falando, o ser-em-si não tem. Esse nada é a consciência. Um ser humano é um ser-para-si; já um cadáver, uma rocha, uma árvore, são exemplos do "em si". O nada no coração dos seres humanos está ligado à afirmação da liberdade humana por Sartre. Uma maneira de concluir isso é através do *slogan*, derivado de Heidegger: "A existência precede a essência."

Abridores de carta e livros — isso demonstra os interesses de Sartre — têm as essências precedendo a existência. Foram projetados com fins em vista. Os crentes religiosos podem sustentar que Deus construiu os seres humanos com uma função. Em Aristóteles, encontramos um filósofo que pensa nos seres humanos como possuidores de uma natureza essencial e uma função diferente da natureza de um cavalo ou da de uma árvore. Sartre não fala nada disso. Mais cuidadosamente, devemos lê-lo como quem diz que a essência dos seres humanos é "*coisa* nenhuma". É claro, Sartre não está dizendo que não temos cérebro, coração e rins, mas que o que nos distingue é nossa consciência, um nada, pura reflexão. Nossa reflexão nos mostra que "o nada jaz enrolado no coração do ser, como um verme", embora, talvez, não em termos tão poéticos.

Não podemos escapar desse nada ao nos voltarmos para o mundo em busca de segurança, pois encontraremos apenas contingência. Em *A náusea*, Antoine fica aterrorizado com a mera existência das coisas, com o mistério e a absurdidade das coisas que apenas são o que são. Antoine registra:

> Então, eu estava no parque agora há pouco.
> As raízes da castanheira estavam afundadas
> no chão logo abaixo do meu banco. Eu não
> conseguia mais lembrar que aquilo era uma
> raiz. As palavras haviam desaparecido e, com
> elas, o significado das coisas [...]. Eu estava
> sentado, inclinado para a frente, cabeça baixa,
> sozinho diante da massa negra e nodosa,
> completamente bestial, que me assustava
> [...]. Nunca, até esses últimos dias, eu havia
> entendido o significado da "existência".

Antoine percebe que "a raiz, os portões do parque, o banco, a grama rala, tudo havia desaparecido". Não existia diversidade real de coisas, "apenas massas moles e monstruosas, todas em desordem — nuas, em uma nudez terrível e obscena". Essas imagens literárias de horror nos mostram quão bizarro realmente é o mundo ao nosso redor, até que nosso esquema conceitual de ordenação tome conta.

***

Deixando a alienação do mundo físico de lado, nossa consciência, nosso nada, nos mostra que estamos "condenados a ser livres"; isso significa que não podemos evitar a responsabilidade advindas das nossas escolhas. Não podemos nos voltar para o nada ao nosso redor em busca de salvação. Mas o que devemos fazer, então, com essa condenação?

Em primeiro lugar, Sartre não está afirmando loucamente que somos livres para voar até a lua sem ajuda, que prisioneiros estão livres para escapar da prisão e que pessoas com pernas paralisadas têm liberdade para caminhar. Essas são faltas de liberdade prática. De várias maneiras mundanas, dia após dia, carecemos de liberdade prática, pois não podemos obter o que queremos. Em segundo, a afirmação de Sartre é de uma "liberdade absoluta", manifestada por nossa consciência. É a liberdade pela qual podemos, pelo menos, escolher como lidar com nossas situações. O prisioneiro pode escolher tentar fugir, ver a si mesmo como vítima ou como merecedor de punição; pode escolher se arrepender — ou se rebelar. Podemos, por escolha própria, ver nossa incapacidade de voar como um desastre ou como algo totalmente irrelevante.

"Não posso ser aleijado sem me escolher como aleijado", escreve Sartre. Tenho a liberdade de escolher a maneira como vejo minha deficiência: insuportável, humilhante, a ser escondida, a ser revelada, usada como desculpa ou como maneira de mostrar o que posso fazer na adversidade. As "facticidades" fixam minha situação, mas, para um "ser-para-si", há sempre a questão de como lidar com essas facticidades; há transcendência.

É claro, podemos resistir à linha de pensamento de Sartre aqui. Talvez a verdade seja que a mistura da minha neurologia, educação e ambiente me faça ver as coisas de uma maneira e não de outra — me ver como vítima ou como guerreiro orgulhoso. Mesmo que eu esteja dentro daquele mundo proposto como causalmente determinista, ou, quer dizer, um mundo de aleatoriedade, Sartre pode responder, com razão, que eu ainda terei que escolher o que fazer ou como vejo as coisas. Um mundo causalmente determinista não justifica que eu me feche em mim mesmo, dizendo "nada tem a ver comigo". Como brinco, posso ainda ter de escolher se uso o vestido vermelho ou o azul; qualquer mundo determinista não me liberta de fazer tais escolhas.

Nossa liberdade gera angústia e terror, tipicamente associados ao existencialismo. O autoengano é um meio comum de evasão. Sartre descreve, de forma bela e reveladora, como alguém pode tentar se transformar em uma coisa, não mais com liberdade, não mais com responsabilidade pelas escolhas. Aqui está o conto, muito discutido, de um garçom. Sartre poderia muito bem tê-lo escrito enquanto estava em seus lugares frequentados com Beauvoir, os bares Les Deux Magots e Café de Flore, em Saint-Germain, Paris:

> Seu movimento é rápido e adiante,
> um pouco preciso demais, um pouco ágil
> demais. Ele se aproxima dos clientes com um
> passo um pouco rápido demais. Ele se inclina
> para a frente com um pouco de ansiedade;
> sua voz, seus olhos expressam um interesse
> um pouco solícito demais pelo pedido
> do cliente.

Sartre vê isso como má-fé, *mauvaise foi*, embora possamos nos perguntar o que possa justificar Sartre nessa avaliação de "maldade". O ser-para-si está tentando se assegurar como um ser-em-si, como um objeto-garçom-de-café, seu ser determinado pela sua função.

> Finalmente lá, ele retorna, tentando imitar em
> seu andar a rigidez inflexível de algum tipo de
> autômato enquanto carrega a bandeja com a
> imprudência de um equilibrista, colocando-a
> em um equilíbrio perpetuamente instável,
> perpetuamente quebrado, que ele restabelece
> perpetuamente com um leve movimento
> do braço e da mão.

É como se, continua Sartre, não houvesse livre-arbítrio em seu levantar ao amanhecer, nenhuma liberdade de escolha em conferir valor aos direitos e deveres de um garçom. É claro, o homem é um garçom no sentido de que ele certamente não é, naquele instante, um diplomata ou fazendeiro. Na terminologia paradoxal de Sartre: ele não é um garçom no modo de ser-em-si, mas é um garçom no modo do que ele não é. "Somos o que não somos e não somos o que somos."

Como observadores do garçom, nós, o público, podemos ver seu comportamento como um jogo, e geralmente somos coniventes e cúmplices. De má-fé, nos reificamos como clientes, e a ele, como garçom. Sartre mencionamuitos outros papéis sociais, nos quais estamos em autoengano, evadindo a ansiedade de enfrentar nossas livres escolhas. Há a dança do verdureiro, do alfaiate, do leiloeiro, com a qual eles se esforçam para persuadir sua clientela de que não são nada além de um verdureiro, um leiloeiro, um alfaiate. Na verdade, um verdureiro que sonha é ofensivo para o comprador, diz Sartre, porque tal verdureiro não é, então, totalmente um verdureiro.

Podemos conectar a preocupação de Sartre, aqui, com a de Karl Marx, apesar de Marx ter tido o interesse do tipo aristotélico em seres humanos como possuidores de uma essência de espécie. Marx queria que as pessoas fossem livres, como vimos, "para caçar de manhã e criticar depois do jantar, sem nunca se tornar caçador ou crítico". O garçom de Sartre, é claro, não precisa nem estar agindo de má-fé. Ele poderia estar, conscientemente, enxergando suas ações como um jogo, como uma peça, e nós poderíamos estar, conscientemente, brincando de ser clientes. Ele e nós poderíamos estar nos comportando de maneira irônica.

Em *A náusea*, Antoine não consegue deixar de ficar intrigado com a má-fé ao seu redor. Ele observa, por exemplo, os rituais idiotas de levantar o chapéu e jogar conversa fora para passar o tempo em uma manhã de domingo, ao longo da exclusiva *rue Tournebride*.

> *Vejo chapéus, um mar de chapéus. A maioria deles são pretos e duros. De vez em quando, você vê um sair voando na ponta de um braço, revelando o brilho suave de um crânio [...]. "Bom dia, senhor. Bom dia, meu caro senhor, como vai? Ponha o chapéu de novo, senhor, você vai pegar um resfriado..."*

Uma arena intrigante para Sartre é a nossa interação com os outros, "ser-para-os-outros" (*être-pour-autrui*), em oposição a nossa interação com castanheiras; lembre-se de Antoine em *A náusea*. Sartre tem algumas observações perspicazes e maravilhosas sobre como podemos, de repente, estar cientes do "olhar" de outro. O olhar me possui, me torna autoconsciente, talvez me envergonhando, se, por exemplo, eu estiver espiando por um buraco de fechadura. Sou um ser-para-os-outros, e "o Outro guarda um segredo — o segredo do que eu sou". Preciso possuir sua subjetividade para entender a minha, mas, ao fazê-lo, estou absorvendo você, tratando você como um objeto para o meu sujeito; e estou sendo tratado como um objeto pela sua tentativa de entender a sua subjetividade. O conflito é inevitável. "O inferno são os outros."

Como exatamente deveríamos entender esse conflito permanece um tanto obscuro, mas Sartre torna tudo claro ao se voltar para a matéria carnal das relações sexuais. Ao contrário da maioria dos filósofos antes dele, Sartre não é reticente:

> *Eu me faço carne para fascinar a Outra com a minha nudez e provocar nela o desejo pela minha carne — exatamente porque esse desejo não será nada mais na Outra, senão uma encarnação semelhante à minha. Assim, o desejo é um convite ao desejo. É minha carne sozinha que sabe encontrar o caminho para a carne da Outra, e coloco minha carne ao lado da carne dela para despertá-la para o significado da carne [...]. Neste momento, a comunhão do desejo é realizada; cada consciência, ao se encarnar, compreende a encarnação do outro; a perturbação de cada um faz nascer a perturbação no Outro e, por isso, é tão enriquecida.*

O desejo sexual, como Sartre o vê, tem uma natureza paradoxal. Meu desejo é que o outro me deseje livremente, mas estou tornando-o (ou a ela) um objeto a ser possuído por mim, um objeto sem liberdade.

***

Sartre deu uma palestra popular, a um grande público, logo após a publicação de *O ser e o nada*, ligando o existencialismo ao humanismo. Nela, enfatizou como deveríamos escolher nossos valores, nosso significado. E contou sobre um estudante na Paris dos anos 1940, então, sob ocupação alemã. O estudante se angustiava, indeciso entre fugir para a Inglaterra, para se juntar às Forças Francesas Livres, e permanecer em Paris, cuidando da mãe. A mãe estava desesperada, pois o filho mais velho tinha sido morto. O estudante sentia pela mãe, mas queria vingar a morte do irmão. Os conselheiros poderiam dar conselhos conflitantes, mas, mesmo que fossem unânimes, o aluno ainda teria de escolher o que fazer. O comentário de Sartre foi: "Você é livre, portanto, escolha — ou seja, invente."

A escolha do aluno poderia ser feita girando uma moeda; mas isso faria o assunto parecer trivial, e a escolha, caprichosa. Uma ênfase em "apenas escolha" pode sugerir que não há espaço para a razão; no entanto, a reflexão a respeito das opções ajuda a destacar as consequências e a ver as ações sob novas luzes. O estudante, após refletir, discutir e consultar com seu coração, de repente, se vê como um covarde caso fique com a mãe, um covarde temendo as zombarias dos amigos. No entanto, pode se levantar e enfrentar tais acusações com coragem. Sartre, como Kierkegaard e Nietzsche antes dele, nos força a um confronto com nós mesmos, com a ansiedade de como devemos nos ver, e de como, de fato, devemos nos fazer. Lembre-se de Kierkegaard e do relato da história de Abraão "ouvindo" a voz de um anjo, que lhe dizia para sacrificar o próprio filho. Sartre aponta como podemos escolher resistir: podemos questionar as credenciais angelicais da voz ou, se as aceitarmos, podemos optar por enfrentarmos Deus.

Uma vez que compreendemos que os valores dependem de nossas escolhas, Sartre argumenta que, nesse "estado de abandono", podemos querer apenas uma coisa: a liberdade como fundamento de todos os valores. Dessa posição, ele curiosamente conclui que eu valorizo a liberdade para *toda* a humanidade. A universalização de Sartre, como ele enxergou mais tarde, não combinava com o resto de seu existencialismo. Mesmo que meu reconhecimento do valor da minha liberdade signifique que eu deva reconhecer que os outros podem valorizar a própria liberdade deles, por que eu deveria valorizar a liberdade recíproca, honrando a liberdade dos outros?

O papel do Outro tem um significado definitivo. Na morte, escreve Sartre, nos tornamos "presas" dos vivos; não temos mais a liberdade de nos reescrevermos. Essa miséria existencialista é de impotência. Nas grandes comemorações em Paris, no centenário de seu nascimento, Sartre foi "presa", pois fotos dele foram retocadas para esconder o fumar constante. A morte nos aliena totalmente de nossa própria vida, em benefício do Outro.

Sartre tem muito, muito mais a dizer sobre o nada. Aqui, termino o assunto com um toque esplêndido de humor que pode nos levar de volta ao Capítulo 19; nele, encontramos Lewis Carroll falando do "ninguém" do Rei Branco, e, depois, Wittgenstein e Russell discutindo a falta de um hipopótamo na sala.

Um garçom se aproxima de Sartre em Les Deux Magots.
— Posso lhe trazer algo para beber, senhor Sartre? — pergunta ele.
— Sim, por favor, um café com açúcar, mas sem creme.
Alguns minutos depois, o garçom retorna, um tanto preocupado.
— Sinto muito, senhor, nosso creme acabou... que tal sem leite?

***

Como pensar como Jean-Paul Sartre? *Fique atordoado com a existência, com o nada — e confronte sua liberdade e o olhar do Outro.*

25
SIMONE WEIL: AQUELA QUE SE RECUSA E QUE ASPIRA A SER A SALVADORA

Recuse-se a ser cúmplice.
Não minta — não fique de olhos fechados.
(Simone Weil)

Permita-me começar com alguns elogios; este, de Albert Camus, escrito em 1951:

Simone Weil, eu afirmo isto agora, é o único grande espírito de nosso tempo, e espero que aqueles que tenham percebido isso sejam modestos o suficiente para não tentarem adequar o testemunho avassalador dela.

Camus, vencedor do Prêmio Nobel, famoso por seus romances, como *A peste*, e por sua "absurdidade" existencialista, escrevia para a mãe de Simone, e acrescentou:

Da minha parte, eu ficaria satisfeito se alguém pudesse dizer que, no meu lugar, com os humildes meios que tenho à disposição, eu servi para divulgar e disseminar o trabalho dela, cujo impacto total ainda temos que avaliar.

Simone havia morrido oito anos antes, com trinta e poucos anos, quase desconhecida no mundo da filosofia. Ela morava em Londres, praticamente morrendo de fome. Tinha vivido a vida como achava que devia — com consciência dos vastos sofrimentos dos outros. Seu pensamento filosófico estava intima e profundamente entrelaçado com a forma como viveu; abaixo, um pouco de contexto.

Criada em Paris, em uma família judia, profissional, abastada e ateia, ela desenvolveu um amor pela cultura grega antiga e, em seus últimos anos, um grande interesse pelo catolicismo. Tornou-se cristã comprometida, rejeitando robustamente o judaísmo e a cultura hebraica. George Steiner a descrevia como "um dos casos mais feios de cegueira e intolerância na história vexatória do auto-ódio judaico". Assim, uma vida é vista de forma tão diferente: Camus ou Steiner. Isso pode nos levar de volta a Sartre, quanto a sermos presas do Outro — sobre como nossa vida está, em última análise, à mercê de interpretações dos outros.

Sem dúvida, Simone Weil era nitidamente diferente, sofria de fobias e doenças, fisicamente desajeitada — e odiava ser tocada. O irmão, alguns anos mais velho, era um matemático talentoso. Talvez em reação, talvez por causa de um comentário casual dos pais, ela assinava as cartas para casa como "seu filho, Simon". Depois da universidade em Paris, assumiu vários trabalhos manuais — agrícola, montagem em fábrica —, além de ensinar filosofia. Insistia em trabalhar em tarefas físicas para entender o sofrimento e a fadiga de seus semelhantes. Dada a natureza enferma, sua visão fraca e sua instabilidade, ela não conseguia lidar bem nem por muito tempo com o trabalho; ou ela adoecia ou era demitida. Vivia mal, comia pouco, mas, aparentemente, de forma cara. Sua família, em segredo, a ajudava financeiramente com frequência.

Ela se juntou aos anarquistas que lutavam na Guerra Civil Espanhola dos anos 1930. Como esperado, não deu certo. Ela viajou para a Itália, deliciou-se com a ópera — presumivelmente, esta uma experiência melhor que aquela —, voltou para a França e, mais tarde, quando as coisas ficaram mais opressivas para os judeus, acompanhou os pais, com relutância, em 1942, para Nova York. Com várias exigências de viagem satisfeitas, ela, então, se mudou para a Grã-Bretanha, onde, em Londres, ingressou no movimento França Livre. Era movida pela ambição desesperada — dada a relevância intensificada de sua origem judaica, bem como sua saúde debilitada e incompetência física — de lutar com a Resistência na França ocupada. Será que ela queria morrer, testar Deus? Conheceremos Wittgenstein, que pediu para ser colocado na linha de frente italiana, na Primeira Guerra Mundial, para ver se seu destino era viver. (Era.)

Para resumir a vida de Weil, ela queria muito ser uma salvadora, mas, frequentemente, era ela quem precisava ser salva.

O pensamento de Weil é encontrado em inúmeros artigos, cartas, anotações, aforismos e esboços, a maioria publicada apenas alguns anos após sua morte. Seu pensamento foi se tornando cada vez mais imbuído de compromisso religioso, com referências ao cristianismo, à graça de Deus e Jesus Cristo. A princípio, o trabalho intelectual estava dentro da tradição dualista de Descartes, investigando como compreender o ponto de vista subjetivo dos seres humanos, dado seu *status* biológico objetivo, mas ela começou a se preocupar cada vez mais com a situação da maioria dos seres humanos, com o sofrimento e a perda de liberdade deles, uma perda de autonomia, de poderem governar a si mesmos.

Weil dava muita importância à distinção entre, por um lado, obstáculos físicos e, por outro, restrições impostas por outros seres humanos. Ela chegou a observar corretamente que, quando nos afastávamos para abrir espaço para os transeuntes, não era do mesmo jeito que nos afastávamos para evitar outdoors. Mostramos respeito pelos transeuntes, não pelos outdoors. Sozinhos em nossos quartos, nos levantamos, andamos e nos sentamos de maneira bem diferente da que fazemos quando temos visitas. Lembre-se de como Kant, apesar da enfermidade, levantou-se para cumprimentar o médico. Outros seres humanos têm poderes para recusar o que exigimos, não como uma chave que se recusa a girar em uma fechadura. Muitas vezes, precisamos do consentimento dos outros; não buscamos consentimento de fechaduras.

Para a liberdade humana, há necessidade de as pessoas terem um propósito comum. Um grupo de nós com um propósito comum seria livre tratando-se da relação entre um e outro; poderíamos planejar um assalto a banco, um *tour* pela Europa ou uma greve por melhores condições. É difícil para uma sociedade ter um propósito, com tantos membros díspares, e todos precisando estar de acordo; é fácil para uma sociedade dar origem a injustiças. Entender a justiça, compreendendo-a de maneira adequada, é uma das principais preocupações de Weil.

A justiça, hoje em dia, é tipicamente apresentada em termos de seres humanos possuindo direitos, seja dentro de uma sociedade ou entre sociedades, e desses direitos sendo respeitados. Weil defende um conceito de justiça mais valioso e profundo, que não se reduz ao respeito aos direitos. Por que ela rejeita essa redução?

Uma resposta breve reconhecemos que a coisa certa a se fazer pode muito bem ser *não* insistir em nossos direitos. Esse pensamento também ocorre em um artigo acadêmico altamente influente da década de 1970, da filósofa americana Judith Jarvis Thomson. Um experimento mental, mostrando como a moralidade do aborto não é uma questão "preto no branco", é apresentado:

> *Uma mulher internada em um hospital acorda e encontra um homem (por acaso, ele é violinista) conectado à sua corrente sanguínea para suporte de vida; ela não havia consentido. Seria direito dela desligar os equipamentos, levando-o à morte, mas isso não seria a coisa certa a se fazer, digamos, se ele precisasse da ajuda dela por apenas uma semana. A coisa certa a se fazer, a coisa moralmente decente, seria manifestar bondade e coragem.*

Aqui, as virtudes aristotélicas — bondade, coragem — competem com os direitos sobre o próprio corpo. Um inconveniente de uma semana para salvar a vida de um homem, sim — mas dez anos? Suponha que o feto tenha direito à vida: isso supera os fatores do consentimento, da angústia em continuar com uma gravidez indesejada? A resposta justa, seja ela qual for, é mais profunda do que os direitos.

Uma resposta mais longa de Weil — contra a justiça como sendo nada além da proteção dos direitos — reduz a justiça a contratos e "acordos comerciais". Em *Uma teoria da justiça* (1971), John Rawls, filósofo político muito influente do final do século XX, retrata o caso de agentes racionais, perseguindo os próprios interesses; eles reconhecem a presença de outros e, portanto, a probabilidade de conflito. A justiça, ali, evolui como um compromisso negociado entre os interesses das pessoas. O "animal coletivo", como Platão o chama, é criado na resolução negociada, um reconhecimento de direitos; isso é muito melhor do que depender da força bruta — mas é, também, o melhor caminho para os relacionamentos humanos?

Considere um local de trabalho em que os funcionários buscam melhores salários e condições por parte dos empregadores. É como se

> *o diabo estivesse barganhando pela alma de algum pobre coitado, e alguém, movido pela pena, interviesse e dissesse ao diabo: "É uma vergonha para você dar um lance tão baixo; a mercadoria vale pelo menos o dobro."*

Confiar nos direitos leva ao risco de tratarmos as pessoas como mercadorias; sim, Karl Marx influenciou Weil.

A barganha desvaloriza uma compreensão adequada da justiça. Um fazendeiro pode se recusar a vender seus ovos, insistindo que tem o "direito" de não os vender, a menos que seja por um preço bom o suficiente. "Mas", retruca Weil, "se uma jovem é forçada a entrar em um bordel, ela não falará dos seus direitos; a palavra soaria ridiculamente inadequada". Em relação à jovem, deveria ter transcorrido "um grito de protesto do fundo do seu coração"; em vez disso, temos uma "reclamação estridente de reivindicações e contra-reivindicações".

É claro, poderíamos ir mais fundo. Se o agricultor se deparasse com uma menina desesperadamente faminta, incapaz de pagar pelos ovos, precisaríamos de espaço para a ideia de que o agricultor esteja certo em não vender seus ovos para ela; em vez disso, devendo presenteá-los a ela.

A justiça é uma "virtude sobrenatural", pensa Weil. Relacionamentos valiosos não se baseiam em negociações egoístas, desejos e vontades. Ela enfatiza o historiador grego Tucídides e seu relato de algumas negociações na Guerra do Peloponeso. Tucídides conta dos poderosos líderes atenienses que exigiam a submissão dos melienses com base no fato de que era uma lei da natureza os fortes governarem. Quando resistem às exigências atenienses, os melienses são esmagados, os homens, mortos, e as mulheres e crianças, escravizadas. É uma necessidade mecânica, uma necessidade natural, insistem os atenienses.

Weil contestou a afirmação: "Um homem se absterá por pura generosidade — embora isso possa ser raro." Ocasionalmente, escolhemos não levar nossos projetos aos limites. Podemos dizer a algumas pessoas: "Você não pode fazer isso", quando, claramente, elas podem, mas sabemos que não deveriam. A justiça, ao que parece, pode gerar suas próprias necessidades. Esse ponto é apresentado por Weil não como um fator que requeira explicações naturais, mas como reconhecimento do sagrado, do papel da verdadeira fé, do sobrenatural. "O sobrenatural é a diferença entre o comportamento humano e o animal." A diferença é algo infinitamente pequeno. De maneira enigmática, ela liga isso ao comentário de Jesus (Mateus 17:20): "Se vocês tiverem fé do tamanho de um grão de mostarda, poderão dizer a esta montanha: 'Mova-se daqui para lá', e ela se moverá. Nada será impossível para vocês."

A virtude sobrenatural da justiça "consiste em se comportar exatamente como se houvesse igualdade quando se é mais forte em um relacionamento desigual". A ação justa é realizada, porque — bem, ela é realizada, podemos dizer, puramente porque é justa. É claro, devemos duvidar se esses pontos teriam algum peso para os implacáveis, afastando-os de sua implacabilidade, ou mesmo se os ajudariam a vislumbrar o interesse próprio implacável e o descuido com a justiça.

A falta de explicação empírica para por que devemos ser justos, no sentido profundo, diz a Weil que algo além deste mundo é necessário para nos afastar de projetos de interesse próprio. Precisamos reconhecer a beleza, a verdade, o bem, como algo além deste mundo, permitindo-nos ver o mundo terreno de uma nova maneira: "As coisas terrenas são o critério das coisas espirituais." Ela insta o pensamento de "não querer mudar" ao atender à beleza, à verdade, ao bem. Observar a beleza natural da floresta faz muitos de nós vermos que ela realmente não deveria ser atravessada com construções de rodovias; é claro, podemos facilmente ignorar nossa dependência de rodovias para alcançar essa beleza natural, rodovias que mancham outras áreas de beleza. Atender à verdade significa não fabricar evidências. Atender ao bem significa...? Talvez essa atenção, em si, precise ser inalterável — mas o pensamento de Weil é obscuro; e mais obscuridades surgem.

Justiça, verdade e beleza são a imagem, em nosso mundo, da ordem impessoal e divina do universo. Nada inferior a elas é digno de ser a inspiração de homens que aceitam o fato da morte.

Sua promoção do impessoal se alinha com a crença de que "a caridade não discrimina", mas é difícil ver como isso se relaciona com valores de preferências por amigos, amantes, família.

***

Simone de Beauvoir relatou como Weil queria alimentar o mundo. Quando ela (Beauvoir) respondeu que o objetivo era as pessoas encontrarem um significado para sua existência, Weil disse: "É fácil ver que você nunca passou fome." A eventual ênfase de Iris Murdoch em comida e abrigo está em harmonia com essa resposta (Capítulo 29).

O pensamento e o sentimento de Weil a alinharam com muitos movimentos de reforma social, "esquerdistas" e sindicais. Queria se misturar com as massas, mas inevitavelmente se destacava. As tentativas da mulher intelectual, de família abastada, de se identificar com os chão-de-fábrica ou com aqueles no barco de pescadores nem sempre foram bem recebidas. Weil buscou solidariedade ao longo da vida, uma vida muito encurtada por essa busca.

Weil introduz o conceito de "aflição", de um sofrimento imensamente grande, com o pensamento:

> Posso perder a qualquer momento, por causa do jogo de circunstâncias sobre as quais não tenho controle, qualquer coisa que possuo, incluindo aquelas coisas que são tão intimamente minhas que as considero como sendo eu mesma. Não há nada que eu não possa perder. Pode acontecer a qualquer momento de o que eu sou ser abolido e substituído por qualquer coisa do tipo mais sujo e desprezível.

Na aflição, "um tipo de horror submerge toda a alma — dor física, angústia da alma e degradação social, tudo ao mesmo tempo". Há um prego cuja ponta é pressionada no centro da alma. Weil quer que entendamos que o sofrimento pode ser tão grande que, como a aflição, se torna uma experiência de não ser — de extrema e total humilhação —, mas, ainda assim, permanece sendo a condição para se passar à verdade. De fato, em *Espera de Deus*, ela até perde a certeza do amor de Deus quando, como escreve:

> Estou em contato com a aflição de outras pessoas, tanto com as de que me são indiferentes ou desconhecidas quanto com as das outras, talvez até mais, incluindo as das épocas mais remotas da antiguidade. Este contato me causa uma dor tão atroz e dilacera minha alma de tal forma que o amor de Deus se torna quase impossível. Bastaria muito pouco para me fazer dizer impossível — tanto que estou inquieta comigo mesma.

Weil se assegura do amor de Deus "ao lembrar que Cristo chorou prevendo os horrores da destruição de Jerusalém". Ela espera que Deus a perdoe por sua compaixão. Felizmente, a compaixão não pode ser arrancada da alma de Simone Weil:

> *Os seres humanos são feitos de tal forma que aqueles que fazem o esmagamento não sentem nada; é a pessoa esmagada que sente o que está acontecendo. A menos que alguém se coloque do lado dos oprimidos, para sentir com eles, não se pode entender.*

Weil, do começo ao fim, deixa clara sua posição. Seu pensamento, embora não estruturado em argumentos cuidadosamente formulados, embora expresso com paixão, às vezes com exagero, às vezes com opacidade, muitas vezes com apelo às escrituras, tem valor considerável para abrir os olhos para o que é verdadeiramente valioso, para o posicionamento correto. Ela conta a história de um mendigo que roubou uma cenoura. Ele está, então, diante do juiz, que se encontra confortavelmente sentado e tem um fluxo elegante de perguntas, comentários e gracejos — lembre-se dos sofistas —, enquanto ele, o mendigo, é incapaz de balbuciar uma palavra sequer.

> *A verdade está diante de uma inteligência preocupada com a manipulação elegante da opinião.*

A vida de Weil e suas preocupações profundamente sentidas devem nos mostrar que, com nosso pensamento, não devemos nos envolver na manipulação da opinião, seja ela elegante ou não. Vimos, um pouco antes neste capítulo, que a justiça tem exigências de necessidade sobre nós — assim como a verdade. Outra exigência é sermos apreciativos do pensamento notável e do "grande espírito" de Simone Weil — um espírito que não aceita concessões.

***

Como pensar como Simone Weil? *Recuse-se a ser cúmplice.*

26

SIMONE DE BEAUVOIR: SITUADA, PROTESTANTE, FEMINISTA

Ninguém nasce mulher, torna-se.
(Beauvoir)

Deve-se queimar Sade? Essa pergunta curiosa, se feita, não seria prontamente associada a Simone de Beauvoir. É, no entanto, o título de seu ensaio que examina os escritos e experiências do Marquês de Sade — seus pecadilhos sexuais, sadismo e prisão. Ela não o queimaria; ela aprenderia com ele. Esse aprendizado se basearia na abordagem do pensamento filosófico por Beauvoir, uma abordagem fundamentada no exame das situações específicas dos seres humanos — de como seres conscientes, de carne e osso, existem em uma sociedade. Essas situações afetam a compreensão deles, e a nossa compreensão, da liberdade, dos desejos e do que dá sentido à vida.

A abordagem de Beauvoir é "fenomenológica"; ela se concentra nos fenômenos, nas experiências que vivenciamos, no impacto do mundo sobre nós. Para entendê-la, precisamos observar sua "situacionalidade". O uso desse termo, em vez de "situação", é um alerta para a importância, para ela, do tempo e do lugar da experiência vivida por uma pessoa.

Vinda de família católica, abastada, do início do século XX na França, Beauvoir experimentou convenções repressivas que se aplicavam à atividade sexual e às mulheres. Mais tarde, na década de 1940, enfrentaria os perigos, medos e dilemas de viver em uma Paris ocupada pelos nazistas. Assim situada, ela não sucumbiu às opressões, mas, consciente de sua liberdade, procurou protestar.

No início da adolescência, declarou-se ateia, garantiu sua entrada na Sorbonne, estudou os filósofos mais difíceis, frequentou aulas de maneira não oficial na prestigiosa e elitista École Normale Supérieure e se envolveu com Sartre, três anos mais velho, o único homem que ela sentia ser seu superior intelectual. Nos exames de *agrégation* em filosofia, altamente competitivos e conceituados na França, os examinadores, depois de muita angústia, deram a Beauvoir o segundo lugar, e a Sartre o primeiro — principal e curiosamente, ao que parece, porque era a segunda tentativa de Sartre nos exames, e a primeira de Beauvoir.

No mundo de língua inglesa, Beauvoir, quando reconhecida, em geral não é considerada uma filósofa, mas uma romancista impressionante e, de fato, amiga íntima, amante e seguidora de Sartre. Alguns podem conhecê-la principalmente como uma feminista pioneira que, em *O segundo sexo* (1949), lançou luz sobre a aceitação injustificada da dominação masculina pela sociedade. Esses entendimentos precisam de algumas ressalvas.

É verdade que Beauvoir e Sartre eram amantes em um relacionamento aberto — muito "aberto". É verdade que ela seguiu Sartre, pois sua primeira atração foi por seu grupo de *bad boys*, mas é enganoso vê-la como uma seguidora intelectual. Alguns pensamentos importantes em *O ser e o nada* (1943), de Sartre, podem ser encontrados no romance de Beauvoir, *A convidada*, concluído anteriormente. Quem sabe quem influenciou quem? Na discussão filosófica, as ideias podem surgir sem nenhum selo de propriedade original, e podem até ser ainda melhores por causa disso.

Ao longo de suas vidas, Beauvoir e Sartre permaneceram muito próximos, intelectual, emocional e politicamente. Cartas particulares mostram até que ponto eles discutiam, em detalhes, suas relações sexuais com outras pessoas, até mesmo, em um caso, transferindo uma mulher mais jovem de um para o outro. Suas atividades não seriam bem-vistas hoje, ante as atitudes anglo-americanas oficiais em relação a relacionamentos sexuais, poder e influência. As relações sexuais, é claro, eram (e são) um fascínio, mesmo filosoficamente; levantam questões de como nossa encarnação consciente pode, de alguma forma, "possuir" a encarnação consciente de outro — ou de outros. Então, é assim que Sade pode intrigar.

Com relação aos escritos, Beauvoir ganhou o prestigioso Prix Goncourt por *Os mandarins* (1954). Ela se envolveu com jornalismo, redação de viagens e protesto político ao lado dos oprimidos. Apesar de alguns ensaios filosóficos de sua autoria, ela insistia que não era filósofa. É verdade que não era criadora de sistemas metafísicos abstratos como Spinoza e Leibniz, ou mesmo Sartre. Foi, no entanto, uma filósofa, pois se envolveu consideravelmente com pensamentos filosóficos, entendendo e compreendendo vidas humanas em situações particulares vividas, fossem elas reais ou de personagens fictícios.

Quanto ao "feminismo" de Beauvoir, ela, primeiro, resistiu a abraçar o termo, talvez porque seu foco estivesse tanto na condição humana de homens e mulheres (daí seu interesse pelo libertinismo sexual de Sade), quanto no tratamento injusto dado às mulheres. No entanto, *O segundo sexo*, com os desafios detalhados das injustiças impostas às mulheres, para as quais muitos eram cegos na época, tem sido altamente influente no feminismo, embora tanto o livro quanto o feminismo tenham sido entendidos de maneiras diferentes em momentos diferentes. Basta ver os confrontos que, agora, existem, para alguns, entre algumas vertentes do feminismo e as comunidades trans. Isso aponta para a situacionalidade.

O segundo sexo investiga a natureza do sexo e dos relacionamentos sexuais, baseando-se diretamente nas experiências das mulheres, bem como nos escritos de, por exemplo, Mary Wollstonecraft e Virginia Woolf. Por décadas, nas universidades de língua inglesa, *O segundo sexo* de Beauvoir não foi considerado uma obra de filosofia, talvez porque os responsáveis pelo conteúdo programático fossem homens, envergonhados pelas descrições das funções corporais. Beauvoir não se contém nessas descrições.

"Situacionalidade", como dito, é a chave para a abordagem filosófica de Beauvoir. Em vez de discursos abstratos, precisamos de casos concretos de seres humanos, situados em condições sociais específicas. Devemos resistir à aparente armadilha cartesiana, pela qual uma distinção nítida entre mente e corpo é mantida. Beauvoir resiste, enfatizando nossa personificação carnal, cheia de desejos e tumultos. Além disso, seu existencialismo significa que os personagens de seu romance — e você e eu — não podem fugir da responsabilidade pelo jeito que vivem e pelo significado com que tem suas vidas. Tem sido dito de novo e de novo — e já mencionado em relação a Nietzsche — que, se não há Deus, tudo é permitido. Se isso for interpretado como uma demonstração de que, portanto, não somos responsáveis por nossas ações, então Beauvoir, assim como Nietzsche, se opõe fortemente. Temos que escolher como viver; ao fazer isso, estamos declarando compromisso com certos valores.

Em um breve ensaio, "Pirro e Cinéias", Beauvoir analisa como Plutarco apresenta o antigo político grego, Rei Pirro. O rei se vê tendo suas ações questionadas pelo conselheiro, Cinéias: qual é o sentido de lutar para sempre? O objetivo recomendado, ao que parece, é a passividade; isso pode nos lembrar do Tao do Capítulo 1. Beauvoir rejeita esse objetivo; é ilusório, nega a realidade humana. Nas "experiências vividas", inevitavelmente existem desejos, esperanças e objetivos — nossa situacionalidade — determinando o que vemos como estando livres para fazê-lo. É claro, a liberdade é limitada, mas, insiste Beauvoir, sempre temos a liberdade de nos opor às restrições. Liberdades que, em um momento, parecem fora de questão podem entrar em questão; as pessoas podem escolher se opor ao que antes era aceito. Testemunhe os muitos movimentos de protesto que levaram a alguma mudança. Testemunhe, de fato, como *O segundo sexo* de Beauvoir ajudou as mulheres a enxergarem e a desafiarem sua condição.

Além da liberdade, outros conceitos notáveis que ela utiliza incluem "ambiguidade", "apelo" e "o Outro".

Quanto ao uso de "ambiguidade", não posso deixar de brincar que é ambíguo (no sentido padrão). Para Beauvoir, parece que experimentamos ambiguidade, porque estamos conscientes de nós mesmos como indivíduos separados, mas também como interligados uns com os outros. Às vezes, o fenômeno da ambiguidade está presente no sentido de que me compreendo como sujeito, agente, com liberdade para fazer escolhas, mas também como objeto físico, manipulado pelos outros, mas um objeto que os outros, no geral, também compreendem como um sujeito. O Outro pode ser uma ameaça à minha liberdade. No sentido político, "o Outro" especifica aqueles que não têm poder. Assim, "mulheres" são o Outro, porque (ao que parece) são dominadas pelos homens. Os palestinos em Israel são o Outro, porque lhes faltam certos direitos básicos, possuídos pelos judeus israelenses.

O que devemos concluir do conceito de liberdade de Beauvoir? Já vimos com Sartre que se aceita que a liberdade seja, obviamente, limitada por condições. Humano que sou, não sou livre para me transformar em um elefante. Dados meus cromossomos XY, não posso escolher livremente ser engravidado. Nossa situacionalidade também limita como podemos compreender nossa capacidade mental, tudo que sabemos, sentimos ser possível e experimentamos quanto a nós mesmos.

De acordo com Beauvoir, por mais limitados que possamos ser, das maneiras aqui citadas, ainda temos uma liberdade subjetiva. Essa liberdade se mantém mesmo se eu for escravizado, torturado ou tratado como objeto sexual. No entanto, devemos questionar o valor que Beauvoir atribui a *essa* liberdade. Não seria de pouco conforto para o torturado ser lembrado de que ainda tem liberdade subjetiva para... o quê, exatamente? Ver a tortura como degradante para o torturador? Imaginar a si mesmo como não torturado?

"Apelo" é outro dos conceitos-chave de Beauvoir. Embora eu seja livre, reconheço que preciso apelar para os outros em meus projetos — os outros como agentes livres e incorporados. Isso traz à tona a ambiguidade (em outro sentido?) da minha condição. Sou isolado como indivíduo livre e consciente, assim como os outros, mas existem esses outros que podem ajudar ou atrapalhar. Beauvoir escreve:

> *Um homem sozinho no mundo ficaria*
> *paralisado pela [...] vaidade de todos*
> *os seus objetivos. Mas o homem não*
> *está sozinho no mundo.*

Precisamos viver como uma comunidade, com valores compartilhados "livremente escolhidos", mas não posso impor meus valores aos outros, embora possa apelar. Em meu apelo, talvez precise lutar contra aqueles que procuram me silenciar, e, é claro, meu apelo exige que haja outros que possam responder ao meu chamado. A situacionalidade dos outros pode restringir a resposta deles; podem não ter os recursos — o tempo, a saúde, a segurança, a consciência da injustiça. Assim, talvez eu precise capacitá-los para que se juntem a mim.

Aqui, há o perigo, observo, de um paradoxo à espreita, que lembra a ideia de "reerguer-se por si próprio". Simplificando, antes que haja muita chance de sucesso em meu apelo aos escravizados, para que apoiem os clamores pelo fim da escravidão, os escravizados precisam estar suficientemente emancipados da escravidão para ouvirem esses clamores, reconhecerem sua posição de escravizados e serem livres para marchar em apoio a esses apelos — em solidariedade.

Beauvoir estava consciente do problema. Ao desafiar as injustiças, fossem relacionadas a desigualdades de gênero, idade ou entre americanos brancos e afro-americanos, israelenses palestinos e israelenses judeus, ela reconhecia que muitos nos grupos oprimidos não eram, na prática, livres para protestar, para correrem o risco de prisão, para terem tempo livre do trabalho e assim por diante. Alguns nem mesmo se viam como oprimidos; podiam até compreender sua situação como divinamente ordenada ou justificada pela natureza. Em alguns casos, talvez fosse autoengano; em outros, talvez uma resposta racional para sobreviver em condições extremamente adversas.

Hoje, controvérsia domina questões sobre gênero, sexo e transsexualidade, com uma infinidade de termos de cisgênero a não binário. Deixando as controvérsias de lado, sim, Beauvoir faz uma distinção entre sexo e gênero. Existem, entre as pessoas, diferenças sexuais biológicas claras e óbvias por natureza, mas a "realidade de gênero" depende, em parte, das condições sociopolíticas. Não há realidade biológica do "feminino", ela insiste, mas existem as diferenças sociopolíticas geradas. Notemos, porém, que é muito estranho acreditar que o sociopolítico, as culturas, os costumes, não tenham nenhum fundamento na biologia e no ambiente humanos. Notemos ainda que, por mais derivadas que sejam, as fontes sociopolíticas de determinadas circunstâncias não estabelecem, por si só, a indesejabilidade. Algumas fontes levam a resultados benéficos; outras não. Algumas levam a tratamentos mais justos; outras restringem liberdades importantes.

Considere o seguinte: "As mulheres são o sexo mais fraco." Biologicamente, em média, as mulheres são menores e têm menos força física, mas é uma suposição cultural que essas qualidades devam ser os critérios para avaliar força. Afinal, em média, as mulheres vivem mais e podem dar à luz; estes não são sinais de força? Além disso, Beauvoir reconhece as diferenças nas experiências corporais entre os sexos. "A mulher, como o homem, é seu corpo; mas seu corpo é algo diferente dela mesma." A mulher grávida, por exemplo, é, ao mesmo tempo, ela mesma, mas também diferente de si mesma.

Os apelos bem-sucedidos pela igualdade entre os sexos e gêneros correm o risco, como Beauvoir enfatizava, de apagar as diferenças de gênero; assim, a postura masculina poderia, injustificadamente, ser promovida como o padrão a ser alcançado:

> *O preço da admissão das mulheres a essa classe privilegiada é que elas devem treinar e viver como homens. Assim, a diferença sexual discriminatória permanece em jogo. Somente homens ou aqueles que os imitam podem governar.*

A insistência na igualdade não deve ser uma insistência na uniformidade. A mulher liberada deve se libertar da ideia de que, para ser independente, ela deve ser como os homens, assim como ela deve se libertar de pensar que deve ser "feminina". Permita-me enfatizar que a liberdade vem do "deve". Mulheres — e homens —, se assim o desejarem, devem ser livres, por exemplo, para serem "femininos".

E, assim, devemos voltar ao Marquês. "Para conhecer a si mesmo, é preciso conhecer Sade", escreveu Beauvoir.

Beauvoir valorizava Sade por rejeitar a apatia, por afirmar sua liberdade e por não seguir o quietismo recomendado por Cíneas. Sade viveu durante o "Reino do Terror" (1793-1794); ele recebeu uma oferta de posição de autoridade, na qual poderia torturar e matar impunemente, mas a recusou. Ele estava, na verdade, chocado com a forma como a sociedade autorizava a si mesma a matar. Sade assumia a responsabilidade por suas ações sádicas.

O sadismo de Sade destaca o paradoxo do Outro, e do próprio ser, como carne e liberdade. Isso, segundo Beauvoir, é o que nos perturba em Sade. É claro, podemos acrescentar que o que nos perturba profundamente é a imposição de imensos sofrimentos indesejados aos outros e, então, na verdade, os imensos sofrimentos.

Sade poderia facilmente ter escapado impune de suas atividades secretas, mas as levou a público — e, estranhamente, ficou surpreso quando as autoridades o consideraram criminoso. Beauvoir escreveu:

> Sua surpresa se assemelha à de uma criança
> que bate em um vaso até quebrá-lo. Brincando
> com o perigo, ele ainda se acreditava
> soberano, mas a sociedade observava;
> e ela recusou qualquer compartilhamento
> e reivindicou cada indivíduo por inteiro.

Mais uma vez, vemos Beauvoir retornando ao Outro, seja o da sociedade ou o do indivíduo. O objetivo da libertação, segundo Beauvoir, precisa do nosso reconhecimento mútuo como livres e como, de fato, Outro. Esse reconhecimento, às vezes, existe em encontros eróticos íntimos, nos quais a dimensão do Outro pode não ter hostilidade; os amantes experimentam a si mesmos e experimentam uns aos outros ambiguamente, como sujeitos e objetos de desejo erótico. Essa ambiguidade também é encontrada na abordagem de Sartre a respeito das relações sexuais, embora, com Sartre, exista uma melancolia, um sentimento de fracasso inevitável.

Beauvoir apresenta Sade como um meio de revelar como os indivíduos sabem que são vítimas menos da maldade humana e mais da boa consciência da humanidade, de um otimismo aterrador. O que isso significa? Bem, ela escreve:

> *Se a totalidade dos homens que povoam a terra estivesse presente para todos, o ar seria irrespirável. A cada instante, milhares de pessoas sofrem e morrem, em vão, injustamente, e não somos afetados: nossa existência só é possível a esse preço.*

Mais uma vez, Beauvoir se concentra em nossa situacionalidade — e situados assim, como podemos viver com nós mesmos? Encontramos esse desafio em Nietzsche, um desafio que merece atenção séria e nenhum dar de ombros, nenhum desviar de olhos.

***

Como pensar como Simone de Beauvoir? *Leve em conta a situacionalidade dos outros e de si mesmo — e ascenda em solidariedade.*

27
LUDWIG WITTGENSTEIN: TERAPEUTA

A filosofia é uma batalha
contra o enfeitiçamento de nossa inteligência
por meio da linguagem.
(Wittgenstein)

Com Ludwig Wittgenstein, temos, por assim dizer, dois filósofos pelo preço de um — e o segundo proporciona uma revolução na maneira de pensar filosoficamente. Aqui estão algumas observações sobre a natureza da filosofia em sua obra tardia, publicada postumamente em 1953, *Investigações filosóficas*:

> 123. *Um problema filosófico tem a forma: "Não sei como me orientar."*
> 124. *A filosofia deixa tudo como está.*
> 309. *Qual é o seu objetivo na filosofia? — Mostrar à mosca a saída da garrafa.*

Wittgenstein tinha o caráter e o comportamento de um gênio atormentado na aparência, e era um gênio atormentado na realidade: o filósofo angustiado, assombrado, sério, obcecado por si mesmo, desajeitado, que se recusava a conversar, consumido por fazer tudo certo. A filosofia, como para Kierkegaard, era uma questão pessoal, não uma opção de carreira.

No renomado Clube de Ciências Morais de Cambridge, ele dominava as discussões, tanto que, às vezes, sua presença era fortemente desencorajada. Em uma reunião realizada no King's College, o palestrante convidado era Karl Popper, também um filósofo com senso de arrogância, cético em relação ao trabalho de Wittgenstein e, sem dúvida, invejoso da elevada reputação daquele. Lá, ocorreu o incidente do atiçador de fogo, um episódio famoso para os níveis da filosofia. Wittgenstein, aparentemente irritado com algo que Popper argumentara, agarrou o atiçador... Os relatos divergem. Para bater em Popper? Para ameaçar Popper? Para cutucar o fogo? Para demonstrar uma ideia? Sem pensar? — e assim por diante. O atiçador continua no King's até hoje.

Wittgenstein oferece uma riqueza de ideias tão grande que muitos de nós o consideramos o maior filósofo do século XX, apesar de tal honra ser frequentemente concedida a Heidegger. Ambos buscavam enraizar a filosofia nas atividades da vida humana, mas enquanto Heidegger se deliciava com a obscuridade e os termos inventados e rebuscados com hífen (!), Wittgenstein, posterior, nos deu reflexões ponderadas, observações e aforismos atraentes em palavras cotidianas, ainda se recebidos com interpretações conflitantes e controvérsias.

A importância da atividade e da vida humana — a forma de vida — na compreensão e "dissolução" de problemas filosóficos é expressa por Wittgenstein em observações como:

*Se um leão pudesse falar,
não o entenderíamos.*

Esse é um exemplo de comentário wittgensteiniano que merece reflexão e discussão. Pense em como ficaríamos surpresos se o leão na jaula do zoológico de repente dissesse, em inglês: "Isso é terrivelmente injusto, me trancar assim, para ser observado por turistas." Que sentido pode ser dado ao leão tendo conceitos como injustiça, trancas e turistas? Se os leões, na natureza, pudessem falar, em "leonês", como isso poderia ser traduzido? A vida dos leões é radicalmente diferente em diversos aspectos da dos seres humanos. É claro, isso não significa que não haja semelhanças.

Façamos um rápido *tour* pela vida de Wittgenstein. O *tour* inevitavelmente precisa de acréscimos, ressalvas e nuances, mas nos fornece um sabor do entorno de seu pensamento.

Com um pai industrial bem-sucedido, judeu da Boêmia, e uma mãe austríaca, católica e bem relacionada,

Ludwig nasceu em 1889, em Viena, um de nove filhos (alguns cometeriam suicídio), em uma das famílias mais ricas e talentosas da Europa, então, um centro cultural. O Palácio Wittgenstein atraía artistas famosos da época: músicos, pintores, escritores — Klimt, Brahms e Mahler.

Ludwig evitou a vida de industrial planejada para ele, então, estudou engenharia na Universidade de Manchester, ficou intrigado com a filosofia da matemática, recebeu de Gottlob Frege a recomendação de ver Bertrand Russell, e, com a arrogância da riqueza e da criação, bateu à porta de Russell em Cambridge, sem aviso prévio, e Russell rapidamente o considerou não um excêntrico, mas um gênio.

Wittgenstein trabalhou na filosofia da lógica. Com a chegada da Primeira Guerra Mundial, juntou-se ao Exército Austro-Húngaro, escolheu funções na linha de frente — estava destinado a viver ou a morrer? —, passou um tempo em um campo de prisioneiros de guerra italiano e completou seu trabalho sobre lógica. Foi publicado em 1922 com o título *Tractatus Logico-Philosophicus*. Aqui está um pequeno trecho para mostrar sua estrutura formal:

TRACTATUS DE WITTGENSTEIN — UMA AMOSTRA

1 O mundo é tudo o que acontece.

1.1 O mundo é a totalidade dos fatos, não das coisas.

1.11 O mundo é determinado pelos fatos, e por estes sendo todos os fatos.

1.12 Pois a totalidade dos fatos determina tanto o que acontece, quanto tudo o que não acontece.

1.13 Os fatos no espaço lógico são o mundo. [...]

4.0312 A possibilidade de proposições se baseia no princípio da representação de objetos por signos. Meu pensamento fundamental é que as constantes lógicas não representam. Que a lógica dos fatos não pode ser representada.

4.032 A proposição é uma imagem de suas circunstâncias [...]

Tendo o *Tractatus* "resolvido" os problemas da filosofia — foi muito elogiado pelo Círculo de Viena —, Wittgenstein retornou à Áustria e trabalhou como professor primário, embora tenha ocorrido um escândalo por ele ter batido em um menino. Viveu um tempo na pobreza, recusando toda ajuda financeira (havia doado sua vasta herança), mas foi persuadido a retornar à Cambridge, por John Maynard Keynes e o jovem F. P. Ramsey. Retornou em 1929. Keynes escreveu em uma carta: "Bem, Deus chegou. Eu o encontrei no trem das 5h15."

De volta à Cambridge, o *Tractatus* garantiu a Wittgenstein um doutorado (Moore escreveu que era uma obra de gênio, mas que, ainda assim, merecia o doutorado em Cambridge), permitindo que ele recebesse como professor e posteriormente como professor titular. Suas palestras consistiam em muitos silêncios angustiados e pensamentos difíceis, dados a um pequeno grupo de alunos selecionados, e realizadas em seu austero quarto de faculdade. Wittgenstein distribuía dois conjuntos de notas, publicadas postumamente como *Os livros azul e marrom*. Chegou a comentar, mais tarde, que, como seus alunos provavelmente saíam das palestras sem nada na cabeça, pelo menos tinham algo em mãos.

Estimulado pelas críticas de Ramsey e por um gesto napolitano de Sraffa (um economista trazido para Cambridge por Keynes), ele rejeitou a teoria pictórica da linguagem do *Tractatus*, embora não a ideia por trás da obra, de que a filosofia propriamente dita era uma atividade, não um conjunto de proposições. Ele percebeu que, para resolver os problemas filosóficos, para dissolvê-los de fato, precisaria reconhecer a mistura de diferentes usos da linguagem como diferentes ações e com diferentes objetivos — algumas daquelas semelhantes, por exemplo, aos desprezos napolitanos. Suas *Investigações*, em forma e conteúdo, deram expressão a esses caminhos por meio de aforismos, interjeições e diálogos curtos.

11. Pense nas ferramentas em uma caixa de ferramentas: há um martelo, um alicate, uma serra, uma chave de fenda, uma régua, uma panela de cola, cola, pregos e parafusos. — As funções das palavras são tão diversas quanto as funções desses objetos. (E em ambos os casos há semelhanças.)

Wittgenstein viu seu pensamento anterior como equivocado, pois havia tentado regrar a linguagem em proposições que *retratavam* a realidade; o erro era um "anseio pela generalidade". Alguns entendem essa filosofia posterior não apenas como antiteoria, mas como uma apresentação da filosofia enquanto forma de terapia:

> 255. *O tratamento de uma questão pelo filósofo é como o tratamento de uma doença.*
> 593. *Uma das principais causas da doença filosófica — uma dieta unilateral: alimenta-se o pensamento com apenas um tipo de exemplo.*

John Wisdom — alguns anos depois, ocupou a cadeira de Wittgenstein — era um grande admirador e seguidor deste, mas, quando sugeriu a "leitura terapêutica" para o mundo, isso pareceu não ser bem recebido — bem, não por Wittgenstein.

Aqui está um exemplo da maneira revolucionária com que Wittgenstein enxergava as perplexidades filosóficas relacionadas à mente.

> *Posso saber o que outra pessoa está pensando, não o que eu estou pensando. É correto dizer que "eu sei o que você está pensando" e errado dizer que "eu sei o que estou pensando". (Toda uma nuvem de filosofia condensada em uma gota de gramática.)*

Ao contrário disso, exceto em circunstâncias estranhas de delírio onírico, a maioria dos filósofos, estudantes de filosofia e pessoas na taverna local sustenta que, certamente, posso saber e sei *o que* estou pensando e *que* estou pensando. Quanto a imaginar o que sabemos sobre os outros, é fácil para todos cairmos na tentação de que não podemos *realmente* saber o que os outros estão pensando. Podemos, com facilidade, nos sentirmos tentados a insistir que apenas testemunhamos o comportamento dos outros, nunca suas experiências — se é que eles de fato têm alguma experiência. Como sei que "outras mentes" existem? — uma preocupação já encontrada com Descartes.

Wittgenstein tenta dissipar tais preocupações. Como aprendemos as palavras? Como adquiri a palavra "dor" ou a expressão "estou pensando"? Quando criança, grito quando atinjo meu polegar com um martelo. "Isso deve ser doloroso; deve doer", diz o pai, correndo para esfregar o polegar do filho para melhorar. Isso não significa que não há pessoas que fingem estar com dor quando não estão; não significa que não há estoicos que conseguem esconder suas dores. Como adquirimos o conceito de dor, o uso da palavra "dor", isso permite espaço para tais casos.

O conhecimento, argumenta Wittgenstein, requer a possibilidade de erro, de dúvida. Quando estou com dor, não há como eu me perguntar se estou cometendo um erro, embora possa me perguntar a respeito da causa da dor. É claro, posso dizer: "Eu sei que estou com dor", enfatizando quando os médicos insistem que não conseguem encontrar nada de fisicamente errado comigo. Posso dizer: "Eu sei que estou com dor", como piada, aceita Wittgenstein — e lá vai, você pode supor, mais uma demonstração do humor dos filósofos. "Eu sei que estou com dor" é um pouco sem sentido, diz Wittgenstein, mas com a ressalva de que "se 'eu sei' estiver sendo usado em seu sentido normal" — e acrescenta: "De que outra forma devemos usá-lo?"

Essa pergunta precisa de séria reflexão; por que pensar que nós, filósofos, temos um acesso superior e especial ao "verdadeiro significado" de uma palavra? Como Wittgenstein e John Wisdom enfatizam: "Não pergunte pelo significado, pergunte pelo uso." Lembre-se da bobagem de Humpty Dumpty apresentada por Lewis Carroll.

Wittgenstein sugere que "estou com dor" é semelhante a gritar "ai!", não o caso de declarar um fato — e, é claro, é um absurdo linguístico dizer: "Eu sei *ai*".

Moore, em uma palestra, apontou que "eu acredito que ele saiu, mas ele não saiu" é uma coisa absurda para alguém dizer seriamente, mas pode muito bem ser verdade: ele não saiu, mas eu acredito que saiu.

Wittgenstein se apoderou do paradoxo de Moore, como ficou conhecido, tratando-o como altamente revelador para o tratamento adequado da expressão de certos estados psicológicos. "Minha própria relação com minhas palavras é totalmente diferente da de outras pessoas."

Quando, em resposta à pergunta de alguma pessoa, eu digo: "Acho que o ônibus chegará na hora", isso não é uma afirmação descritiva do meu estado mental, mas uma afirmação, com um certo grau de hesitação, de que o ônibus chegará na hora. Quando o ônibus não aparece, e essa pessoa sugere que, infelizmente, eu estava errado, seria, na melhor das hipóteses, uma piada fraca e indesejada responder: "Não, eu estava perfeitamente certo. Eu estava apenas descrevendo meu estado psicológico; eu *pensei* que o ônibus chegaria na hora."

De muitas maneiras, Wittgenstein desafia nossas suposições fáceis e enganosas sobre a natureza da mente e dos estados mentais. Por exemplo, o que é ter compreendido corretamente o significado de uma palavra, será que é ter aprendido a "continuar da mesma maneira" com o uso de um termo? Talvez sintamos erroneamente, sugere ele, que existem trilhos que se estendem para usos futuros, para nos manter fiéis aos significados — e para nos permitir reconhecer quando saímos dos trilhos, em direção a novos significados. No entanto, tais trilhos não existem.

A abordagem posterior de Wittgenstein à filosofia levou Russell, um grande admirador de seus primeiros trabalhos, a reclamar que a filosofia de Wittgenstein se tornara, "na melhor das hipóteses, uma pequena ajuda para lexicógrafos e, na pior, uma diversão ociosa de mesa de chá". Agora, essa condenação poderia muito bem ser aplicada a alguma filosofia de "linguagem comum" de Oxford, como a de J. L. Austin (observada no Capítulo 22, em contraste com a de Moore), mas não à de Wittgenstein. Wittgenstein, ao longo de seus trabalhos filosóficos, lutou contra os profundos enigmas de como a mente, a realidade e os limites da linguagem poderiam ser compreendidos.

***

Durante a Segunda Guerra Mundial, Wittgenstein não suportava pensar que ainda estava dando aulas de filosofia enquanto outros morriam nas trincheiras. Trabalhou como porteiro no Guy's Hospital, em Londres, e em outros lugares. Russell afirmava que as experiências de Wittgenstein lutando na Primeira Guerra Mundial o haviam mudado; tornara-se mais ascético, preocupado com o significado da vida; e, é claro, havia os traumas do sexo. Ao longo da vida, em vários momentos, ele valorizou certos relacionamentos homossexuais próximos. Lembremos que a atividade homossexual era ilegal na Grã-Bretanha na época. Isso parecia não preocupar muito pessoas como Keynes, E. M. Forster e outros do Grupo Bloomsbury, mas a lei repressiva levou ao suicídio de Alan Turing, outro ex-aluno do King's College, em Cambridge, e a um nervosismo entre muitos que estavam em evidência, como Benjamin Britten.

Wittgenstein, tanto o primeiro quanto o posterior, se angustiava com o significado da vida e com o que constituía uma boa vida. Ele sabia que deixava a desejar. Embora o *Tractatus* tenha sido adotado pelos membros do Círculo de Viena — Ramsey o apresentara a eles —, Wittgenstein se desesperou com a incapacidade deles de prestarem atenção às proposições finais. Encontramos algumas no Capítulo 1. Para Wittgenstein, elas são da maior importância.

> *6.4312 [...] O enigma é resolvido pelo fato de eu sobreviver para sempre? Esta vida eterna não é tão enigmática quanto a nossa atual? A solução do enigma da vida no espaço e no tempo está fora do espaço e do tempo.*
>
> *6.521 A solução do problema da vida é vista no desaparecimento desse problema. (Não é esta a razão pela qual aqueles que descobriram, após uma longa dúvida, que o sentido da vida havia se tornado claro para eles, foram incapazes de dizer do que constituía esse sentido?)*

> *6.522 Há, de fato, o inexprimível. Isso se mostra a si mesmo; é o místico.*

E há a famosa proposição final, a Proposição 7:

> *7. Quando não se puder falar, então deve-se calar.*

Perto de sua morte (de câncer), Wittgenstein brincou em seu aniversário: "Chega de regressos felizes." Seus últimos meses foram na casa de seu médico em Cambridge; foi cuidado pela esposa do médico. Suas últimas palavras foram que teve uma vida maravilhosa. Filósofos se perguntam o que ele quis dizer com "maravilhosa".

***

Como pensar como Wittgenstein? *Resista ao desejo por generalidade — e lembre-se sempre de que: se um leão pudesse falar, não o entenderíamos.*

28
HANNAH ARENDT: POLÊMICA, JORNALISTA?

Quanto mais bem-sucedido um mentiroso é, mais provável é que ele se torne vítima de suas próprias invenções.
(Hannah Arendt)

Hannah Arendt era uma filósofa, embora dissesse que não. Às vezes, parecia se angustiar por não a tratarem como filósofa ou, pelo menos, como teórica política séria, e mais como "apenas uma jornalista". Um ex-jornalista, primeiro-ministro do Reino Unido por um breve período, no início da década de 2020, e, depois, jornalista novamente, observou que ninguém ergue estátuas para jornalistas. É claro, poucos filósofos adquirem o *status* de estátua, e é improvável que Arendt buscasse tal *status*. Talvez ela visse sua rejeição enquanto filósofa como algo baseado em um preconceito da época contra o pensamento das mulheres. Na verdade, ao longo dos anos, seu pensamento recebeu apoio reflexivo crescente; por outro lado, alguns continuam a gerar horror.

Embora fosse uma talentosa estudante de filosofia, os eventos e experiências do antissemitismo na Alemanha da década de 1930 impulsionaram seu pensamento subsequente; e essa experiência vivida intriga ao analisarmos sua obra. O trabalho não tem um tema abrangente, mas reflete sobre política, sociedade e ser humano. Seu pensamento filosófico, ela enfatizaria, vinha de sua *experiência vivida* — como deveria ser todo nosso pensamento filosófico.

No mundo público dos instruídos, Arendt tornou-se notória por seu artigo em cinco partes no *New York Times*, no qual relatava o julgamento israelense de Adolf Eichmann. Foi sua expressão "a banalidade do mal", ao avaliar Eichmann, que a colocou em apuros. Talvez a questão tenha se agravado por seus relatos de horrores nazistas vinham cercados por anúncios brilhantes de poltronas acolchoadas, televisores coloridos e presilhas de cabelo com diamantes Cartier. Antes de nos voltarmos para essa má fama, vamos dar uma olhada em suas experiências de vida, tão importantes para seu pensamento.

Nicolau Maquiavel, famoso pela obra *O príncipe*, do início do século XVI, vem à mente ao refletirmos sobre Arendt. Ela tinha um interesse explícito no republicanismo e na necessidade de uma democracia participativa dele. Há duas maneiras adicionais pelas quais podemos ver Maquiavel surgindo em sua vida.

Primeiro, Arendt reconhecia que, em comparação com a maioria dos judeus na Alemanha, ela fora salva pela Fortuna, pela boa-sorte. Maquiavel enfatizava como o sucesso ou não das vidas políticas dependia em parte da Fortuna. Acrescento que a srta. Fortuna, como eu a chamo, é o principal fator em todas as nossas vidas. Quem somos, nossos talentos e nossas circunstâncias, resultam de boa ou má sorte.

Segundo, Maquiavel reconhecia a chamada "realidade" dos líderes, dos príncipes; para governar com sucesso, precisavam se envolver com mentiras e coisas piores. Precisavam "não ser bons". Arendt escreveu sobre essa realidade e buscou uma sociedade que pudesse transformá-la.

Maquiavel, eu sugiro, recomendou uma moralidade de dois níveis: uma para os cidadãos que deviam seguir as regras e outra para os líderes que estava "acima" das regras. Essa "superioridade", que legitimava as "mãos sujas", é justificada como necessária para a segurança e prosperidade dos cidadãos de, no caso de Maquiavel, Florença, resultando na glória dos líderes. A Grã-Bretanha e os Estados Unidos não foram imunes a líderes que adotavam o engano e pensavam estar acima da lei — nem mesmo para o benefício do povo, mas para, principalmente, manter o poder político, o interesse próprio e o engrandecimento pessoal —, bem, pelo menos é o que parece. Arendt, durante a vida, tanto na Alemanha quanto nos Estados Unidos, experimentava diretamente o engano na política — e o detestava.

Voltando à srta. Fortuna, vejamos sua atuação na vida de Arendt.

Arendt foi criada em uma família não religiosa, judaico-alemã. Estudou com filósofos importantes: primeiro, com Heidegger, depois, Husserl e, então, Karl Jaspers. Teve um caso romântico intenso com Heidegger, e, mesmo depois do término, mesmo quando o antissemitismo dele se tornou óbvio, mesmo quando ambos já estavam casados com outras pessoas, ela manteve contato, revisitando-o muito mais tarde na vida.

Com os nazistas no poder na década de 1930, a esperança de uma colocação acadêmica desapareceu e, tornando-se mais consciente do crescimento do antissemitismo, Arendt se envolveu ativamente em movimentos judaicos e sionistas. Como resultado, foi presa pela Gestapo em 1933 e interrogada por oito dias, mas, como a Fortuna quis, foi libertada, ao passo que outros, em circunstâncias semelhantes, foram encontrados em porões sujos, assassinados.

Ela conseguiu fugir para Paris, sendo recebida como uma "exilada ilegal". Alguns empregos remunerados surgiram em seu caminho através de organizações judaicas/sionistas, apesar de (ou provavelmente por causa das razões para) sua condição ilegal, apátrida e sem-teto. Fortuna estava novamente em ação. As autoridades francesas, pouco antes da ocupação alemã, enviaram todos os "estrangeiros ilegais" para campos de internamento perto da fronteira espanhola. Com a Fortuna em operação, ela conseguiu escapar, encontrando-se com o marido e a mãe e, por cortesia de mais sorte, viajando para Portugal, finalmente alcançando o destino desejado em 1941, ao chegar em Nova York. Apesar das adversidades iniciais — pouco dinheiro e pouco conhecimento da língua inglesa —, ela progrediu até ocupar cargos acadêmicos, tornando-se mais do que "apenas uma jornalista".

As experiências de Arendt a levaram a escrever a respeito dos horrores de ser apátrida, de ser excluída. Na Alemanha, como judia, foi excluída; na França, como imigrante ilegal, foi excluída. Inimigos, observou ela, enviam inimigos para campos de concentração; amigos os enviam para campos de internamento. Na Alemanha nazista, ela, como judia, era uma pária, uma excluída. O termo "pária" deriva do tâmil, seu uso está destinado à casta inferior. Isso a levou a falar de como alguns judeus se conformavam com sua posição e, trabalhando internamente, se assimilavam como "arrivistas", alpinistas sociais — para alguns, uma forma de autoengano. Arendt argumentava que não se devia colaborar com conivência; era necessário assumir um compromisso político como um pária consciente. De fato, suas obras se preocupavam em como melhorar o discurso político, principalmente para beneficiar os excluídos; ela, porém, não tinha o ativismo político de um Russell, Sartre ou Beauvoir, do tipo que levava à prisão nos Estados Unidos.

Ela se baseou nas próprias experiências para tornar vívido o que era ser expulsa da comunidade humana e perder, como disse, *o direito de ter direitos*. Ser apátrida é não ter direitos. Esses indivíduos não são iguais perante a lei, nem mesmo desiguais perante a lei; estão fora da lei. A expressão máxima dessa expulsão manifestou-se nos campos de concentração nazistas, onde os indivíduos não eram mais tratados como seres humanos. A ideologia, o *logos* dos campos de concentração, era que os prisioneiros não tinham personalidade nem individualidade, eram apenas partes do mecanismo do campo; não havia sentido em se preocupar com o pensamento ou privacidade deles, não mais do que se preocupar com o pensamento ou privacidade de um trator ou lata de lixo. Tratar seres humanos como não mais humanos também ocorreu, é claro, em genocídios e guerras mais recentes.

Na direção de seres humanos perdendo o direito de terem direitos está o tratamento para com refugiados e migrantes que, desesperados, cruzam a fronteira entre os Estados Unidos e o México, ou que chegam às costas da Grã-Bretanha após viagens horrendas partindo de longe, seguidas de travessias perigosas do Canal da Mancha. Apesar das convenções internacionais, aqueles que chegam à Grã-Bretanha são prontamente considerados "imigrantes ilegais" e acabam sendo enviados para outros lugares quase como carga humana. Inclusive, na Grã-Bretanha, as pessoas da "geração Windrush", muitos indivíduos afro-caribenhos que entraram legalmente na região em 1948, no HMT *Empire Windrush*, sofreram com políticas e leis do governo implementadas na década de 2010, que promoviam o "ambiente hostil". Sem a documentação necessária, foram tratados quase como se não tivessem o direito de ter direitos, exceto o de serem enviados de volta. Não eram britânicos "de verdade".

Na influente obra de Arendt, *Origens do totalitarismo*, publicada em 1951, foram exploradas questões semelhantes, ligadas ao antissemitismo, ao racismo e ao imperialismo. Seus escritos, às vezes, podem induzir ao erro, como se apenas em estados totalitários fosse possível ser um pária, mas, como ela deixa claro, as pessoas também podem ser párias em democracias liberais, em estados capitalistas. Pode-se certamente ser condenado por pensar os pensamentos errados — e ela foi.

Como resultado de uma decisão da Suprema Corte dos Estados Unidos em 1954, tropas impuseram a integração racial em uma escola em Little Rock, Arkansas. Dois anos depois, o ensaio de Arendt, "Reflexões sobre Little Rock", se opôs a essa dessegregação, causando indignação. Então como Arendt — "Lady Arrogante", como alguns a chamavam —, uma grande oponente do antissemitismo, oponente da discriminação racial, poderia apoiar a segregação?

A resposta é que ela se baseava em sua distinção entre o político e o social. Ela gostava de categorizações. Cada vez que saímos de casa e entramos no mundo público, entramos na arena social, diz ela, não na política, e, portanto, não naquela que exige igualdade de tratamento.

> *Se, como judia, desejo passar minhas férias apenas na companhia de judeus, não vejo como alguém poderia, de forma sensata, me impedir de fazê-lo; assim como não vejo razão para que outros resorts não atendam a uma clientela que não deseja ver judeus durante as férias. Não pode haver um "direito de entrar em qualquer hotel ou área de recreação ou local de diversão", porque muitos deles estão no reino do puramente social, onde o direito à*

> *livre associação, e, portanto, à discriminação,
> tem maior validade do que o princípio
> da igualdade.*

Ela se opunha à discriminação em serviços públicos, ônibus e trens, dos quais todos precisavam para levarem a vida, mas curiosamente não chegou a incluir a educação pública nesses serviços.

Sua postura a tornava uma pária, uma excluída, aos olhos de muitos, especialmente dos afro-americanos. Arendt parece ter esquecido a importância de assumir o ponto de vista dos outros e tornar-se consciente de sua experiência vivida — importância que ela geralmente destacava. A controvérsia, porém, tem mérito, pois nos lembra de que há um dilema em relação a até onde impor limites e quando não discriminar. Podemos perguntar: com base em quê ela julgava que a livre associação nos casos citados tinha "maior validade" do que a igualdade no acesso à educação?

Para ampliar os dilemas da imposição de limites, o que poderia justificar os procedimentos de acesso aos tribunais e, portanto, à justiça, que são discriminatórios? Muitas pessoas não podem pagar para ter acesso, enquanto os ricos podem. Discriminações semelhantes são aceitas, e prejudicam os já desfavorecidos em relação à saúde, às necessidades de vida e até mesmo à capacidade de votar em eleições. Leis de identificação de eleitores foram introduzidas em certos estados dos Estados Unidos e na Grã-Bretanha, leis que, como se mostra, afetam adversamente os mais pobres.

***

Foi em 1963, com a publicação de *Eichmann em Jerusalém: um relato sobre a banalidade do mal*, que o pensamento de Arendt levou a uma controvérsia mais acalorada. Sua referência à "banalidade do mal" foi justificada pelo comportamento de Eichmann no julgamento israelense de 1961. Eichmann era um homem sem imaginação, que cumpria ordens obedientemente, embora assassinando milhares de pessoas; ele nunca teria agido ilegalmente, por exemplo, matando seu superior. Ele era como uma máquina, com uma justificativa burocrática para seus atos horrendos. Havia uma falta de reflexão em tudo que fazia. Ele não demonstrava sentimentos profundos, parecia chato, superficial, banal, e sua única motivação era promover a carreira pessoal. Apenas isso.

Mais uma vez, Arendt se tornava uma espécie de pária, então, em especial para as comunidades judaicas. Sentiam que ela estava sendo leviana ao trivializar a brutalidade dos campos de concentração e os horrores do antissemitismo. É claro, essa não tinha sido sua intenção. Ela não estava absolvendo Eichmann, e até concordava que ele deveria ter sido executado. Chamava a atenção para como a política podia ficar presa em uma mentalidade burocrática e científica, não dando espaço para um debate público genuíno, para um pensamento adequado. Ela falava da necessidade de pensar sem um corrimão. "O mal vem da falta de pensar." Ela estava, no fundo, nos lembrando do projeto do Iluminismo, de pensar por si mesmo, como visto anteriormente em Hume e Kant.

A criatividade no pensamento, argumenta Arendt, era prejudicada por aqueles filósofos cuja razão mostrava como um estado devia ser governado e como havia uma expertise para os governantes adquirirem. Ela tinha Platão em mente. É claro, quando ela prescreveu a necessidade de engajamento civil, de um republicanismo, também dizia como um estado devia ser governado. Deixando de lado esse problema paradoxal, devemos valorizar o fato de que ela, pelo menos, destacou os perigos em nossas sociedades liberais.

Os perigos, ela acreditava, resultaram de as ciências humanas, econômicas, sociológicas e políticas terem imitado a física pela matematização e uso de estatísticas. Havia uma suposta conformidade no pensamento, ou seja, que o fim era o acúmulo de riqueza. Mesmo em democracias liberais, onde supostamente debates políticos ocorriam, havia muito apego ao corrimão. Em contraste, ela valorizava encontrar opiniões diversas, ter pessoas pensando de forma diferente, nos protegendo daquela certeza divina que "reduz as relações sociais às de um formigueiro". A política precisava de espontaneidade.

Por ter a coragem de se manifestar — e de trazer à tona verdades desagradáveis —, Arendt se tornou uma espécie de pária bem antes do alvoroço causado pela "banalidade do mal". Nos tempos terríveis da Alemanha dos anos 1930, ela foi marginalizada por muitos na comunidade judaica. Embora inicialmente apoiasse o sionismo, ficou horrorizada com o projeto sionista de tomar uma parte da Palestina e, com efeito, de gerar um estado de apatridia para milhões de palestinos. Ela se recusou a se apegar ao corrimão do sionismo; e foi silenciada.

***

Em 1940, Bertolt Brecht escreveu o poema "Aos que virão depois de nós". Ele começa com "Em verdade, vivo em tempos sombrios"... mas Arendt esperava pelo menos um pouco de iluminação, mesmo em tais tempos. A iluminação vem:

> *Menos de teorias e conceitos do que da luz*
> *incerta, bruxuleante e muitas vezes fraca*
> *que alguns homens e mulheres, em suas*
> *vidas e obras, acenderão sob quase todas as*
> *circunstâncias e lançarão sobre o período de*
> *tempo que lhes foi dado na terra.*

***

Como pensar como Hannah Arendt? *Preste atenção às experiências vividas pelas pessoas; participe do discurso político — e não se apegue a nenhum corrimão.*

29
IRIS MURDOCH: ATENTA

Aqueles que querem ser salvos devem olhar para as estrelas e falar de filosofia, não escrever ou ir ao teatro.
(Iris Murdoch)

Eis aqui Elias Canetti, vencedor do Prêmio Nobel de Literatura, escrevendo sobre a obra de Iris Murdoch, *Metaphysics as a Guide to Morals* (Metafísica como um guia para a moral), de 1992:

> *O livro dela é muito mal escrito, desleixado, como palestras que não foram suficientemente revisadas. Não importaria muito se tivesse algo a dizer, porque tudo que ela faz é citar centenas de passagens e pronunciamentos de Wittgenstein, daquela maneira servil do culto a Wittgenstein, particularmente em Oxford.*

Podemos duvidar um pouco da objetividade de Canetti: os dois "tiveram um caso" e, ao passo que Murdoch escrevia muitos romances admirados, Canetti não era tão prolífico. Aqui está Murdoch, filosofando, sem qualquer escravidão a Wittgenstein:

> *Olho pela minha janela em um estado de espírito ansioso e ressentido, alheia ao entorno, pensando talvez em algum dano causado ao meu prestígio. Então, de repente, observo um peneireiro voando no céu. Em um instante, tudo se altera. O eu pensativo com sua vaidade ferida desapareceu.*

Murdoch está se "desfazendo de si", um dos focos de sua filosofia. Prestar atenção ao peneireiro e a sua beleza acaba por limpar das preocupações egoístas a mente dela, que se tira "de *si mesma*". Ela escreve a respeito da "soberania do Bem", aludindo à ascensão de Platão até os valores objetivos como a Beleza. Abaixo, está o contexto dela.

Envolvidas com a filosofia em Oxford, na década de 1940, havia quatro jovens mulheres: Philippa Foot, Elizabeth Anscombe, Mary Midgley... e Iris Murdoch. A guerra afetara a maneira como essas quatro viam a filosofia moral. Os horrores — os campos de concentração nazistas, o ataque deliberado a civis, as bombas atômicas lançadas sobre o Japão — as convenceram da falsidade da ideia, então, em voga, em partes da academia filosófica, de que a filosofia só poderia olhar para o uso da linguagem moral; não existia base para determinar o que era objetivamente certo e errado, bom e mau.

Como essas amigas com mentes filosóficas progrediram? Bem, de classe alta, Foot continuou no meio acadêmico de Oxford, enquanto Midgley se mudou, formou uma família, voltou-se para a filosofia alguns anos depois em Newcastle upon Tyne — e teve uma grande e contínua disputa, a partir de 1979, com o cientista Richard Dawkins, autor de *O gene egoísta*. A formidável Anscombe, que já encontramos no Capítulo 19, caiu sob o feitiço de Wittgenstein em Cambridge e, no fim, acabou ocupando a cadeira professoral que era dele.

Murdoch, como já demonstrado por Canetti, também foi muito afetada por Wittgenstein — ela se mudou para Cambridge, mas conseguiu apenas um breve encontro com ele. Aparentemente, ele comentou: "É como se eu tivesse uma macieira em meu jardim, e todos estivessem levando as maçãs embora e enviando-as para todo o mundo." Bem, Murdoch enviou a si mesma pelo menos pela Europa, encontrando Sartre, Beauvoir e muitos outros. Logo, estaria escrevendo uma breve introdução ao pensamento de Sartre.

Dentro da comunidade filosófica, Murdoch é reconhecida como filósofa; fora, é principalmente uma romancista inglesa bem-conceituada (embora, é verdade, não tão bem-conceituada segundo Canetti). Ao contrário de Sartre, ela procurava evitar a filosofia em seus romances. Devemos duvidar se ela alcançou o que buscava.

***

"A moralidade não está solta", nos diz Murdoch. Esse é um ataque aos positivistas lógicos (mencionados no Capítulo 13) e aos existencialistas; ambos veem a moralidade como sempre independente dos fatos empíricos.

O existencialismo, sem pormenores, nos diz que os valores, sejam eles morais, políticos ou estéticos, são livremente escolhidos. Estão livres do mundo empírico, livres dos nossos sentimentos, da razão, de qualquer senso de dever ou consciência. Podemos ponderar que, por exemplo, denunciar irregularidades poderia levar à perda de empregos, ou que carros autônomos colocariam vidas em perigo. Esses fatos, juntamente com nossos sentimentos quanto a eles e nossas ponderações, não são suficientes para nos dizer o que *devemos* fazer. Isso gera a angústia de termos liberdade; precisamos escolher. A vontade de escolher é livre e vazia. Como observação, podemos, então, nos perguntar: por que nos preocuparmos em coletar fatos e ponderar, se, no final, nossas escolhas podem ir em qualquer direção?

Murdoch insiste — certamente, de maneira correta — que, ao decidirmos o que fazer, em geral não experimentamos a nós mesmos da mesma maneira que uma "escolha aleatória". Ao optarmos por uma escova de dentes, podemos não ter um bom motivo ou sentimento para escolher esta e não aquela, a azul e não a roxa, mas escolher se devemos quebrar uma promessa, ajudar alguém ou enganar o eleitorado é diferente dessa deliberação dentária.

Esse esboço do existencialismo precisa de qualificação, caso represente a versão de Sartre, pois este reconhecia que "fatos" podiam ser carregados de valor. "Denunciar irregularidades" traz consigo um elemento avaliativo, assim como "colocar em perigo" — e assim como mentir, ajudar, prometer. Reflita a respeito das muitas descrições que usamos: ele é grosseiro, rude, indelicado; ela é generosa, amorosa, ansiosa; a observação foi maldosa; o desempenho, nojento.

As expressões avaliativas que acabamos de usar ficaram conhecidas como conceitos morais "espessos", em oposição aos "finos": "bom", "mau", "certo", "errado". No entanto, podemos sentir razoavelmente que um conceito espesso combina uma avaliação fina com uma descrição. "Amantes do espesso" rejeitam essa redução a uma dupla: um conceito espesso deve ser unitário, de alguma forma indivisível.

Essa posição unitária é difícil de manter. Sim, há espessura no fato de que, por exemplo, a coragem das pessoas pode se manifestar através de uma ampla gama de ações; mas, ainda assim, precisamos reconhecer que, no final, oferecemos a avaliação "fina" de elogio ou culpa, "certo" ou "errado", "bom" ou "mau". Podemos, às vezes, ver as ações como imprudentes e não dignas de elogio; podemos até aceitá-las como corajosas, e insistir que, em tal contexto, tais ações foram erradas. Seja qual for o caminho pelo qual os argumentos seguirem, espesso ou fino, a introdução de conceitos espessos estará de acordo com o chamado de Murdoch para que *prestemos atenção* — para vermos que nuances e diferenças, carregando avaliações, estão presentes no mundo.

A rejeição de Murdoch à vontade livre é claramente uma rejeição ao positivismo lógico — filosofia muito identificada com o Círculo de Viena do início do século XX. O pensamento do Círculo ganhou destaque na Grã-Bretanha com A. J. (Freddie) Ayer, que trouxe de volta sua revolução conceitual em seu famoso livro *Linguagem, verdade e lógica* (1936). Anos depois, reconheceu que o livro estava errado em quase todas as páginas. Isso contrasta, aliás, com o comentário confiante de Dawkins, muito desafiado por Midgley, sobre a contínua exatidão em todas as páginas de seu livro *O gene egoísta*.

Em conformidade com o empirismo de David Hume, o Círculo afirmava que as declarações, para fazerem sentido, deveriam ser a respeito do mundo empírico — abertas a algum grau de verificação ou falsificação através de experiências — ou como relações de ideias, verdades e falsidades baseadas em definições conceituais. Qualquer outra coisa — será que até mesmo essa afirmação do Círculo? — era um absurdo; deveria ser "entregue às chamas", para citar Hume. Parecia, então, não haver lugar para reivindicações de moralidade, como "matar é moralmente errado" — bem, nenhum lugar, exceto as chamas.

A abordagem do Círculo deu origem à teoria emotiva: a moralidade nada mais é do que expressões de "eca!" para algumas coisas e "viva!" para outras, talvez ligadas a recomendações para fazer o que quer que gere o "viva!" e para resistir ao que quer que tenha o fator "eca!". Desacordos em moral são semelhantes a desacordos em gosto: "Eu gosto de gim", diz A; "Eu não gosto de gim", diz B. A imoralidade de torturar pessoas apenas por diversão — ou dos genocídios ou da escravidão moderna — certamente não equivale a nada além de um desgosto pelas atividades. Preste atenção, insiste Murdoch; as atrocidades não são atrocidades apenas porque pensamos que são. São atrocidades, objetivamente, e merecem indignação moral.

Murdoch também desafia a crença de que a moralidade está sempre ligada à ação. Muitas vezes está — "pelas suas ações, você será conhecido" —, mas enfatiza como as preocupações morais podem existir apenas em nosso íntimo. Seu exemplo, um tanto prolixo, mas considerado altamente fértil por alguns, fala de uma sogra (S) e uma nora (N). S se comporta lindamente durante a estadia do casal, mas, durante todo esse tempo, S tem uma opinião negativa de N.

S acha N uma garota de bom coração, mas, embora não seja exatamente comum, certamente não é polida e carece de dignidade e refinamento. N tende a ser atrevida e familiar, insuficientemente cerimoniosa, brusca, às vezes positivamente rude, sempre juvenil, de um modo cansativo. S não gosta do sotaque de N nem da maneira que N se veste.

S é inteligente, bem-intencionada, capaz de autocrítica, e, assim, *presta atenção* à sua atitude em relação a N. "Talvez eu seja antiquada, esnobe, ciumenta — meu filho foi tirado de mim." Há uma mudança moralmente significativa na mente de S, embora nada tenha mudado em seu comportamento em relação a N ou no comportamento de N. S, então, passa a ver a nora como "não vulgar, mas agradavelmente simples; não sem dignidade, mas espontânea; não cansativamente juvenil, mas deliciosamente jovem".

A sogra assume uma "visão ativa", diz Murdoch. Ela vê a nora sob um novo prisma, mas sem que tenham ocorrido mudanças comportamentais. Quando a sogra via N sob o aspecto de barulhenta e juvenil, sua visão era restrita; talvez, antes, ela não tivesse imaginação e simpatia. S quer, no entanto, acertar as coisas; era uma questão de atenção sincera, não de uma mudança de ideia sem fundamento.

Como vimos no capítulo sobre Bertrand Russell, Keynes disse a famosa frase: "Quando os fatos mudam, eu mudo de ideia; o que você faz, senhor?" Aqui, mesmo quando os fatos não mudam, podemos mudar de ideia, talvez com razão — por favor, veja o exemplo do chapéu e do Taj Mahal (próximo capítulo). Murdoch, no entanto, não responde à pergunta de como podemos saber quando a atenção basta ou se foi devidamente aplicada. Podemos presumir que nem sempre a última reflexão atenta seja a correta; afinal, o autoengano pode estar em jogo.

Murdoch não tornou a vida moral fácil nem tornou fácil o que queria dizer. Ela clamava por "um olhar justo e amoroso" e pelo reconhecimento da necessidade de buscar o Bem. Além de se deixar levar por ideias de Platão, demonstrava afinidade com a posição de G. E. Moore, de que o "bom" era indefinível. Sua ênfase, no entanto, estava em nossa capacidade de refletir quanto nós mesmos e ver como poderíamos crescer moralmente através da imaginação e da atenção. A moralidade requer visão do artista, em vez de alguma análise científica ou adoção de uma teoria moral. Em seu primeiro romance publicado, *Sob a rede* (1954), a "rede" é uma alusão ao *Tractatus* de Wittgenstein, e consiste em generalizações e teorias às quais devemos resistir — como o próprio Wittgenstein, na época, passou a ver, indo para além de seu *Tractatus*. Um sapato não serve para todos. "Toda teorização é fuga."

É preciso atenção aos detalhes. Inevitavelmente, porém, nos engajamos com a aplicação de conceitos, embora nebulosos e mutáveis. Há um misticismo em Murdoch, mas com um aspecto utilitário e prático; ela apresenta uma "imersão no mundo real" do sofrimento e da necessidade humanas.

> *Quando jovem, eu pensava que a liberdade era a coisa mais importante. Mais tarde, senti que a virtude era a coisa mais importante. Agora, começo a suspeitar que liberdade e virtude são conceitos que deveriam ser ancorados por um pensamento mais fundamental a respeito de uma qualidade adequada da vida humana, que começa no nível da alimentação e do abrigo.*

Lembre-se de quando Simone Weil disse: "Você nunca passou fome" — uma ótima "resposta" à prioridade de Simone de Beauvoir em dar sentido à própria vida (Capítulo 25). Podemos acrescentar que é muito bom falar brilhantemente da glória da liberdade, mas como isso poderia ajudar os despossuídos, aqueles que não têm os meios para desfrutar das chamadas liberdades da sociedade?

A contingência das necessidades humanas se intromete desajeitadamente nos devaneios de Murdoch, mas isso não deve diminuir a importância desses devaneios. Ela, às vezes, se volta para o erótico — daí, novamente para Platão — e dá uma ideia do que tem em mente.

Como visto no Capítulo 5, Platão pensava no amor erótico como um possível passo na direção de compreender a visão elevada da Forma da Beleza, levando a alma à Forma do Bem. É verdade que seguir nessa direção não é nada fácil. Com o amor erótico, muitas vezes, há uma possessividade; além disso, os desejos corporais por satisfação sexual podem nos deixar menos propensos a prestar mais atenção. Murdoch está bem ciente dessas dificuldades; ela teve muitos casos. O amor pode fechar nossos olhos para o Outro como pessoa, em vez de encorajar a atenção, mas, quando as coisas vão bem... ele pode — como o peneireiro — nos afastar da obsessão pelo eu.

***

O que podemos, então, concluir do pensamento filosófico de Murdoch? Seu apelo, sugiro eu, é sua combinação incômoda das realidades da vida com um desejo de compreender algo além. Esse anseio, de diferentes maneiras, ocorre em Platão, Kierkegaard e Simone Weil. Embora escreva muito da visão do Bem — embora compartilhe da aceitação de Platão quanto ao erotismo como forma de alcançar o conhecimento —, Murdoch está bem ciente do mundo confuso que é ser humano, que é reconhecer os outros e também ser um Outro para esses outros. Aqui está Charles Arrowby, de *O mar, o mar*:

> *Então, eu senti também que poderia aproveitar esta oportunidade para amarrar algumas pontas soltas, mas, é claro, pontas soltas nunca podem ser amarradas adequadamente, a gente está sempre produzindo novas. O tempo, como o mar, desata todos os nós. Os julgamentos sobre as pessoas nunca são definitivos, eles surgem de somas que imediatamente sugerem a necessidade de uma reconsideração. Os arranjos humanos nada mais são do que pontas soltas e cálculos nebulosos, não importando o que a arte possa fingir para nos consolar.*

Podemos nos lembrar das lutas de Kierkegaard com a identidade enquanto vivia sua vida para a frente; podemos nos lembrar da ênfase de Sartre em que, na morte, somos "presas" do Outro — e que estamos prestes a encontrar uma desolação desesperadora lançada sobre tudo isso, cortesia de Samuel Beckett.

***

Como pensar como Iris Murdoch? *Preste atenção para além de si, abra os olhos para o erótico e para o amor, para o Belo, o Verdadeiro e o Bem.*

30
SAMUEL BECKETT: NÃO EU

> Não posso continuar.
> Vou continuar.
> (Samuel Beckett)

Com frequência, ouvimos pessoas dizerem que estão "passando o tempo". Com sua sabedoria e sagacidade características, Samuel Beckett responde: "O tempo teria passado de qualquer maneira." E a passagem do tempo é um tema central para Samuel Beckett em seus romances, peças e poemas — que retratam, de forma comovente, o que é ser humano para muitas pessoas, submetidos a sofrimento, tédio e falta de sentido. Assim como o trabalho de qualquer bom filósofo, é algo que nos faz pensar, podendo até mesmo despertar aqueles que estão acomodados e satisfeitos com suas vidas, mas negligentes quanto ao sofrimento alheio, indiferentes à própria mortalidade — e até mesmo com os olhos fechados para essa mortalidade.

Em um dos primeiros contos de Beckett, "Dante e a lagosta", Belacqua compra uma lagosta para sua tia. Ao desembrulhá-la, ele, de repente, percebe que o animal está vivo; ele se move — não à toa, o peixeiro dissera que estava fresco. A lagosta sobrevivera a várias adversidades, até um gato sem juízo arranhara o embrulho, mas, então, a tia estava prestes a jogá-la em água fervente.

> *Ela ergueu a lagosta da mesa. A lagosta tinha cerca de trinta segundos de vida. Bem, pensou Belacqua, é uma morte rápida, que Deus nos ajude a todos. Não é.*

O que uma lagosta sente durante os trinta segundos em que é fervida — e quanto tempo duram esses trinta

263

segundos da perspectiva da lagosta? Lembre-se da pergunta sobre como o morcego experimenta o mundo (Capítulo 11).

Os romances e peças de Beckett — e sua vida — demonstram uma aguda consciência do sofrimento. Seus personagens principais são frequentemente os destituídos, os explorados, os excluídos, em condições sórdidas, com seus problemas biológicos, às vezes, grosseiramente descritos. A filosofia de Beckett, em sua arte, nos mostra a realidade através de um retrato honesto, uma realidade muito diferente, muito distante, por exemplo, do exame de sutilezas linguísticas acompanhado de uma taça de xerez em uma torre de marfim, ainda que, em sua escrita, ele tenha prestado atenção considerável a usar a palavra e o ritmo certos para uma frase.

Em sua vida, distinta de sua arte, Beckett ajudava os outros sempre que podia. Ele era tocado, profundamente afetado, pelo sofrimento da humanidade — e pelo sofrimento dos animais não humanos. Em relação a estes últimos, ele fazia gestos: evitava comer carne sempre que possível, embora, por viver na França, com suas maravilhas gastronômicas, e com Beckett sempre educado como convidado em jantares, muitas vezes não podia evitar.

A pequenez, a experiência da solidão e da impotência em um vasto universo são encontradas em muitas das obras de Beckett, assim como nas de Kafka. Beckett expõe e enfatiza nossas inadequações humanas, a inutilidade de nossos esforços, o vazio final. Em consonância com Schopenhauer, ele vê o pecado mortal de Adão não em obter conhecimento proibido, mas na procriação. Beckett não teve filhos, ficava inquieto na companhia de crianças e, aparentemente, de modo extraoficial, mostrava-se indignado com aqueles que insistiam em ter famílias, apesar do provável resultado sombrio.

Muitos dos personagens de Beckett destacavam as perturbações, contingências e acidentes de vir a ser, do nascimento, tanto quanto os de nossa derradeira morte e do não ser. Na peça *Fim de partida*, de 1957, Hamm amaldiçoa o pai, embora costume não pensar tão mal da mãe:

> *Eu sei que ela fez tudo o que pôde para não me ter, exceto, é claro, a única coisa, e se ela nunca obteve sucesso em me desprender, foi porque o destino me reservou esgotos menos compassivos.*

Podemos pensar que é melhor não ter nascido — um pensamento que encontramos expresso por Sófocles no capítulo sobre Schopenhauer. Esse pensamento se torna, em conceito, um tanto desconcertante, caso expresso como: "Teria sido melhor *para mim* não ter nascido". Como assim "para mim", se eu não existia na época? Será que poderia ter sido melhor "para mim" que meu nascimento não tivesse sido bem-sucedido ou que eu tivesse tido uma morte precoce e indolor na infância?

O que fazer, agora que estamos aqui, existindo, vivos, no "esgoto da vida"? O aforismo de Kafka pode ser adequado: "De um certo ponto em diante, não há mais como voltar atrás. Esse é o ponto que deve ser alcançado." Incapaz de voltar atrás, Beckett, ao que parece, recomenda vivermos da forma mais indolor possível, idealmente com arte, humor irônico e ajudando aos outros. É claro, muitos recorrem ao sexo, confiando nas exigências eróticas da biologia e no inevitável sucumbir — Beckett não era imune a isso —, mas essas exigências, enquanto algo digno, recebiam o ceticismo de Beckett.

O narrador de *O inominável* descreve seu encontro sexual com Ruth — ou seria seu nome "Edith"? — no qual, em suas palavras, "eu trabalhei e me esforcei até que descarreguei, ou desisti de tentar, ou ela implorou para eu parar [...] Um jogo de otários, na minha opinião [...] Mas me entreguei àquilo com uma graça boa o suficiente, sabendo que era amor, pois ela me dissera isso".

O primeiro sucesso notável de Beckett no palco foi a peça em dois atos *Esperando Godot* (1953). Os personagens centrais, Vladimir e Estragon, vagabundos, sofrem a passagem do tempo e tentam se ocupar, sem um fim à vista, sem nenhum assunto em mãos, a não ser esperar por Godot. Um crítico escreveu a respeito dela: "uma peça em que nada acontece — duas vezes". Muitos na plateia a achavam bem-sucedida demais — em ser dolorosamente chata; muitos ainda acham. Outros ficavam impressionados com o que a peça expressava, mesmo que duas vezes. De fato, a repetição frequentemente desempenha um papel no pensamento de Beckett, dado seu interesse no tempo e na mudança.

***

Beckett nasceu em 1906, perto de Dublin. Alguns comentaristas chegaram a presumir que ele teve uma educação católica sombria e cheia de culpa; na verdade, sua origem era protestante e de classe média alta, encaixando-se bem com o fato de acabar se tornando um jogador de críquete com certo *status*. Estudou francês e italiano no Trinity College Dublin, e seu destino poderia ter sido o meio acadêmico da elite, mas estava determinado a ser escritor e, no começo, o mais perto que chegou disso foi como um escritor empobrecido, que morava a maior parte do tempo em Paris. Grande parte de seu trabalho, incluindo *Esperando Godot*, foi escrito em francês, com traduções próprias para o inglês.

Na década de 1940, ele permaneceu em Paris, preferindo "a França em guerra à Irlanda em paz". Suas atividades durante esse período são um tanto obscuras, principalmente porque esteve ativo na Resistência Francesa, arriscando a própria vida. Na década de 1960, Beckett já era uma figura literária reconhecida; em 1969, recebeu o Prêmio Nobel de Literatura, uma "catástrofe", lançando sobre ele os holofotes internacionais. Doou todo o dinheiro do prêmio.

A ambição e os adornos do sucesso não tinham apelo. Ele permaneceu fiel à melancolia expressa em suas obras. Na década de 1960, conta a história, estava atravessando o Regent's Park, em Londres; ia para o Lord's Cricket Ground — sim, críquete novamente — e comentava sobre o belo céu azul, as árvores verdes, a companhia de seus amigos. Um deles destacou: "Sim, em um dia como este, é bom estar vivo." A resposta de Beckett: "Bem, eu não exageraria tanto assim."

Vladimir e Estragon, de *Esperando Godot*, ao passarem o tempo, mostram sua humanidade; contam com a presença um do outro para sobreviver. Alguns comentaristas veem a peça como uma alusão à esperança da salvação, com Godot sendo Deus. A resposta de Beckett é que, se Godot fosse Deus, ele o teria nomeado assim. Deixando de lado a Divindade como sendo Godot, na peça há uma discussão sobre a crucificação de Cristo e dos dois ladrões. "Um dos ladrões foi salvo. É uma porcentagem razoável", comenta Vladimir. Essa chance de 50% de salvação provavelmente teria feito Beckett gostar da piada: "Eu sei lidar com o desespero; é a esperança que me incomoda."

O fato de haver divergências de resposta ao que pode ser extraído da exibição filosófica no palco é, em si, significativo ao analisarmos o pensamento filosófico. O que é expresso pode ser visto sob diferentes luzes, entendido de diferentes maneiras. Isso pode nos lembrar do desenho que, em um momento, parece um pato, mas, no momento seguinte, um coelho.

John Wisdom, o wittgensteiniano mencionado no Capítulo 27, chamava atenção para como as palavras poderiam, de repente, lançar uma luz muito diferente. Ele conta a história de uma mulher que experimentava um chapéu, perguntando-se se seria adequado para a ocasião. Sua amiga olha para o chapéu e exclama: "O Taj Mahal." Essas palavras foram suficientes para a mulher perceber, em um instante, que o chapéu era inadequado para o que ela pretendia.

Além das divergências na percepção, *Esperando Godot,* nos lembra da condição biológica carnal que os seres humanos carregam, com o mastigar e engolir, o vomitar — "tudo escorrendo", como Estragon observa. Em grande parte da filosofia de Beckett a respeito da vida, somos confrontados não apenas com a escória da humanidade, mas com a decadência da carne, os vazamentos corporais que normalmente não são mencionados em tratados filosóficos acadêmicos — a doença e as deficiências, as desintegrações, a aversão por si mesmo, que afetam a todos, levando à morte. No romance *Molloy*, ele faz Molloy refletir sobre o tempo da vida:

Agora falo disso como algo terminado, agora como uma piada que ainda continua, e não é nenhuma das duas coisas, pois, ao mesmo tempo, está terminado e continua; e existe algum tempo verbal para isso?

Beckett, em vez de usar o "*cogito ergo sum*" de Descartes, escreveu "*nescio quid ergo sum*": "Eu não sei o que sou, então." E isso se aplica a muitos dos personagens principais de Beckett. No monólogo *Não eu*, de 1972, apresentado em um palco escurecido, o foco está em uma boca iluminada que rapidamente expele palavras de eventos e conflitos passados, mas de quem? — "... para fora... neste mundo... coisinha minúscula... antes do tempo...."

Mesmo quando temos uma pessoa claramente corporificada, o mistério, a fluidez, as mudanças da identidade pessoal estão sendo destacados. Na peça *A última gravação de Krapp*, de 1958, o único personagem, Krapp, está prestes a registrar seu pensamento atual. É seu 69º aniversário. Ele vasculha rolos de fita, pronunciando o som "rolo", em busca da gravação de quando tinha 39 anos. A reprodução da fita faz Krapp refletir sobre si mesmo como o jovem idealista de vinte anos com "fogo em mim" que era, mas, então, "queimando para partir" e, mesmo assim, ainda com determinação para conquistas...

Krapp começa a gravar um novo rolo para seus 69 anos, mas com irritação, desespero e decepção. Fala ao microfone como se deleita "com a palavra rolo. Rooolo". O que mais ele poderia dizer? Aquilo é o melhor que ele tem.

Os mistérios da identidade, das memórias, de repeti-las, também estão na peça televisiva da BBC de 1965, *Eh Joe*. Joe sente-se seguro em um quarto, mas, então, a voz de uma mulher o alcança — a voz dele? —, desafiando-o, fazendo-o se lembrar do passado, zombando o fato de ele tentar se proteger enquanto sentado lá, com a luz acesa... e assim por diante.

Os exemplos anteriores são perplexidades relacionadas à nossa consciência, que nos fazem perceber como, uma vez que refletimos, uma vez que pensamos filosoficamente, somos incapazes de dar sentido a nós mesmos — à persistência do "eu" ao longo do tempo.

David Hume nos dissera isso em prosa formal, a arte de Marcel Proust chegou a nos mostrar a memória e seus gatilhos com estilo literário e detalhes refinados — Beckett, por sua vez, nos faz sentir a perplexidade como dolorosa, como um horror.

A representação da vida por Beckett contrasta com a de outros filósofos. Veja F. P. Ramsey, que encontramos anteriormente com Wittgenstein:

> *Não me sinto nem um pouco humilde diante*
> *da vastidão dos céus. As estrelas podem ser*
> *grandes, mas não podem pensar ou amar; e*
> *estas são qualidades que me impressionam*
> *muito mais do que o tamanho. Não me*
> *orgulho de pesar quase cento e dez quilos [...].*
> *Com o tempo, o mundo vai esfriar e tudo vai*
> *morrer; mas isso ainda está muito longe, e seu*
> *valor presente, com desconto composto,*
> *é quase nada. Nem o presente é menos valioso*
> *porque o futuro será vazio. A humanidade,*
> *que preenche o primeiro plano da minha*
> *imagem, eu acho interessante*
> *e no geral admirável.*

Isso é da perspectiva privilegiada, em 1925, de um jovem professor de Cambridge, muito admirado e membro do King's College, considerado um gênio com um grande futuro pela frente. Morreu cinco anos depois — no hospital, com icterícia — aos 26 anos.

Em contraste com a atitude de Ramsey, a de Beckett está mais alinhada à expressa por Schubert, tanto na música quanto nas palavras — bem, como expressa por Schubert enquanto cada vez mais doente de sífilis, sem cura. Schubert morreu em 1828, aos 31 anos. Em uma carta, escreveu:

> *Sinto-me a criatura mais infeliz e miserável*
> *do mundo. Imagine um homem cuja saúde*
> *nunca mais estará boa, e que, em puro*
> *desespero por isso, sempre piora as coisas,*
> *em vez de melhorá-las...*

Schubert acrescenta: "A cada noite, ao me deitar, espero não acordar novamente; cada manhã apenas relembra a dor de ontem."

No monólogo de Beckett em 1980, *Rockaby*, o foco é uma mulher em uma cadeira de balanço com sua voz gravada, embalando as palavras. Começa: até que no final/ o dia chegou/ no final chegou/ fim de um longo dia.../ tempo ela parou...

Alguns procuram ver o pensamento de Beckett como um compromisso com o quietismo, um sentimento associado ao taoísmo (Capítulo 1). No romance *Malone morre*, de 1951, o narrador fala que "além deste tumulto há uma grande calma, e uma grande indiferença, nunca mais realmente perturbada por nada". Os personagens de Beckett, porém, quase sempre têm uma melancolia ou um deslumbramento presente, em vez de um contentamento tranquilo. Como Beckett, costumam ser estoicos. Na novela *O Fim*, as palavras finais são "sem a coragem de terminar, nem a força para continuar"; em *Fim de partida*, temos:

Clov: Você acredita na vida que está por vir?
Hamm: A minha sempre foi assim.

Tony Hancock, um comediante britânico deprimido, mas muito bem-sucedido na década de 1960, falou sobre ter em sua lápide as palavras:

Ele veio.
Ele foi.
No meio...
nada

Na peça *Sopro*, de 1969, com cerca de 25 segundos de duração, não há palavras, apenas o som de um sopro. E assim...

E assim, voltamos ao Capítulo 1, conciliando Beckett com uma sugestão de como pensar como Lao Tzu: é melhor, em última análise, não dizer nada.

***

Como é possível pensar como Samuel Beckett? *Reduzir ao essencial, ao mínimo; reduzir à respiração — reduzir ao nada.*

EPÍLOGO

Dia após dia, ela tecia a grande teia,
mas, à noite, a desfazia. (Homero)

Tendo passeado por trinta filósofos, suas reivindicações concorrentes, magníficas reflexões e modos de vida, chegamos até aqui para... chegar apenas até aqui? Acho que não. Leibniz falou de um mundo totalmente novo se abrindo diante dele quando mergulhou no único conceito de substância. Aqui, com muitos conceitos, quebra-cabeças e perguntas em abundância, muitos mundos maravilhosos são revelados; merecem reflexão e contemplação — e, para alguns, eventual rejeição.

Reflexão e contemplação, sim, rejeição até, sim, embora também com alguns sorrisos. Meu comentário anterior, "acho que não", me lembra do cenário de Descartes, em um bar, quando perguntaram se ele gostaria de uma bebida. Sua resposta foi: "Acho que não" — e, assim, não pensando, ele deixou de existir em um instante.

O humor muitas vezes pode lançar luz sobre características bizarras de uma tese filosófica ou trazer à tona um enigma subjacente. A piada anterior sobre Descartes nos lembra de que, com sua compreensão da natureza do eu como essencialmente pensante, está comprometido em acreditar que, mesmo quando dormimos profundamente, se quisermos existir, devemos ter pensamentos, experiências, embora, sem dúvida, acabem muitas vezes esquecidos ao acordar. Seria essa uma conclusão filosófica aceitável? Ou seria paradoxal ao sugerir que algo deu errado com seu raciocínio?

A citação que encabeça este Epílogo vem da *Odisseia* de Homero. Penélope é a rainha de Ítaca, esposa fiel de

Odisseu. Com Odisseu ausente ano após ano, talvez morto em batalha, muitos pretendentes procuram seduzi-la ao casamento. Ganhando tempo, ela insiste que não pode se casar até terminar de tecer uma mortalha para o pai falecido de Odisseu; portanto, tece de dia, mas, à noite, secretamente desfaz a tecelagem do dia.

Penélope se mostra uma pensadora astuta. Seu ato de tecer e desfazer pode nos lembrar de repetições e revisões ao longo do tempo. Para esta obra, o conto de Penélope pode ilustrar como um filósofo tece uma filosofia que é, então, desfeita por outro mais tarde, e, então, outro retece da maneira do primeiro, embora com padrões diferentes. Assim, a filosofia difere da aparente progressão através de investigações científicas. Na filosofia, talvez não haja um desenvolvimento linear claro, independentemente do que Hegel e Marx possam argumentar. Os filósofos apresentam a realidade, a moralidade e o conhecimento sob diferentes prismas. Ver as coisas de forma diferente, com diferentes perspectivas tanto no tempo quanto no espaço, às vezes, pode ter um valor considerável. Pense em como uma escada pode ser diferente da perspectiva de um servo e da perspectiva do senhor da mansão.

***

Nas universidades, os cursos de filosofia podem equivaler a um jogo de observação: identificar onde este ou aquele grande filósofo errou. O poeta do século XX Stephen Spender descreveu seus cursos de filosofia em Oxford como semelhantes a corridas de obstáculos, com armadilhas lógicas que os alunos deviam contornar. Seminários de filosofia são, às vezes, locais para marcar pontos, como se o bom pensamento filosófico devesse ser competitivo. Neste espírito, alguns estão ansiosos para vencer ao declararem rapidamente uma falácia, de preferência com um nome latino inspirador, no argumento do oponente. É claro, talvez nenhuma falácia tenha sido cometida, mas, mesmo quando isso acontece, a generosidade de espírito e o desejo de verdade devem levar à reflexão quanto a se há um bom ponto subjacente que poderia ser expresso sem falácia, com ou sem um rótulo latino.

Neste livro, caí um pouco, na minha opinião, em maneiras desonrosas de marcar pontos contra um ou outro grande filósofo falecido, a fim de demonstrar como, por exemplo, uma conclusão não procede ou uma posição é autocontraditória. Tenho uma desculpa; afinal, este livro pretende mostrar como os filósofos pensam e vivem. Em geral, porém, eu peço abertura para pontos de vista e argumentos; também peço um pouco de humildade, se alguém sinceramente busca entender. Incapaz de resistir, devo acrescentar que, às vezes, o raciocínio de um filósofo é como alpiste; às vezes, muito difícil até mesmo para a bicada mais vigorosa. Como? O quê? Bem, o raciocínio é "impecável".

***

Todas as trinta figuras dos capítulos — bem, mais de trinta — são indivíduos de algum renome, sejam reconhecidos como filósofos ou não, sejam geralmente elogiados ou não. Há, por exemplo, uma placa azul para Karl Marx aqui perto, no Soho, de onde estou escrevendo estas palavras; ele morou lá em um pequeno apartamento no início da década de 1850. Os turistas a apontam, embora o prédio agora abrigue um restaurante caro. Em contraste com a grandeza, permita-me recorrer a uma reflexão do romancista E. M. Forster.

Forster estava associado ao Grupo Bloomsbury. Também era membro da conhecida sociedade secreta de Cambridge, os Apóstolos; outros membros incluíam Bertrand Russell, Maynard Keynes, Rupert Brooke e F. P. Ramsey. Alguns deles ocasionalmente se reuniam em um lugar aqui perto, no Kettner's, um restaurante que, na época, tinha uma reputação interessante devido a certos encontros.

Forster escreveu uma biografia de Goldie (Goldsworthy Lowes Dickinson), também professor no King's, Cambridge, e um dos Apóstolos, com direito a uma placa azul em Kensington, Londres. Forster destacou que Goldie não era um grande filósofo, nem um escritor talentoso, nem um reformador bem-sucedido — "nunca naufragou ou esteve em perigo, nunca passou fome ou ficou sem dinheiro, nunca foi preso por suas opiniões" —, mas:

> *suas qualidades amáveis, afetuosas, altruístas, inteligentes, espirituosas e charmosas [...] se fundiram nele, tornando-o um ser raro, deixando as pessoas que o conheciam mais esperançosas em relação aos outros homens porque ele tinha vivido.*

Ao sermos levados pelos grandes pensamentos dos grandes filósofos nestes trinta capítulos, essa reflexão sobre Goldie deve ajudar a colocar em perspectiva o que é importante na vida, em uma vida humana. O que também é importante é estar livre de muitos tabus. Na época em que escreveu, Forster não podia tornar públicos os traumas que Goldie sofrera ao tentar lidar com seus desejos homoeróticos frustrados, relacionados a botas de couro. Goldie os descreveu abertamente em sua autobiografia, mas acharam prudente não publicá-la até quarenta anos após sua morte, quando uma atitude mais liberal em relação ao sexo estivesse em domínio público.

***

Em alguns círculos, a pergunta de "qual é o sentido?" é usada como uma forma rápida de descartar a filosofia. Podemos responder que um dos sentidos da filosofia é mostrar como certas atividades são valiosas, mesmo sem um propósito definido. Qual o sentido de contemplar um nascer do sol, caminhar pelo Grand Canyon, assistir a shows ao vivo ou conversar com amigos, tomar vinho e fofocar até o sol se pôr? A resposta pode ser o prazer das experiências, mas, então, devemos comentar: "Bem, se fosse assim, talvez você estivesse disposto a simplesmente receber a injeção de uma droga para ter esses prazeres." Para usar um exemplo derivado de Platão: se as satisfações prazerosas são tudo o que tem valor, compre um pó que causa coceira, aplique-o e coce, recebendo a satisfação de coçar — e repita.

Nosso pensamento filosófico pode nos mostrar que há mais na vida do que experiências. Também deve nos fazer, pelo menos, questionar os pontos de alguns filósofos e neurologistas que buscam entender a vida humana através da inteligência artificial ou do conhecimento mais detalhado da neurologia humana. Vamos refletir um pouco.

Seria a idea que cada pensamento nosso, cada dúvida, cada toque no teclado, cada impressão visual destas palavras, cada referência à "Ítaca" de Kaváfis, sejam explicados por mudanças neurológicas internas? Se sim, então não estamos apostando que a sorte — a srta. Fortuna — está do nosso lado? Afinal, quais são as chances de impulsos elétricos e sinais químicos quase que imprevisíveis serem tão padronizados ao ponto de que, ao interagirmos com formas no papel e sons de bocas, encontramos coisas que "fazem sentido" — afirmações que são verdadeiras, deduções que são válidas, raciocínio que é bom? É claro, esse questionamento também estaria à mercê da srta. Fortuna.

***

Nossos trinta filósofos buscaram a verdade, mas alguns viram este caminho como um empreendimento científico, mais formal, enquanto outros foram mais impressionistas. Alguns buscaram uma visão objetiva, como um "olhar de Deus"; outros se contentaram com o que era "de dentro". Um exemplo expressivo de uma divergência relacionada vem novamente de Wittgenstein. Aqui, em 1930, ele está conversando com Maurice O'Connor Drury, amigo próximo e ex-aluno — Drury se tornara psiquiatra residente em um hospital em Dublin:

> *Eu estava caminhando em Cambridge*
> *e passei por uma livraria, e na vitrine*
> *havia retratos de Russell, Freud e Einstein.*
> *Um pouco mais adiante, em uma loja de*
> *música, vi retratos de Beethoven, Schubert*
> *e Chopin. Comparando esses retratos, senti*
> *intensamente a terrível degeneração que se*
> *abateu sobre o espírito humano em apenas*
> *cem anos.*

Uma extensão de nossa apreciação filosófica pode ocorrer através da música, da canção, da ópera — e através de outras artes. Para dizer de forma paradoxal, o pensamento filosófico não precisa se limitar ao pensamento. Em *Winterreise*, de Schubert, a música e as palavras descrevem o tocador de realejo que, na neve, dá o melhor que pode. Talvez com um quietismo, talvez com a resignação de Beckett, talvez de acordo com o Tao, ele deixa "tudo seguir como quiser, embora ninguém queira ouvir; seu realejo nunca para".

No Prólogo de "Ítaca", Kaváfis nos pede para sempre termos Ítaca em mente. Mais adiante, o poema nos insta a "não apressar a viagem/ É melhor deixá-la durar muitos anos". Em nosso filosofar, Ítaca pode permanecer elusiva — mas, ao longo de nossa viagem, tudo o que fazemos, pensamos, buscamos, do mundano ao magnífico, merece ser filosofado, pois, retornando àquele antigo ditado ligado a Nietzsche (Capítulo 20), no qual certamente a filosofia está em questão:

Todas as coisas conspiram.

DATAS DOS FILÓSOFOS

Incluindo alguns adicionais
— aqueles com menções notáveis

- Lao Tzu c. século VI a.C. (?)
- Safo c. 630-570 a.C.
- Parmênides c. 515-460 a.C.
- Zenão de Eleia c. 495-430 a.C.
- Sócrates c. 469-399 a.C.
- Platão c. 427-347 a.C.
- Aristóteles 384-322 a.C.
- Epicuro 341-270 a.C.
- Lucrécio c. 99-55 a.C.
- Avicena 980-1037
- René Descartes 1596-1650
- Elisabeth, princesa da Boêmia 1618-1680
- Cristina, rainha da Suécia 1626-1689
- Baruch Spinoza 1632-1677
- Nicolas Malebranche 1638-1715
- Gottfried Wilhelm Leibniz 1646-1716
- George Berkeley 1685-1753
- David Hume 1711-1776
- Immanuel Kant 1724-1804
- Georg Wilhelm Friedrich Hegel 1770-1831
- Arthur Schopenhauer 1788-1860
- John Stuart Mill 1806-1873
- Søren Kierkegaard 1813-1855
- Karl Marx 1818-1883
- Lewis Carroll 1832-1898
- Friedrich Nietzsche 1844-1900
- Bertrand Russell 1872-1970

- G. E. Moore 1873-1958
- Martin Heidegger 1889-1976
- Jean-Paul Sartre 1905-1980
- Simone Weil 1909-1943
- Simone de Beauvoir 1908-1986
- Ludwig Wittgenstein 1889-1951
- Hannah Arendt 1906-1975
- Iris Murdoch 1919-1999
- Samuel Beckett 1906-1989

NOTAS, REFERÊNCIAS E LEITURAS

Muitas das principais obras dos filósofos estão, agora, disponíveis, gratuitamente, online. A maioria das citações usadas anteriormente pode ser encontrada através de pesquisas na internet. Para cada filósofo, ofereço algumas sugestões para conhecer suas vidas, pensamentos e comentários críticos. Como a informação está prontamente disponível, não sobrecarreguei as páginas com detalhes desnecessários de editoras, referências de páginas e afins, tão amados pela academia nas últimas décadas.

PRÓLOGO

Para uma coletânea de escritos importantes de muitos filósofos, há John Cottingham, org., *Western Philosophy: An Anthology*, 2ª ed. (2007). Para filmes, a série de televisão da BBC com Bryan Magee, na qual ele debate com os filósofos da época, vale a pena ser assistida. Ela está disponível no YouTube e em formato impresso como *The Great Philosophers* (1987). Abordagens distintas sobre certos filósofos podem ser encontradas em Raymond Geuss, *Changing the Subject: Philosophy from Socrates to Adorno* (2017), e Jonathan Reé, *Philosophical Tales* (1987).

1. LAO TZU

Recomendo particularmente uma introdução divertida e peculiar por um lógico, Raymond M. Smullyan, *The Tao is Silent* (1977). Uma introdução mais comum é Chung-yuan Chang, em *Creativity and Taoism* (1963). O

Tao Te Ching está disponível em diferentes traduções, novas e antigas, por exemplo, de Paul Carus (1913) — um terreno fértil para diversas interpretações.

2. SAFO

Várias traduções criativas estão disponíveis, algumas por poetas, interessados em construir com base nos fragmentos de Safo, outras por classicistas interessados em garantir os supostos significados originais. Anne Carson destacou o "agridoce" e tem uma tradução distinta e muito admirada de Safo em seu *If Not, Winter: Fragments of Sappho* (2002).

3. ZENÃO DE ELEIA E PARMÊNIDES

Uma coleção definitiva de escritos pré-socráticos é de G. S. Kirk, J. E. Raven e M. Schofield, orgs., *The Presocratic Philosophers: A Critical History with a Selection of Texts*, 2a ed. (1983). Para artigos a respeito dos paradoxos, veja Wesley Salmon, org., *Zeno's Paradoxes* (1970). Para paradoxos em geral, há o meu *This Sentence is False: An Introduction to Philosophical Paradoxes* (2010).

4. SÓCRATES

Diálogos que fornecem uma boa introdução, juntamente com a *Apologia* de Sócrates, são *Eutífron, Críton, Fédon*, combinados sob títulos como *The Last Days of Socrates* [Os últimos dias de Sócrates], por exemplo, da Penguin Classic (2003). Para a vida de Sócrates, experimente a abordagem de Armand D'Angour em *Socrates in Love: The Making of a Philosopher* (2020).

5. PLATÃO

Um único volume é John M. Cooper, org., *The Complete Works of Plato* (1997). O *Simpósio* de Platão (veja a edição de Frisbee Sheffield e M. C. Howatson, 2008) pode ser uma boa maneira de entrar em seu pensamento. Uma obra importante é *A República* de Platão, por exemplo, traduzida para o inglês por H. D. Lee e com introdução de Melissa Lane, da Penguin Classic (2007). Bernard Williams tem uma breve introdução, *Plato: The Invention of Philosophy* (1998), também em seu *The Sense of the Past* (2006).

6. ARISTÓTELES

Existem dois volumes robustos e desafiadores, editados por Jonathan Barnes, *The Complete Works of Aristotle* (1984). A melhor entrada direta para Aristóteles talvez seja sua ética; experimente *The Nicomachean Ethics* (2011), de Robert C. Bartlett e Susan D. Collins. Uma introdução voltada para "como viver" é *Aristotle's Way: How Ancient Wisdom Can Change Your Life* (2018), e Edith Hall. Para "lè": *The Chinese Pleasure Book* (2018), de Michael Nylan.

7. EPICURO E LUCRÉCIO

Epicuro expõe sua filosofia em sua *Carta a Meneceu*, e Lucrécio em *Sobre a natureza das coisas*. Para comparações e contrastes quanto ao epicurismo, estoicismo e outros, experimente *Death and Immortality in Ancient Philosophy* (2019), de A. G. Long, e o trabalho muito detalhado de Martha Nussbaum, *The Therapy of Desire, Theory and Practice in Hellenistic Ethics* (1996).

8. AVICENA

O *Compêndio sobre a Alma* de Avicena é de fácil acesso e pode ser encontrado em várias traduções, embora muitas de suas obras em tradução para o inglês ainda não sejam fáceis de serem encontradas a preços razoáveis. Para um panorama introdutório claro, veja Jon McGinnis (2010). Uma coleção muito boa sobre a vida e obra de Avicena é a de Peter Adamson, ed., *Interpreting Avicenna* (2013).

9. RENÉ DESCARTES

Uma leitura obrigatória são suas *Meditações sobre filosofia primeira*. Recomendo a tradução e edição de John Cottingham de 2016; ela contém as respostas de Descartes a algumas objeções da época. Para uma obra especulativa sobre a vida de Descartes como espião, há *Descartes, the Biography* (2005), de A. C. Grayling. Para uma análise cuidadosa da filosofia de Descartes, experimente *Descartes: The Project of Pure Enquiry* (1978), de Bernard Williams.

10. BARUCH SPINOZA

As obras de Steven Nadler fornecem excelentes introduções: *Think Least of Death: Spinoza on How to Live and How to Die* (2020) e *Spinoza's Heresy* (2000). Para Spinoza diretamente, experimente *A Spinoza Reader: The Ethics and Other Works* (1994), organizado por Edwin Curley. Veja no próximo item a respeito de uma conexão com Leibniz. Um excelente trabalho que coloca Spinoza em contexto é o de Susan James, *Spinoza on Philosophy, Religion, and Politics: The Theologico-Political Treatise* (2012).

11. GOTTFRIED WILHELM LEIBNIZ

Para uma seleção de seus escritos, incluindo a *Monadologia*, veja a organizada por G. H. R. Parkinson, *Leibniz's Philosophical Writings* (1973). Para uma visão sobre a diferença de estilos de vida entre Leibniz e Spinoza, o seguinte livro é interessante: *The Courtier and the Heretic: Leibniz, Spinoza, and the Fate of God in the Modern World* (2006), de Matthew Stewart. Uma introdução à filosofia de Leibniz é através de Richard T. W. Arthur, em *Leibniz* (2014). Thomas Nagel tornou proeminentes as questões do tipo "morcego". O importante trabalho de Saul Kripke sobre mundos possíveis é sua série de palestras dos anos 1970, publicada como *Naming and Necessity* (1980) e de fácil leitura.

12. GEORGE BERKELEY

Os três diálogos de Berkeley são um bom começo; estão na coleção editada, com notas, por Desmond M. Clarke, *Berkeley: Philosophical Writings* (2009). Em relação à vida de Berkeley, há, de Tom Jones, *George Berkeley: A Philosophical Life* (2021). O trabalho de John Locke ao qual Berkeley e outros responderam é seu *Ensaio sobre o entendimento humano*, por exemplo, com a edição de Roger Woolhouse (1997).

13. DAVID HUME

Os ensaios de Hume são os mais fáceis de ler, como *Sobre o Suicídio, Sobre Milagres, Da Tragédia*. Veja também a autobiografia muito breve e tocante de Hume, *My Own Life* [Minha própria vida]. A tentativa de Hume de tornar seu *Tratado* mais acessível é sua *Investigação sobre o entendimento humano* — por exemplo, a edição de Stephen Buckle (2007).

Sua biografia clássica, atualizada em 1980, é de E. C. Mossner, *The Life of David Hume*. Uma leitura interessante é *The Infidel and the Professor: David Hume, Adam Smith, and the Friendship that Shaped Modern Thought* (2017), de Dennis Rasmussen. Para o Círculo de Viena, consulte David Edmunds com seu agradável *The Murder of Professor Schlick: The Rise and Fall of the Vienna Circle* (2020).

14. IMMANUEL KANT

As *Críticas* são muito difíceis, mas precisam ser enfrentadas. Experimente as edições de Cambridge: Guyer e Wood, *Critique of Pure Reason* (1998), e, para a ética, Christine Korsgaard, *Kant: Groundwork of the Metaphysics of Morals* (2012). A introdução de Roger Scruton a Kant é muito legível; foi republicada em *German Philosophers: Kant, Hegel, Schopenhauer, Nietzsche* (2001).

15. ARTHUR SCHOPENHAUER

Os ensaios mais populares de Schopenhauer são encontrados em seus *Parerga and Paralipomena: Short Philosophical Essays II* — veja a edição de Cambridge (2016), editada por Christopher Janaway — e experimente a introdução de Janaway para Schopenhauer na coleção *German Philosophers*, citada anteriormente em Kant. Um trabalho mais extenso é a versão ampliada de Bryan Magee, *The Philosophy of Schopenhauer* (1997).

16. JOHN STUART MILL

Para ter um bom entendimento do homem, veja sua *Autobiografia*. Além disso, suas obras *Sobre a liberdade*, *O utilitarismo* e *A sujeição das mulheres* são as primeiras leituras óbvias, encontradas em várias coleções. Para sua vida em contexto, há, de Richard Reeves, *John Stuart Mill: Victorian Firebrand* (2015), e, para seu socialismo, de Helen McCabe, *John Stuart Mill: Socialist* (2021).

17. SØREN KIERKEGAARD

Para seus trabalhos, *Fear and Trembling* (2006), com introdução de C. Stephen Evans, também responsável pela organização, é um bom lugar para começar. Uma boa biografia, embora escrita em um estilo um tanto especulativo — "os companheiros de viagem de Kierkegaard parecem tão miseráveis quanto ele se sente" — é de Clare Carlisle, *Philosopher of the Heart: The Restless Life of Søren Kierkegaard* (2020).

18. KARL MARX E GEORG WILHELM FRIEDRICH HEGEL

De Francis Wheen, *Karl Marx* (1999) é um ponto de partida bom e acessível. Para se aprofundar mais diretamente, experimente, primeiro, de Peter Lamb, *Marx and Engels' Communist Manifesto: A Reader's Guide* (2015), com o *Manifesto* que Lamb usa (Yale, 2012). Para Hegel, a introdução de Peter Singer é um bom começo na coleção sobre filósofos alemães citada anteriormente em Kant. Singer também apresenta Marx em seu *Marx: A Very Short Introduction*, 2ª ed. (2018).

19. LEWIS CARROLL (CHARLES DODGSON)

A melhor coleção dos dois livros de Alice, com comentários sobre filosofia e figuras históricas, é a editada por Martin Gardner, *The Annotated Alice: The Definitive Edition* (2000). Para a vida de Carroll, experimente *Lewis Carroll: A Portrait with Background* (1996), de Donald Thomas. Recomendo também o documentário da BBC de 2016, *The Secret Life of Lewis Carroll*, agora disponível no YouTube.

20. FRIEDRICH NIETZSCHE

Para entrar no pensamento de Nietzsche, experimente seu *Beyond Good and Evil: Prelude to a Philosophy of the Future* [Além do bem e do mal: prelúdio a uma filosofia do futuro] através da edição de Rolf-Peter Horstmann (2002). Mergulhar em qualquer uma de suas obras pode oferecer um bom sabor de seu estilo e muitas provocações dignas de reflexão. Para uma revisão geral, veja Michael Tanner e seu *German Philo-*

sophers, citado anteriormente em Kant. Para detalhes mais minuciosos, há, de Maudemarie Clark, *Nietzsche on Truth and Philosophy* (1990).

21. BERTRAND RUSSELL

Um clássico é o livro *Os problemas da filosofia* (1912) de Russell. Para apreciar sua ampla gama de trabalhos, do popular ao acadêmico, há, com organização de Egner e Denonn, *The Basic Writings of Bertrand Russell* (2009). Ray Monk tem uma biografia detalhada em dois volumes: *Bertrand Russell: The Spirit of Solitude 1872-1921* e *Bertrand Russell: 1921-1970, the Ghost of Madness* (1996). Vale a pena assistir ao Russell idoso na entrevista da BBC *Bertrand Russell, Face to Face*, com John Freeman, agora disponível no YouTube.

22. G. E. MOORE

Para os artigos de Moore, temos o *G. E. Moore: Selected Writings* (1993), de Thomas Baldwin. O livro *Principia Ethica* (1903) de Moore é facilmente encontrado online. Para sua influência no Bloomsbury, veja, de John Maynard Keynes, "My Early Beliefs" em *Two Memoirs* (1949), e, de Paul Levy, *G. E. Moore and the Cambridge Apostles* (1979). Essa época como pano de fundo aparece em vários documentários, agora no YouTube, como os de E. M. Forster e Virginia Woolf; por exemplo, *E. M. Forster*, no BBC Obituary Programme (1970).

23. MARTIN HEIDEGGER

Talvez seja melhor ler uma introdução a Heidegger antes de ir para o original; portanto, *Heidegger's Being and Time* (2007), de Paul Gorner, ou, mais genericamente, *How to Read Heidegger* (2005), de Mark Wrathall. A tradução padrão de *Being and Time* [Ser e tempo] é de John Macquarrie e Edward Robinson (1962). Hubert L. Dreyfus torna Heidegger compreensível em seu *Being in the World: Commentary on Heidegger's Being and Time, Division 1* (1991).

A especulação sobre a interação Hitler/Wittgenstein quando meninos na escola está em *The Jew of Linz* (1998), de Kimberley Cornish.

24. JEAN-PAUL SARTRE

O existencialismo de Sartre aparece bem em seu romance *La Nausée* [A náusea] (1938), traduzido por Robert Baldick na edição da Penguin, *Nausea* (1963). Seu *O existencialismo é um humanismo* é curto e legível, disponível em várias edições, embora, em parte, posteriormente repudiado. Sua principal obra, *O ser e o nada*, foi traduzida para o inglês primeiro por Hazel E. Barnes; uma tradução recente é a de Sarah Richmond (2020). O primeiro livro de Iris Murdoch — e o primeiro livro em inglês sobre Sartre — é *Sartre: Romantic Rationalist* (1953).

25. SIMONE WEIL

Uma boa coleção de seus escritos é servida por Siân Miles, em *Simone Weil, An Anthology* (1986). Uma introdução leve é a de Robert Zaretsky, *The Subversive Simone Weil* (2021). Um trabalho mais profundo e difícil é o de Peter Winch, *Simone Weil, The Just Balance* (2008). O capítulo sobre a filósofa traz uma referência à obra de John Rawls, *A Theory of Justice* (1971); uma abordagem muito diferente, influente e provocativa da de Rawls e de Weil é, *Anarchy, State and Utopia* (1974), de Robert Nozick.

26. SIMONE DE BEAUVOIR

Um romance que reflete o relacionamento de Beauvoir com Sartre e o pensamento dos dois é *A convidada* (1949). A famosa obra de não ficção de Beauvoir é *O segundo sexo* (1949), mas muitos trabalhos subsequentes são valiosos; por exemplo, seu *A velhice* (1972). Para uma revisão de seu trabalho, veja, de Karen Vintges, *Philosophy as Passion: The Thinking of Simone de Beauvoir* (1996). Para sua vida, há *Simone de Beauvoir: uma vida* (2020), de Kate Kirkpatrick.

27. LUDWIG WITTGENSTEIN

Como introdução ao Wittgenstein posterior, é recomendado seu *Os livros azul e marrom* (1960). Para maior sabor e amplitude, mergulhe pelo menos em *Investigações filosóficas* (1953) e experimente o guia de Arif

Ahmed (2010), que o relaciona ao *Tractatus*. Para notas a respeito da vida e significado, experimente *Cultura e valor* (1984); "Quão pequeno um pensamento deve ser para preencher uma vida inteira!". Essas notas são usadas na composição de Steve Reich, "Proverb" (1995). Para a vida de Wittgenstein, há o premiado *Ludwig Wittgenstein: The Duty of Genius* (1990), de Ray Monk, e o filme da BBC Horizon, *Wittgenstein: A Wonderful Life* (1989), agora disponível no YouTube, assim como *Wittgenstein's Poker: Lost and Found in Cambridge* (2009). Há um levantamento abrangente e compreensível das obras e da vida de Ramsey em *Frank Ramsey: A Sheer Excess of Powers* (2020), de Cheryl Misak.

28. HANNAH ARENDT

Uma boa coleção é a organizada por Peter Baehr, *The Portable Hannah Arendt* (2000). Outra obra fácil de encontrar é *Eichmann em Jerusalém: um relato sobre a banalidade do mal* (1958) de Arendt. Para artigos que discutem seu trabalho, veja *The Cambridge Companion to Hannah Arendt* (2000), organizado por D. R. Villa, e *Hannah Arendt: Key Concepts* (2014), de Patrick Hayden. Para Maquiavel, veja a breve introdução de Quentin Skinner, 2ª ed. (2019).

29. IRIS MURDOCH

Para a vida e o impacto das quatro filósofas, experimente *Metaphysical Animals: How Four Women Brought Philosophy Back to Life* (2022), de Cumhaill e Wiseman. Para Murdoch diretamente, experimente *A soberania do bem* (1970). Seu *O mar, o mar* (1978) ganhou o Booker Prize, e a mostra como romancista e filósofa. Peter Conradi tem uma biografia dela e se posiciona como impressionado com sua filosofia em *Iris Murdoch: A Life* (2001). Para ensaios que examinam seu trabalho, veja, com organização de Justin Broackes, *Iris Murdoch: Philosopher* (2012).

30. SAMUEL BECKETT

Se não estiver familiarizado com Beckett, experimente, primeiro, as peças curtas como *Play* (1963) e

Rockaby (1980), ambas disponíveis no YouTube, e um romance curto como *Company* (1980). Para a visão contrastante de Ramsey sobre a vida, veja Cheryl Misak, citada nas notas de Wittgenstein anteriormente. John Calder foi editor e amigo de Beckett; recomendo seu *The Philosophy of Beckett* (2001). Uma revisão agradável de Beckett, com fotos dele e de algumas de suas performances, é *Why Beckett* (1989), de Enoch Brater. Elementos de *O inominável* de Beckett são usados no intrigante terceiro movimento da *Sinfonia* de Luciano Berio (1969).

EPÍLOGO

Para Goldie, há *Goldsworthy Lowes Dickinson* (1934), de E. M. Forster. Dennis Proctor é o editor de *The Autobiography of G. Lowes Dickinson* (1973). Os artigos de Drury sobre Wittgenstein estão em *Ludwig Wittgenstein: Personal Recollections* (1981), organizado por Rush Rhees. Para artigos que falam de filosofia e humor, veja, com organização de Laurence Goldstein, *Humor, The Monist*, Vol. 88.1 (2005). Para debates a respeito da compreensão da mente como nada além de neurologia, veja, de M. Bennett, D. Dennett e P. Hacker, *Neuroscience and Philosophy: Brain, Mind, and Language* (2007). Eu prometi agradecer a Nick Smedley pela transmissão da piada "impecável".

AGRADECIMENTOS

Com tantos anos no mundo da filosofia, a lista de todos que me influenciaram seria excepcionalmente grande, para melhor ou para pior. É claro, sou particularmente grato a todos aqueles de quem li seus escritos sobre o assunto — minhas desculpas a todos por não citar os inúmeros nomes, bem, por não citar os inúmeros autores. Posso citar com precisão as instituições — muito menores em número — que foram tão importantes filosoficamente para mim, desde a BBC — quando ousou ter palestras do *Brains Trust* e erudição em seu principal (e na época único) canal de televisão e no Terceiro Programa de sua rádio —, até a University College London, o King's College, Cambridge e The Open University, sendo esta última especialmente valiosa por causa de sua biblioteca online, maravilhosamente abrangente.

Em um nível prático, a Biblioteca Athenaeum e sua equipe ofereceram uma ajuda considerável, em especial Laura Doran, com suas idas e vindas da Biblioteca de Londres. Muito obrigado também a Tomasz Hoskins, Jonathan Pegg, Nick Fawcett e Sarah Jones por fazerem este livro existir e melhorá-lo.

Durante muitos anos, um filósofo e amigo foi uma influência distinta: Ardon Lyon. Ele não teve nada a ver diretamente com este trabalho, mas ouso dizer que todos os meus muitos erros podem, injustamente, ser atribuídos ao querido, adorável e filosófico Ardon e seus: "Ah, é sério?" (lembre-se de Keynes em Moore, Capítulo 22). É claro, o que se ousa dizer não garante a verdade.

EM MEMÓRIA

No meio da escrita deste livro, ocorreu o funeral de Estado da rainha Elizabeth II, com milhões de pessoas em aparente luto, certamente milhões declarando gratidão por como ela reinou e, ao que parece, aprovando sua vida altamente privilegiada por pura sorte e associada a graves desigualdades. Centenas de milhares fizeram fila por muitas horas para que pudessem passar pelo caixão coberto no Grande Salão do Palácio de Westminster. Eu não lamentei, nem me senti particularmente grato, nem fiz fila, embora reconhecesse a relevância histórica e a angústia pessoal de sua família.

No meio da escrita deste livro, na mesma época do falecimento da rainha, ocorreu a morte de Roger Coe, um tio, e de Andrew Harvey, um cunhado. Suas vidas e mortes não chegaram às manchetes. Os dois foram lamentados por aqueles que os conheceram.

As vidas de Andrew e Roger eram muito distantes das vidas dos ricos na Grã-Bretanha, embora, é claro, não tenham sofrido nem o desespero da fome, nem o medo dos bombardeios que assombram milhões de pessoas em todo o mundo. Andrew viveu com uma memória fenomenal, com livros em casa e livros na cidade, na maravilhosa livraria Bookcase de Carlisle. Sempre pronto para discutir questões político-religiosas — especialmente Trotsky —, ele estimulou meu pensamento como fez com os leitores de suas contribuições para o jornal. Roger, em contraste, não era estudioso, mas estimulante através de bom senso e apreciações rurais — "o sal da terra" vem à mente. Ele trabalhava nas linhas de produção de botas e sapatos de Northamptonshire; seus prazeres eram os da vida na aldeia: os campos, os lagos, o local; críquete, futebol, jardinagem.

Embora com interesses muito diferentes, Andrew e Roger se preocupavam com os outros, estavam sempre prontos para ajudar, para dar o seu melhor. Suas vidas são tão dignas de celebração quanto a radicalmente mais fácil, de fama e prestígio internacional, da rainha Elizabeth. Na verdade, suas vidas são, sugiro eu, dignas de muito mais respeito — assim como as vidas de milhões e milhões de outros que nunca chegaram às manchetes.

ÍNDICE DE NOMES

As páginas iniciais de capítulos estão em **negrito**.

A
Abraão 154, 218
Agostinho 82
Anscombe, Elizabeth 171, 256
Anselmo 83
Apóstolos (Cambridge) 274
Aquino 55, 73
Arendt, Hannah **28**
Aristófanes 40
Aristóteles 6, 24, 31, 72, 80, 141, 142, 173, 212
Austin, J. L. 197, 244
Austin, John 147
Avicena 8, 99
Ayer, A. J. 258

B
Balliol College, Oxford 42
Beauvoir, Simone de **26**, 261
Beckett, Samuel 30
Bentham, Jeremy 130, 141, 144
Berkeley, George 12, 102
Boswell, James 111, 121
Brecht, Bertolt 254
Butler, Joseph 198

C
Camus, Albert 139, 220
Canetti, Elias 25
Carnap, Rudolph 203
Carroll, Lewis 19, 203, 219, 243
Círculo de Viena 81 - 2, 116, 203, 240 - 1, 245, 258
Crisipo 65 - 6
Cristina, rainha 86

D
Darwin, Charles 158, 162
Dawkins, Richard 256, 258
Demócrito 64
Dickinson, G. L. 274
Dodgson, C. L. see Carroll, Lewis
Dostoiévski 181, 197

Drury, M. O' Connor. 276

E

Eichmann, Adolf 247, 252 - 3
Elisabeth, Princesa da Boêmia 84
Engels, Friedrich 158
Epicuro 7, 145

F

Faon 23
Feuerbach, Ludwig 163
Fields, W. C. 121
Foot, Philippa 256
Forster, E. M. 274
Fortuna, Srta. 248, 249, 276
Frege, Gottlob 61, 170, 188
Freud, Sigmund 49

G

Grupo Bloomsbury 187, 197, 245
Guerra do Peloponeso 225

H

Hancock, Tony 270
Hardy, Thomas 27
Hegel 18, 152
Heidegger 23, 212, 239, 249
Heráclito 28
Herbert, Maria von 124, 127
Hume, David 13, 125, 143, 176, 258

I

Íxion 139

J

Jesus 39, 158, 178, 197, 222, 225
Johnson, Samuel 111
Jowett, Benjamin 42

K

Kafka 56, 264, 265
Kant 14, 16, 58, 114
Kaváfis, C. P. 12, 276
Keynes, J. M. 135, 187, 199, 240 - 1
Kierkegaard 17, 262
King's College, Cambridge 238, 269, 274
Kripke, Saul 104

L

Lao Tzu 1, 33, 270
Leibniz 11, 73, 90
Leucipo 64
Locke, John 16, 104, 110
Lucrécio 67 - 9

M

Malebranche 84, 103, 108
Maquiavel 248
Marx, Karl 18, 216, 224
McTaggart, J. M. E. 194
Mênon 39, 40 - 1
Midgley, Mary 256, 258
Mill, John Stuart 16, 111 - 2, 130, 186
Montaigne 167
Moore, G. E. 22, 241, 243 - 4
Murdoch, Iris 29, 211

N

Neurath, Otto 81
Newton, Isaac 100, 110, 115 - 6
Nietzsche 20

O

Ockham 193

P

Parmênides 3
Perseu 168
Pirro 66
Pitágoras 35
Platão 5, 29, 39, 42 - 3, 44 - 5, 54, 55, 136, 253, 260, 275
Popper, Karl 143, 238 - 9
Protágoras 51

R

Rafael 54
Ramsey, F. P. 189 - 90, 241, 264, 269
Rawls, John 224
Russell, Bertrand 21, 240, 244
Ryle, Gilbert 203, 207

S

Sade, Marquês de 229, 236
Safo 2
Sartre, Jean-Paul 24
Schopenhauer 15, 26, 264
Schubert 269, 276
Shelley 95
Sísifo 139
Smith, Adam 121, 165
Sócrates 4, 24, 46, 50, 59 - 60 161
Sófocles 140, 265
Spender, Stephen 273
Spinoza 10, 17 - 8, 159, 160
Steiner, George 221
Strauss, Richard 179

T

Taylor, Harriet 147
Thomson, J. J. 223
Trinity College, Cambridge 186, 194
Trinity College Dublin 266
Tucídides 224 - 5
Turing, Alan 245

V

Voltaire 98, 211

W

Wagner, Richard 179
Weil, Simone 25, 261
Wisdom, John 113, 242, 267
Wittgenstein, Ludwig 27, 11, 12, 17, 119, 170, 172, 200, 221 - 2, 255, 256, 260, 276
Wollstonecraft, Mary 231
Woolf, Virginia 200, 231

X

Xenófanes 163

Z

Zenão de Cítio 31, 66
Zenão de Eleia 3

ÍNDICE DE ASSUNTOS

As páginas iniciais dos capítulos, em **negrito**, são dadas quando o assunto surge com frequência ao longo do texto.

A

Abnegação 29
Aborto 223
ação voluntária 128 - 9 *ver também* liberdade
Aflição 227
agridoce 24
água de alcatrão 112 - 3
Alice, livros de 19
alienação 163 - 8, 213
ambiguidade 232 - 3
amizade 59, 69, 198
amor 2 *ver também* desejo sexual
analogia 117
animais 85 - 6, 93, 118, 129, 264
ansiedade 17, 24, 208
antissemitismo 181, 203, 247
apelo 233
Aquiles/tartaruga 30
atender 29
atomistas 64
autonomia 146 - 7, 222 *ver também* liberdade

B

Banquete dos Bobos da Corte 187, 188
barbearia 173
barulho 138
beleza, ascensão à 52
Bem, o 5, 29
bule de chá 192

C

capitalismo 163
caridade 226
censura 43, 90
ciência 9 - 10, 60, 80, 115, 156
Cnd 187
Cogito 79 - 82
conhecimento 118 - 9, 243
consciência 86, 93, 124, 206, 212, 213, 214, 264, 268
Contingente 73 - 8
Contradições 16, 127

Contrafactuais 174 - 5
Copérnico 86, 124 - 5
cristianismo 73, 116,
 152, 181, 222

D

Dasein 204 - 10
dedução 142, 175
democracia 173, 248
desabrigados e famintos
 144 - 5, 164 - 7,
 241, 252
desejo sexual 2, 15, 148,
 217
desobediência civil 44
destino 16 - 7, 19, 183
 - 4
determinismo 183
Deus 8, 10, 20
 amor 227
 argumentos para
 83, 99
 de milagres e
 116
 estágios para 153
 - 5
 evidências contra
 148
 morte de 179 - 81
diferenças sexuais 137,
 148, 234 - 5
Direitos 129, 223 - 5,
 250
discriminações ver
 justiça
dois mundos 198
dualismo 83 - 4, 102
dúvida sistemática 82

E

estoicismo 31, 66

estudos bíblicos 94
eterno retorno 184, 185
ética
 deontológica 127
 - 29
 razão e 119
 utilitarista 143
 - 7
 virtude 58 - 60,
 224, 261
Eu 17 - 19, 27, 101,
 115, 120, 255 *ver
 também* self
eudaimonia 58
 ver também
 florescimento
excomungado 89
exemplo do garçom 214
exemplo do homem
 com machado
 131 - 2
exemplo do iate 191
exemplo do martelo
 206
exemplo do peneireiro
 255
exemplo do Taj Mahal
 267
existencialismo 24, 26,
 151, 154, 257
existência necessária 75,
 83

F

felicidade *ver*
 florescimento
feminismo 231
fenomenalismo 112
fenomenológica 229
filosofia 115, 134, 156,
 160, 238, 241 - 2

florescimento 58, 146
função 60, 160, 212

G

Geist 159 -160
Gênero/Sexo 138, 234

H

hedonismo 7 *ver também* florescimento
história se desenrolando 160
homem voador 74, 82
humor 120, 219, 243, 272

I

idealismo 12
identidade pessoal 120, 268 *ver também* self
Iluminismo 114, 124, 253
imaterialismo 12
imparcialidade 118 *ver também* justiça
imperativo categórico 127
incidente do atiçador de fogo 238 - 9
indução 119, 143
infinito 36
islã 8

J

Jornalista 247
Justiça 44, 49 - 53, 223 - 8, 252

L

lagosta 263 - 4
liberdade 18, 24 *ver também* autonomia
liberdade de expressão 39 - 40, 93 - 4
linguagem privada 172
livre-arbítrio 19, 77, 183

M

má-fé 215 - 16
maldade 104, 247, 252 - 3 *ver também* mal
masturbação 123
mente/corpo 82, 84, 92, 103, 232
metafísica 55 - 6, 114, 126, 151, 204
migrantes 22, 250
mônadas 11
moralidade ver ética
morte 28, 44, 67 - 70, 96, 121, 140, 155 - 6, 209, 219
mundo externo 11, 200, 206 *ver também* idealismo
mundos possíveis 98, 99
música 140, 179, 277

N

nada 24
navio de Teseu 57
necessitarismo 77
Ninguém 169, 219
número 126

O

301

Ostra 118
outras mentes 85, 108, 207, 242 - 3
Outro, o 216 - 7, 232 - 3, 236
Oxford, filosofia de 197, 244, 255, 273

P

Panteísmo 91
paradoxo 3
paradoxo do mentiroso 33
pária 249 - 50
pena capital 148
pessimismo 15
Piadas 131
pobreza 33 *ver também* desabrigados e famintos
poetas românticos 95
positivismo lógico 115 - 6, 258
prazer 7, 145 - 6, 275
Prêmios Nobel 192, 211, 220, 255, 266

Q

quietismo 1, 236, 270

R

razão suficiente 76, 99
religião, como ópio 163 *ver também* Deus
Respeito 43 - 4, 128
Russell
paradoxo 187 - 8
bule de chá 192

S

saber como 207
sadismo 236
salto de fé 152 - 3
self 115 *ver também* Eu
senso comum 22
significado
das palavras 172 - 3
da vida 1, 30
silogismo 60 - 1, 141 - 2, 173
sionismo 254
sofistas 51 - 52
sofrimento 15, 30, 182, 226-7, 237
sorte, moralidade e 128 - 30
substância 91 - 2, 102
suicídio 118, 123, 127, 139, 245

T

taoísmo 1
tédio 139, 153, 265
tempo 194
teoria das descrições 189 - 10
teoria emotiva 259
terapia 64 - 5, 242
transsexualidade 234

U

Übermensch 181 - 2

V

verdade 182
vida 275
vida após a morte *ver* morte

visão copernicana 86, 124
Vontade 134 - 6

Primeira edição (abril/2025)
Papel de miolo Ivory Bulk 58g
Tipografias Lucida Bright e Bebas Kai
Gráfica Melting